Gruber I Neumann

Erfolg im Mathe-Abi

Übungsbuch Nordrhein-Westfalen
Basiswissen
Grundkurs / Leistungskurs
mit Tipps und Lösungen

W0073201

Gedruckt auf chlorfrei gebleichtem Papier

Gruber I Neumann

Erfolg im
Mathe-Abi

Nordrhein-Westfalen

Übungsbuch Basiswissen
Grundkurs / Leistungskurs
mit Tipps und Lösungen

Freiburger Verlag

Inhaltsverzeichnis

Erfolg von Anfang an

Dieses Übungsbuch ist speziell auf die Anforderungen des zentralen Mathematik-Abiturs in Nordrhein-Westfalen abgestimmt.

Viele der Aufgaben lassen sich, wie im hilfsmittelfreien Teil vorgesehen, ohne Taschenrechner lösen und fördern das Grundwissen und die Grundkompetenzen in Mathematik, vom einfachen Rechnen und Formelanwenden bis zu gedanklichen Zusammenhängen. Das Übungsbuch ist eine Hilfe zum Selbstlernen und bietet die Möglichkeit, sich intensiv auf die Prüfung vorzubereiten und gezielt Themen zu vertiefen. Hat man Erfolg bei den grundlegenden Aufgaben, machen Mathematik und Lernen mehr Spaß.

Komplexere Aufgaben auf Prüfungsniveau mit Verwendung eines grafikfähigen Taschenrechners (GTR/CAS) fördern die Vernetzung des Gelernten sowie die Übertragung der Grundlagen auf anwendungsbezogene Augaben; diese sind in unserem Buch «Erfolg im Mathe-Abi, Prüfungsaufgaben» zu finden.

Aufgaben, die nur für den Leistungskurs relevant sind, sind mit einem «**LK**» gekennzeichnet.

MeinMatheAbi.de

Auf dem Portal www.MeinMatheAbi.de finden Sie weitere Materialien:

- Viele Lernvideos, in denen die grundlegenden Themen erklärt werden.
- Lernkarten zum Online-Lernen und eine Lernkarten-App.
- Anleitungen für diverse Taschenrechner.

Der blaue Tippteil

Hat man keine Idee, wie man eine Aufgabe angehen soll, hilft der blaue Tippteil in der Mitte des Buches weiter: Zu jeder Aufgabe gibt es dort Tipps, die helfen, einen Ansatz zu finden, ohne die Lösung vorwegzunehmen.

Die Kontrollkästchen □

Damit Sie immer den Überblick behalten können, welche Aufgaben Sie schon bearbeitet haben, befindet sich neben jedem Aufgabentitel ein Kontrollkästchen zum Abhaken.

Wie arbeitet man mit diesem Buch?

Am Anfang jedes Kapitels befindet sich eine kurze Übersicht über die jeweiligen Themen. Die einzelnen Kapitel bauen zwar aufeinander auf, doch ist es nicht zwingend notwendig, das Buch der Reihe nach durchzuarbeiten. Die Aufgaben sind in der Regel in ihrer Schwierigkeit gestaffelt.

Von fast jeder Aufgabe gibt es mehrere Variationen zum Vertiefen. In der Mitte des Buches befindet sich der blaue Tippteil mit Denk- und Lösungshilfen. Die Lösungen mit ausführlichem Lösungsweg bilden den dritten Teil des Übungsbuchs. Hier findet man die notwendigen Formeln, Rechenverfahren und Denkschritte sowie sinnvolle alternative Lösungswege.

Der Ablauf der Abiturprüfung

Im Abitur sind, neben einer mathematischen Formelsammlung und einem deutschen Wörterbuch ein wissenschaftlicher Taschenrechner mit Grafikfähigkeit GTR oder ein CAS (Computer-Algebra-System) erlaubt.

Die Prüfung besteht aus zwei Teilen: Dem 1. Prüfungsteil (Aufgabenteil A, ohne Hilfsmittel zu bearbeiten) und dem 2. Prüfungsteil (Aufgabenteil B, Hilfsmittel zugelassen).

Die Schule erhält für den 1. Prüfungsteil (Aufgabenteil A) für den Grund- und Leistungskurs je einen Satz HMF-Aufgaben, die ohne Hilfsmittel zu bearbeiten sind. Für die Bearbeitung dieses Aufgabenteils sind maximal 45 Minuten vorgesehen. Nachdem der Prüfling die Aufgabe und die Lösung abgegeben hat, erhält er die Aufgaben des Prüfungsteils B und die dafür zugelassenen Hilfsmittel (GTR oder CAS) sowie eine Formelsammlung.

Grundkurs

Die Fachlehrkraft erhält 5 Aufgaben für den 2. Prüfungsteil: zwei Analysisaufgaben, eine Aufgabe zur vektoriellen Geometrie und zwei Aufgaben zur Stochastik, davon eine mit dem Schwerpunkt stochastische Matrizen.

Es werden 2 Aufgaben ausgewählt, darunter eine Analysisaufgabe und eine Aufgabe zur vektoriellen Geometrie oder Stochastik.

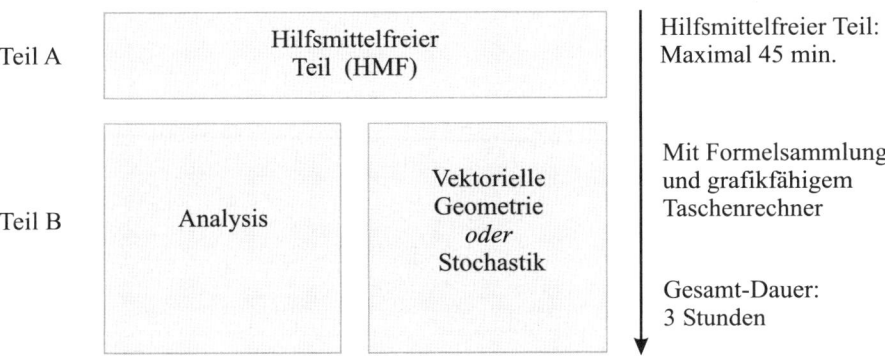

| Teil A | Hilfsmittelfreier Teil (HMF) | | Hilfsmittelfreier Teil: Maximal 45 min. |
| Teil B | Analysis | Vektorielle Geometrie *oder* Stochastik | Mit Formelsammlung und grafikfähigem Taschenrechner

Gesamt-Dauer: 3 Stunden |

Leistungskurs

Die Fachlehrkraft erhält 5 Aufgaben für den 2. Prüfungsteil: zwei Analysisaufgaben, eine Aufgabe zur vektoriellen Geometrie und zwei Aufgaben zur Stochastik, davon eine mit dem Schwerpunkt stochastische Matrizen.

Es werden 3 Aufgaben ausgewählt, dabei muss aus jedem der drei Gebiete Analysis, vektorielle Geometrie und Stochastik eine Aufgabe ausgewählt werden.

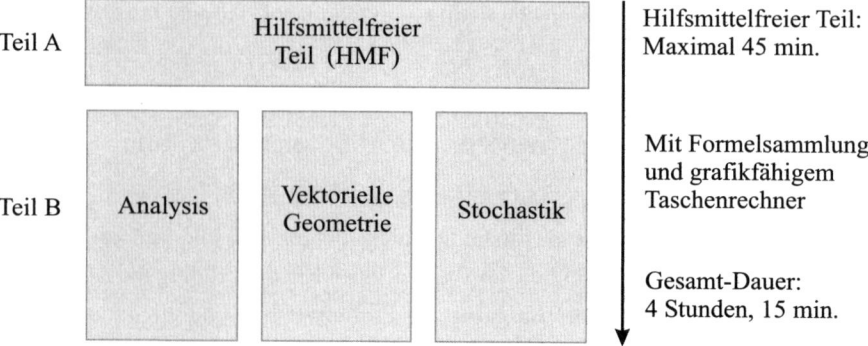

Teil A | Hilfsmittelfreier Teil (HMF)

Hilfsmittelfreier Teil: Maximal 45 min.

Teil B | Analysis | Vektorielle Geometrie | Stochastik

Mit Formelsammlung und grafikfähigem Taschenrechner

Gesamt-Dauer: 4 Stunden, 15 min.

Analysis

1 Von der Gleichung zur Kurve ☐

Tipps ab Seite 77, Lösungen ab Seite 109

In diesem Kapitel geht es um die Grundfunktionen und ihre Verschiebung, Streckung und Spiegelung. Dazu sollten Sie die Graphen der wichtigsten Grundfunktionen kennen. Es handelt sich um:

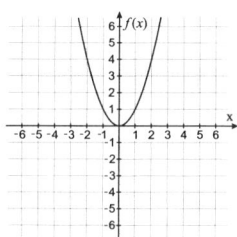 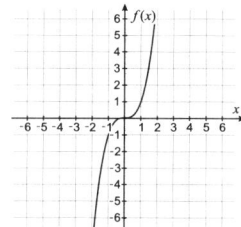 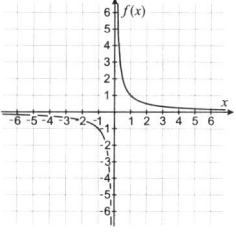 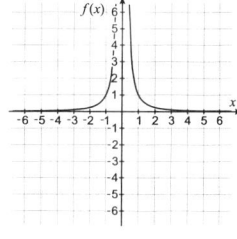

$f(x) = x^2$ $f(x) = x^3$ $f(x) = \frac{1}{x}$ $f(x) = \frac{1}{x^2}$

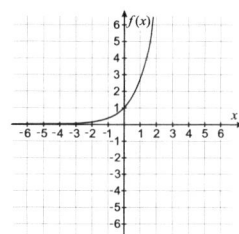 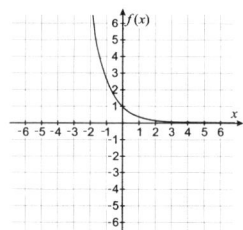

$f(x) = e^x$ $f(x) = e^{-x}$

Diese Grundfunktionen lassen sich verschieben und strecken:

Beispiel: Die Parabel $f(x) = x^2$

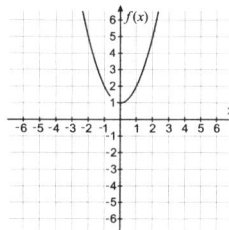 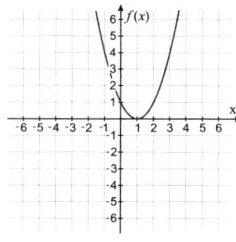 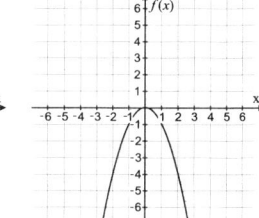

$f(x) = x^2 + 1$	$f(x) = (x-1)^2$	$f(x) = 2 \cdot x^2$	$f(x) = -x^2$
Verschiebung um 1 LE in y-Richtung: das absolute Glied ist 1.	Verschiebung um 1 LE in y-Richtung: x wird ersetzt durch $(x-1)$.	Streckung in y-Richtung um den Faktor 2. Die Funktionsgleichung wird mit 2 multipliziert.	Spiegelung an der x-Achse: Die Funktionsgleichung wird mit -1 multipliziert.

Weitere Variationen:

- Spiegelung an der y-Achse: Hierzu wird x ersetzt durch $(-x)$

- Stauchen in x-Richtung: Hierzu wird x ersetzt durch $a \cdot x$. Der Graph wird bei einem Faktor, der größer als 1 ist, gestaucht, d.h. in x-Richtung «kürzer» und bei einem Faktor, der kleiner als 1 ist, gestreckt, d.h. in x-Richtung «länger».

1.1 Ganzrationale Funktionen

Skizzieren Sie die Graphen folgender Funktionen und bestimmen Sie die Schnittpunkte mit den Koordinatenachsen.

a) $f(x) = \frac{1}{2}x + 1$ b) $f(x) = (x-1)^2 - 4$ c) $f(x) = -x^2 + 4$

d) $f(x) = -(x+1)^2 + 1$ e) $f(x) = (x-1)^3 + 1$

1.2 Exponentialfunktionen

Skizzieren Sie den Graphen folgender Funktionen und bestimmen Sie jeweils die Asymptote.

a) $f(x) = e^{x-1} + 1$ b) $f(x) = -e^{x-1} + 1$ c) $f(x) = e^{-(x-1)} + 2$

2 Aufstellen von Funktionen mit Randbedingungen □

Tipps ab Seite 77, Lösungen ab Seite 111

Hier geht es darum, eine Funktion so aufzustellen, dass sie bestimmte vorgegebene Bedingungen erfüllt. Dazu wird die gesuchte Funktion zuerst in ihrer allgemeinen Form aufgeschrieben. Aus dieser können Sie die Anzahl der benötigten Parameter ablesen. Für jeden dieser Parameter brauchen Sie eine «Information» aus der Aufgabenstellung. Aus jeder «Information» ergibt sich eine Gleichung. Damit erhalten Sie ein Gleichungssystem, welches Sie mit dem Gaußschen Eliminationsverfahren lösen können.

Beispiel:

Gesucht ist der Ansatz zur Bestimmung der Gleichung einer Parabel mit Tiefpunkt $(1 \mid -4)$, die durch den Punkt $(0 \mid -3)$ geht.

Die allgemeine Parabelgleichung lautet: $f(x) = ax^2 + bx + c$, die Ableitung ist $f'(x) = 2ax + b$. Es sind also drei Parameter zu bestimmen. Folgende Bedingungen müssen gelten:
$f(1) = a \cdot 1^2 + b \cdot 1 + c = -4$,
$f'(1) = 2a \cdot 1 + b = 0$ (weil es sich um einen Tiefpunkt mit waagerechter Tangente handelt) und
$f(0) = a \cdot 0^2 + b \cdot 0 + c = -3$. Daraus ergibt sich folgendes Gleichungssystem:

$$\begin{array}{rrrrrrr}
\text{I} & a & + & b & + & c & = & -4 \\
\text{II} & 2a & + & b & & & = & 0 \\
\text{III} & & & & & c & = & -3
\end{array}$$

Aus Gleichung III liest man $c = -3$ ab. Damit erhält man:

$$\begin{array}{rrrrrrr}
\text{Ia} & a & + & b & & & = & -1 \\
\text{II} & 2a & + & b & & & = & 0 \\
\text{III} & & & & & c & = & -3
\end{array}$$

Subtrahiert man Gleichung Ia von Gleichung II, erhält man $a = 1$ und durch Einsetzen $b = -2$. Damit lautet die Gleichung der gesuchten Parabel $f(x) = x^2 - 2x - 3$.

Für andere Funktionenklassen (e-Funktionen, etc.) ist die Vorgehensweise analog: Immer müssen Sie zuerst die allgemeine Funktionsgleichung aufstellen, anschließend bestimmen Sie die Parameter. Zur konkreten Vorgehensweise können Sie im Tippteil nachsehen.

2.1 Ganzrationale Funktionen □

a) Eine Parabel geht durch $P_1(0 \mid 4)$, $P_2(1 \mid 0)$ und $P_3(2 \mid 18)$. Bestimmen Sie die Gleichung dieser Parabel.

b) Eine Parabel hat den Hochpunkt $M(1 \mid 3)$ und geht durch $Q(0 \mid 2)$. Bestimmen Sie die Gleichung der Parabel.

c) Der Graph einer ganzrationalen Funktion 3. Grades hat den Wendepunkt $W(0 \mid 0)$ und den Hochpunkt $H(2 \mid 2)$. Bestimmen Sie die Gleichung der Funktion.

d) Eine Parabel dritten Grades (kubische Parabel) hat im Punkt $P(0 \mid 1)$ die Steigung $m_P = -1$; ihr Wendepunkt ist $W(-1 \mid 4)$. Bestimmen Sie die Gleichung dieser Parabel.

2.2 Exponentialfunktionen   ☐

a) Der Graph einer *e*-Funktion der Form $f(x) = a \cdot e^{kx}$ geht durch die Punkte $P(0 \mid 2)$ und $Q\left(4 \mid 2e^{12}\right)$. Bestimmen Sie die zugehörige Funktionsgleichung.

b) Der Graph einer *e*-Funktion der Form $f(x) = a \cdot e^{kx}$ geht durch die Punkte $A(0 \mid 3)$ und $B\left(2 \mid 3e^{8}\right)$. Bestimmen Sie die zugehörige Funktionsgleichung.

c) Bei einer *e*-Funktion der Form $f(x) = a \cdot e^{kx}$ ist $f'(0) = 6$ und $f(0) = 3$. Bestimmen Sie die zugehörige Funktionsgleichung.

d) Der Graph einer Funktion f mit $f(x) = 2 \cdot e^{x+1}$ wird um $1\,\text{LE}$ nach rechts und um $2\,\text{LE}$ nach unten verschoben.
Bestimmen Sie die Funktionsgleichung $g(x)$ des verschobenen Graphs.

3 Von der Kurve zur Gleichung

Tipps ab Seite 78, Lösungen ab Seite 113

Wenn der Graph einer Funktion gegeben ist und die Funktionsgleichung gesucht ist, gibt es zwei Möglichkeiten, diese aufzustellen:

1. Sie erkennen, dass es sich um den Graphen einer verschobenen, gestreckten oder gespiegelten Grundfunktion handelt. Dann beginnen Sie mit einer Gleichung der Grundfunktion und verändern sie so, (wie es im Kapitel 1), bis die abgebildete Funktion entsteht.

2. Der etwas aufwändigere Ansatz, der aber immer funktioniert, besteht darin, Punkte und deren Steigung am gegebenen Graphen abzulesen und die Funktionsgleichung wie im Kapitel 2 beschrieben zu bestimmen.

Nachfolgend sind die Graphen einiger Funktionen angegeben. Bestimmen Sie einen möglichen Funktionsterm.

a)

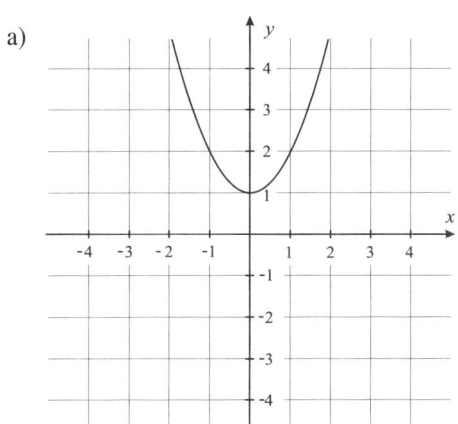

b)

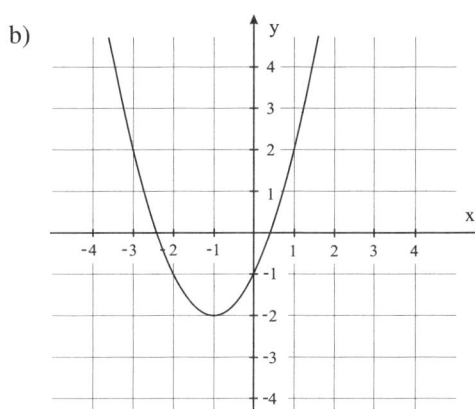

c)

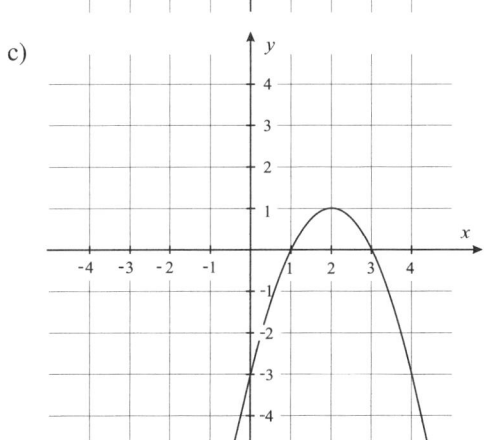

d)

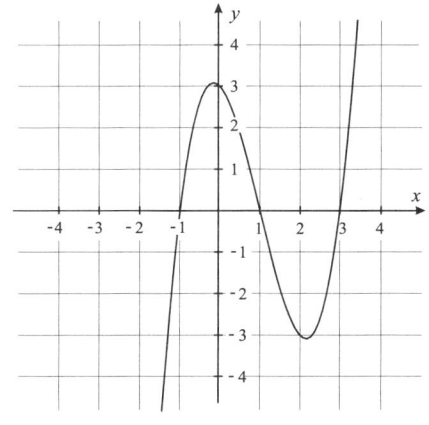

4 Differenzieren

Tipps ab Seite 79, Lösungen ab Seite 115

Die wichtigsten Ableitungsregeln sind:

Name	$f(x)$	$f'(x)$	Bemerkungen
Potenzregel	$a \cdot x^r$	$r \cdot a \cdot x^{r-1}$	Die Potenzregel gilt auch für negative Exponenten
Kettenregel	$u(v(x))$	$u'(v(x)) \cdot v'(x)$	«äußere Ableitung mal innere Ableitung»
Produktregel	$u(x) \cdot v(x)$	$u'(x) \cdot v(x) +$ $u(x) \cdot v'(x)$	«u-Strich mal v plus u mal v-Strich»
e-Funktion	e^x	e^x	Die Ableitung ist gleich der Funktion
verkettete e-Funktion	$a \cdot e^{k \cdot x + c}$	$a \cdot k \cdot e^{k \cdot x + c}$	Es gilt die Kettenregel
LK: ln-Funktion	$\ln(x)$	$\frac{1}{x}$	
LK: verkettete ln-Funktion	$\ln(kx + c)$	$\frac{1}{kx+c} \cdot k$	Es gilt die Kettenregel

4.1 Ganzrationale Funktionen

Leiten Sie alle angegebenen Funktionen einmal ab:

a) $f(x) = 4x^5 - 2x^3$ b) $f_a(x) = 2ax^3 - 6a^2x^2$ c) $f_t(x) = t^2x^4 - 3t^3x^2 + 4t^2$

d) $f(x) = (4x+1)^3$ e) $f_a(x) = (2x^2 + a)^4$

4.2 Exponentialfunktionen

Leiten Sie alle angegebenen Funktionen einmal ab:

a) $f(x) = 3x^2 \cdot e^{-4x}$ b) $f(x) = \frac{1}{2}x^3 \cdot e^{2x}$ c) $f(x) = (2x+5)e^{-x}$

d) $f(x) = (x+k)e^{-kx}$ e) LK: $f(x) = \frac{3}{1+e^x}$ f) LK: $f(x) = \frac{4}{1-e^{-x}}$

4.3   LK: Potenzfunktionen mit gebrochenen Exponenten □

Leiten Sie alle angegebenen Funktionen einmal ab:

a) $f(x) = \sqrt{x^2 + 4}$ b) $f(x) = \sqrt{4x^2 - 2x}$ c) $f(x) = 6 \cdot \sqrt[3]{x}$

d) $f(x) = 2x \cdot \sqrt{x^2 + 1}$

4.4   LK: Logarithmusfunktionen □

Leiten Sie alle angegebenen Funktionen einmal ab:

a) $f(x) = \ln\left(2 + 3x^2\right)$ b) $f(x) = \ln\left(2x^2 + x\right)$ c) $f(x) = \ln\left(4x^2 - 2x + 1\right)$

d) $f(x) = 2x \cdot \ln\left(4 + x\right)$ e) $f(x) = x^2 \cdot \ln\left(x^2 + 1\right)$

5 Gleichungslehre

Tipps ab Seite 79, Lösungen ab Seite 117

5.1 Quadratische, biquadratische und nichtlineare Gleichungen

Bei Gleichungen, in denen x als Quadrat oder höhere Potenz vorliegt, sollten Sie zuerst versuchen, auszuklammern. Geht das nicht, z.B. weil ein absolutes Glied vorliegt, so hilft entweder die pq- oder die abc-Formel weiter. Oft hilft auch der Satz vom Nullprodukt: «Ein Produkt ist genau dann gleich Null, wenn (mindestens) einer der Faktoren gleich Null ist.» Hierzu setzt man die einzelnen Faktoren gleich Null. Ist eine Lösung einer Gleichung dritten Grades gegeben, so führt man eine Polynomdivision durch.

Beispiel

Gesucht sind die Lösungen der Gleichung $x^3 - 5x^2 + 4x = 0$
Zuerst wird ausgeklammert: $x\left(x^2 - 5x + 4\right) = 0$. Also ist entweder $x_1 = 0$ oder $x^2 - 5x + 4 = 0$.
Die Gleichung lässt sich mit der pq- bzw. der abc-Formel lösen. Man erhält $x_2 = 1$ und $x_3 = 4$.
Die Lösungen der Ausgangsgleichung sind damit $x_1 = 0$, $x_2 = 1$ und $x_3 = 4$.

Aufgaben

Lösen Sie die angegebenen Gleichungen:

a) $x^2 + 3x - 4 = 0$

b) $x^2 + \frac{2}{5}x - \frac{3}{5} = 0$

c) $x^2 \cdot (ax - 4a) = 0$

d) $x^3 - 4x = 0$

e) $x^4 - 4x^2 + 3 = 0$

f) $x^4 - 13x^2 + 36 = 0$

5.2 Exponentialgleichungen

Beim Lösen von Exponentialgleichung gelten die gleichen Regeln, die oben schon erwähnt wurden. Zusätzlich ist zu beachten:

- Der Satz vom Nullprodukt hilft oft weiter, beachten Sie, dass $e^x \neq 0$ ist.

- Es gilt $e^{2x} = (e^x)^2$, sowie $e^0 = 1$ und $\ln 1 = 0$.

- Um e^x nach x aufzulösen, wird die Gleichung auf beiden Seiten «logarithmiert», da $\ln e^x = x$ ist.
  Beispiel:
  $$e^{2x} = 3 \mid \ln$$
  $$2x = \ln 3$$
  $$x = \frac{\ln 3}{2}$$

Aufgaben

Lösen Sie die angegebenen Gleichungen:

a) $(2x - 5)e^{-x} = 0$

b) $(2x + 4) \cdot (e^{2x} - 4) = 0$

c) $(2x^2 - 2) \cdot (e^{-x} - 2) = 0$

d) $e^{2x} - 6e^x + 5 = 0$

5.3 Lineare Gleichungssysteme ☐

Geben Sie die Lösungsmengen der folgenden linearen Gleichungssysteme an:

> **Tipp:** Prüfen Sie immer zuerst, ob zwei Gleichungen ein Vielfaches voneinander sind. In diesem Fall wird eine der beiden Gleichungen gestrichen. Ein Gleichungssystem mit drei Variablen und zwei Gleichungen besitzt unendlich viele Lösungen (falls kein Widerspruch auftritt). Man setzt zuerst eine Variable als Parameter t fest und rechnet dann die anderen Variablen aus.

a)
$$\begin{aligned} x + 2y - z &= 8 \\ -x + y + 2z &= 0 \\ -x - 5y - 4z &= -12 \end{aligned}$$

b)
$$\begin{aligned} x + 2y - 2z &= 7 \\ x - y - 4z &= -9 \\ x + 4y + 3z &= 25 \end{aligned}$$

c)
$$\begin{aligned} x + 2y + z &= 4 \\ -x - 4y + z &= 7 \\ 2x + 8y - 2z &= 18 \end{aligned}$$

d)
$$\begin{aligned} x + 2y - z &= 4 \\ -x + 2y - 3z &= 6 \\ 2x + 4y - 2z &= 8 \end{aligned}$$

6 Graphen von f, f' und F □

Tipps ab Seite 80, Lösungen ab Seite 120

In diesem Kapitel geht es darum, Zusammenhänge zwischen den Graphen von f, f' und F zu erkennen und Aussagen zu beurteilen. Außerdem können die Graphen der Ableitungsfunktion oder der Integralfunktion skizziert werden, ohne dass der Funktionsterm bekannt sein muss.

6.1 Von f zu f' □

Man kann den Graph einer Ableitungsfunktion zeichnen, ohne den Funktionsterm zu kennen.

Dabei gilt, dass die Steigungswerte der Tangente der Funktion in jedem Punkt genau die Werte der Ableitung sind. Verläuft die Funktion flach, sind die Werte der Ableitung nahe Null, verläuft die Funktion steil, besitzt die Ableitung große Funktionswerte.

Für die charakteristischen Punkte der Kurve gilt:

Funktion	Ableitung
Hochpunkt	Nullstelle mit VZW von $+$ nach $-$
Tiefpunkt	Nullstelle mit VZW von $-$ nach $+$
Wendepunkt mit Drehsinnänderung von rechts nach links	Tiefpunkt
Wendepunkt mit Drehsinnänderung von links nach rechts	Hochpunkt

Um den Graph der Ableitungsfunktion zu skizzieren, ist es nötig, den wesentlichen Verlauf der Steigung der Funktion zu erfassen. Dazu betrachten Sie z.B. die

- Lage der Extrem- und Wendepunkte
- Die «Steigungsentwicklung» für $x \to -\infty$ und $x \to +\infty$

Beispiel

Gesucht ist der Graph der Ableitungsfunktion der linken Kurve.

An der linken Zeichnung liest man ab:

- Hochpunkt bei $x = 1$, also Nullstelle der Ableitung mit VZW von + nach − bei $x = 1$
- Wendepunkt bei $x \approx 2$ mit Drehsinnänderung von rechts nach links, also Tiefpunkt der Ableitung bei $x \approx 2$
- Für $x \to -\infty$ gehen die Funktionswerte gegen $-\infty$, also werden die Steigungswerte immer größer, die Werte der Ableitung müssen also auch immer größer werden.
- Für $x \to +\infty$ gehen die Funktionswerte gegen Null, also werden die Steigungswerte immer kleiner, die Werte der Ableitung müssen also auch immer kleiner werden.

In der rechten Zeichnung ist dann der ungefähre Verlauf der Ableitungsfunktion gezeichnet.

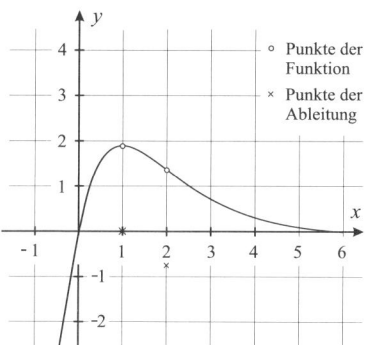
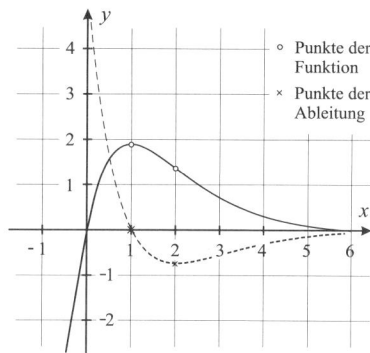

Aufgaben

Nachfolgend finden Sie Graphen von Funktionen. Skizzieren Sie zu jeder Funktion den Graph der Ableitungsfunktion in das Koordinatensystem und bewerten Sie die angegeben Aussagen.

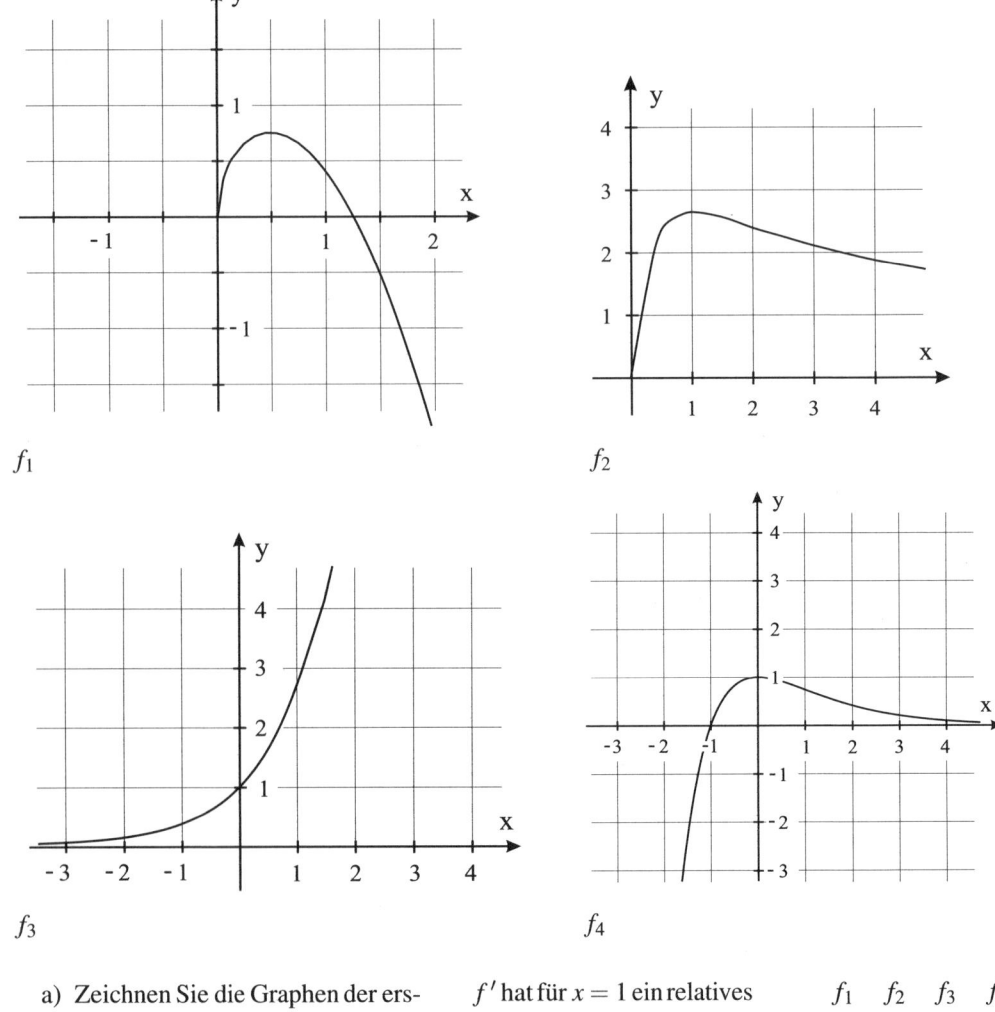

f_1

f_2

f_3

f_4

a) Zeichnen Sie die Graphen der ersten Ableitung in das Koordinatensystem.

b) Nebenstehend finden Sie mehrere Aussagen. Streichen Sie die Funktionen aus, auf die die Aussagen nicht zutreffen.

f' hat für $x = 1$ ein relatives Maximum	f_1	f_2	f_3	f_4
f' ist für $x > 0$ monoton fallend	f_1	f_2	f_3	f_4
f' ist für $x > 0$ monoton steigend	f_1	f_2	f_3	f_4
f' ist für $x > 1$ negativ	f_1	f_2	f_3	f_4

6.2   Von f' zu f ☐

Die Vorgehensweise ist ähnlich wie bei der Bestimmung des Graphen der Ableitungsfunktion, nur gehen Sie umgekehrt vor: Hat der angegebene Graph der Ableitungsfunktion $f'(x)$ z.B. für $x = 1$ den Wert 0 mit Vorzeichenwechsel von + nach −, dann hat der Graph der Funktion an dieser Stelle einen Hochpunkt usw.

Es ist der Graph der Ableitungsfunktion f' einer Funktion f gegeben. Entscheiden Sie, ob die folgenden Aussagen über f richtig, falsch oder unentscheidbar sind. Begründen Sie dabei Ihre Entscheidung.

Aufgabe I

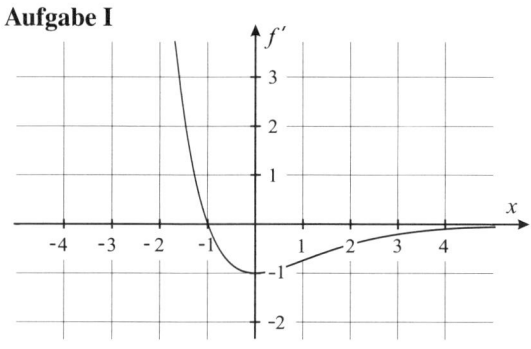

a) Bei $x = 0$ besitzt der Graph von f einen Extrempunkt.

b) Bei $x = -1$ besitzt der Graph von f eine waagerechte Tangente.

c) Der Graph der Funktion f besitzt keine Wendepunkte.

d) $f(x) > 0$ für $x > -1$.

Aufgabe II

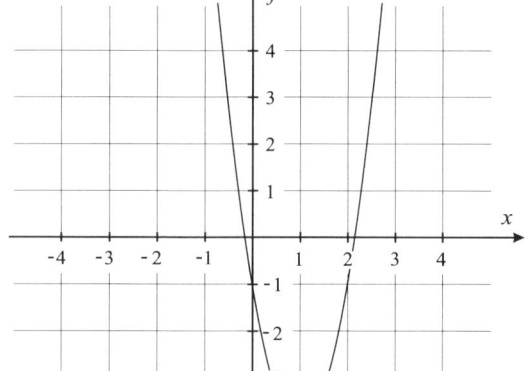

a) An der Stelle $x = 1$ besitzt der Graph von f einen Extrempunkt.

b) An der Stelle $x \approx -0,2$ hat der Graph von f einen Hochpunkt.

c) Der Grad von f ist mindestens gleich 2.

d) Bei $x \approx 2,4$ besitzt der Graph der Funktion f eine Tangente, die parallel zur Geraden $y = 2x$ ist.

Aufgabe III

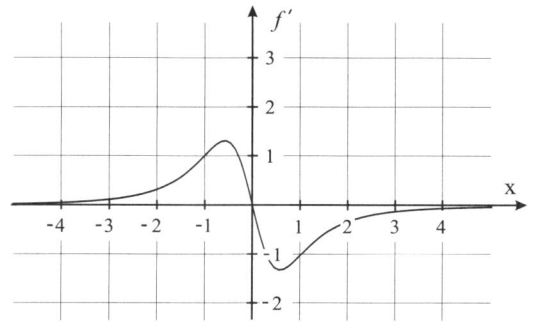

a) Der Graph von f ist achsensymmetrisch.

b) Der Graph von f schneidet die x-Achse in zwei Punkten.

c) Der Graph von f besitzt bei $x = 0$ einen Tiefpunkt.

d) Der Graph von f besitzt 2 Extrempunkte.

6.3 Von *f* zu F

Zu einer Funktion gibt es unendlich viele Stammfunktionen, die sich durch eine Konstante (das «absolute Glied») unterscheiden. Die Schaubilder dieser Stammfunktionen unterscheiden sich somit durch Verschiebung in *y*-Richtung. Erst wenn das absolute Glied gegeben ist, ist das Schaubild der Stammfunktion in Bezug auf diese Verschiebung festgelegt.

Die Stammfunktion F

Gegeben ist das Schaubild einer Funktion *f*.

1. Skizzieren Sie das Schaubild der Ableitungsfunktion *f'* und das Schaubild einer Stammfunktion F.
2. Es sind einige Aussagen zur Funktion *f* bzw. zur Ableitungsfunktion *f'* und zur Stammfunktion F gegeben. Begründen oder widerlegen Sie diese bzw. begründen Sie, wenn eine Behauptung unentscheidbar ist.

Aufgabe I

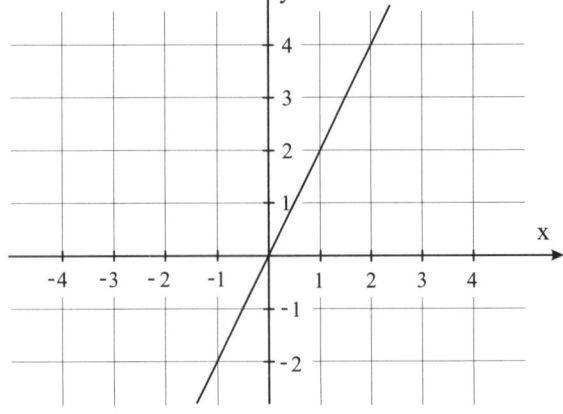

a) Das Schaubild der Ableitungsfunktion ist parallel zur Geraden $y = 1$.

b) Die Stammfunktion F(x) hat an der Stelle $x = 0$ eine Nullstelle.

c) Die Ableitungsfunktion *f'* ist streng monoton wachsend.

d) Das Schaubild der Ableitungsfunktion ist *y*-achsensymmetrisch.

Aufgabe II

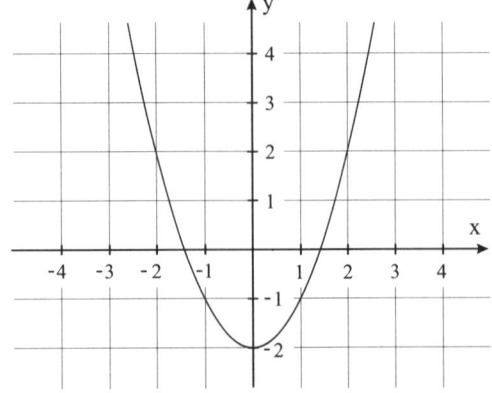

a) *f'* besitzt im Intervall $[-5; 5]$ genau eine Nullstelle.

b) F besitzt im Intervall $[-5; 5]$ genau drei Nullstellen.

c) F besitzt Extremstellen im Intervall $[-5; 5]$.

6.4   Zuordnen von Graphen   ☐

Gegeben sind die Graphen der Funktion f mit $f(x) = x^2 e^x$, ihrer Ableitungsfunktion f', einer Stammfunktion F von f und der Funktion g mit $g(x) = \frac{1}{f(x)}$.

a) Begründen Sie, dass nur Bild 1 der Graph der Funktion f sein kann.

b) Ordnen Sie die Funktionen f', F und g den übrigen Graphen zu und begründen Sie ihre Entscheidung.

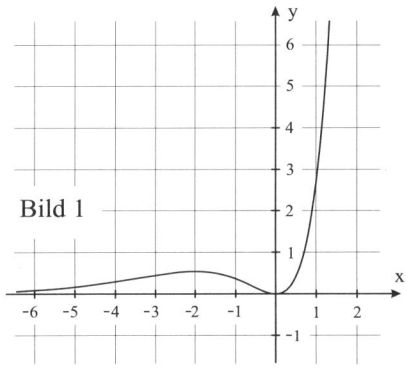

Bild 1

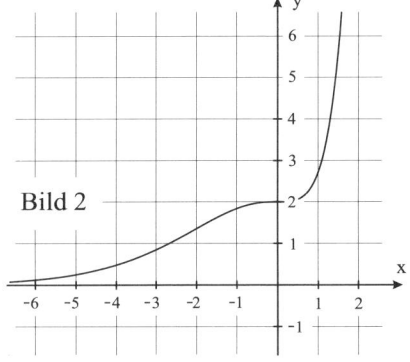

Bild 2

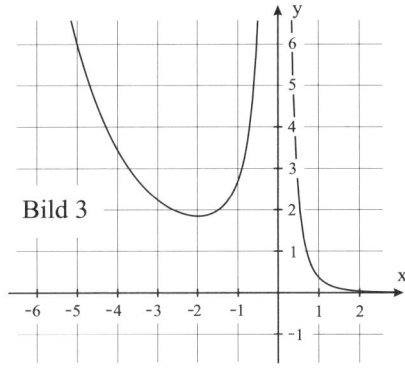

Bild 3

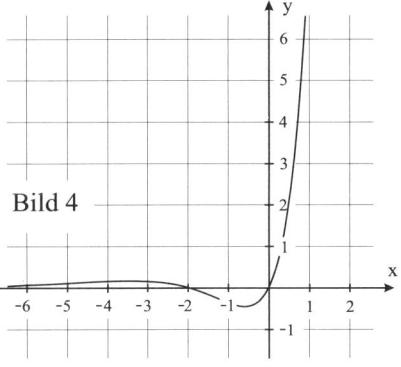

Bild 4

6.5 Interpretation von Graphen ☐

In diesem Kapitel geht es darum, einige Kurven zu interpretieren. Dabei ist es wichtig, sich die besonderen Punkte des Graphen genau anzusehen. Diese sind z.B. Wende- und Extrempunkte. Diese müssen dann wieder in Bezug auf die Situation interpretiert werden, z.B. kann ein Hochpunkt der Punkt der höchsten Temperatur oder des stärksten Verkaufs sein.

Wichtig ist noch, darauf zu achten, ob in der Kurve eine absolute Zahl «verkaufte Artikel» wie in Aufgabe I oder eine Rate «Besucher *pro Tag*», wie in der Aufgabe II angegeben ist.

Aufgabe I

Die Kurve gibt die Gesamtverkaufszahlen eines neuen Produktes an.

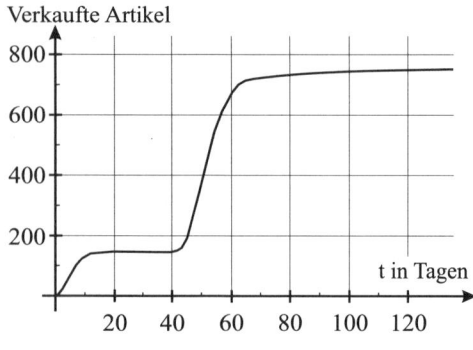

a) Welches sind besondere Punkte im Graph?

b) Wieviele Produkte hat die Firma in der 3. Woche verkauft?

c) Wieviele Artikel hat die Firma in der Zeit vom 40. bis zum 60. Tag durchschnittlich pro Tag verkauft?

d) Wie hoch ist die Verkaufsrate am 50. Tag?

e) Welche Zukunftsprognose bezüglich der Absatzchancen würden Sie aussprechen?

Aufgabe II

Die Abbildung gibt die Besucherzahl einer Ausstellung an.

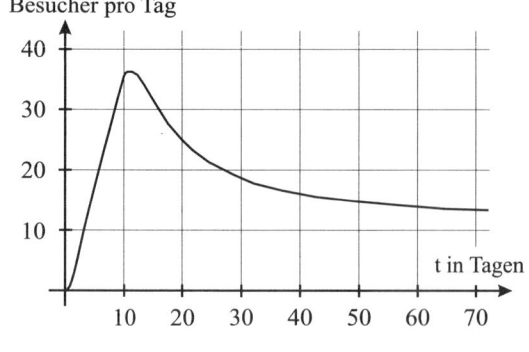

a) Welches sind besondere Punkte im Graph?

b) Welche Bedeutung haben diese besonderen Punkte für die Ausstellung?

c) Schildern Sie einen Weg, um herauszufinden, wie viele Besucher die Ausstellung in den ersten 10 Tagen ungefähr besucht haben.

d) Welche tägliche Besucherzahl erwarten Sie nach 80 Tagen?

7 Kurvendiskussion

Tipps ab Seite 83, Lösungen ab Seite 127

In diesem Kapitel geht es um Aufgaben aus der Kurvendiskussion. Umfassende Kurvendiskussionen werden im Abitur meist nicht verlangt, doch einzelne Elemente sind oft Bestandteil anderer Aufgaben. Meist geht es dabei um das Bestimmen von Extrem- und Wendepunkten, um Symmetrieuntersuchungen, um Definitionslücken und Polstellen und um Grenzwerte.

Die wichtigsten Elemente einer Kurvendiskussion sind:

- Schnittpunkte mit der x-Achse: $f(x) = 0$
- Schnittpunkte mit der y-Achse: $x = 0$ in die Funktionsgleichung einsetzen
- (Lokales) Minimum: $f'(x) = 0$ und $f''(x) > 0$ oder $f'(x) = 0$ und Vorzeichenwechsel von $f'(x)$ von $-$ nach $+$
- (Lokales) Maximum: $f'(x) = 0$ und $f''(x) < 0$ oder $f'(x) = 0$ und Vorzeichenwechsel von $f'(x)$ von $+$ nach $-$
- Wendepunkt: $f''(x) = 0$ und $f'''(x) \neq 0$ oder $f''(x) = 0$ und Vorzeichenwechsel von $f''(x)$
- Bei der Untersuchung für $x \to \pm\infty$ müssen Sie untersuchen, wie sich die Funktionswerte verhalten, wenn die Werte für x gegen $+\infty$ oder $-\infty$ gehen, bzw. ob Asymptoten existieren.

7.1 Elemente der Kurvendiskussion

a) Zeigen Sie, dass der Graph von f mit $f(x) = x^2 \cdot e^x$; $x \in \mathbb{R}$ bei $x = 0$ einen Tiefpunkt besitzt.

b) Schneidet der Graph von f die x-Achse in $(x_0 \mid 0)$, wenn folgende Situation vorliegt: $f(x_0) = 0$, $f'(x_0) = 0$, $f''(x_0) < 0$?

c) Begründen Sie, dass der Graph von $f(x) = x^2 e^{-x} + 1$; $x \in \mathbb{R}$ die Gerade $y = 1$ als Asymptote für $x \to +\infty$ besitzt. *↳ schneidet die Achse nicht*

d) Prüfen Sie, ob der Graph von $f(x) = \frac{1}{4}x^4 - x^3 + 4x - 2$; $x \in \mathbb{R}$ an der Stelle $x = 2$ einen Tiefpunkt hat.

e) Zeigen Sie, dass der Graph der Funktion f mit $f(x) = x^2 e^{-x}$ zwei Punkte mit waagerechter Tangente hat.

f) Zeigen Sie, dass der Graph der Funktion f mit $f(x) = x \cdot e^{-x}$ genau einen Wendepunkt hat.

g) Gegeben ist eine Funktion f und ihre Ableitung $f'(x) = (x-2)^3$. Prüfen Sie, ob der Graph von f einen Tiefpunkt besitzt.

7.2 Funktionenscharen/ Funktionen mit Parameter ☐

Als Funktionenscharen werden Funktionen bezeichnet, die einen Parameter enthalten. Die dazugehörigen Graphen nennt man Kurvenscharen.

a) Gegeben ist die Funktionenschar $f_t(x) = tx - 2t$ mit $t \in \mathbb{R}$.

    I) Skizzieren Sie die Graphen für einige Werte von t. Beschreiben Sie die Veränderung der Graphen bei der Variation von t.

    II) Für welche Werte des Parameters t geht der Graph von f_t durch $P_1(3 \mid 2)$ bzw. durch $P_2(1 \mid \frac{1}{2})$?

b) Gegeben ist die Funktionenschar $f_t(x) = tx^2$ mit $t \in \mathbb{R}$.

    I) Skizzieren Sie die Graphen für einige Werte von t. Beschreiben Sie die Veränderung der Graphen bei der Variation von t.

    II) Für welche Werte des Parameters t geht der Graph von f_t durch $P_1(2 \mid 2)$ bzw. durch $P_2(-1 \mid -2)$?

c) Gegeben sind die Funktionen $f(x) = -x^2 + 2$ und $g_t(x) = tx^2 - 1$ mit $t \in \mathbb{R}$. Für welchen Wert von t stehen die Graphen der beiden Funktionen in ihrem Schnittpunkt senkrecht aufeinander?

d) Gegeben ist die Funktionenschar f_t mit $f_t(x) = (2x + t) \cdot e^{-x}$ mit $x \in \mathbb{R}$ und $t \geqslant 0$.
Ordnen Sie den abgebildeten Graphen von f_t die zugehörigen Parameter t zu.

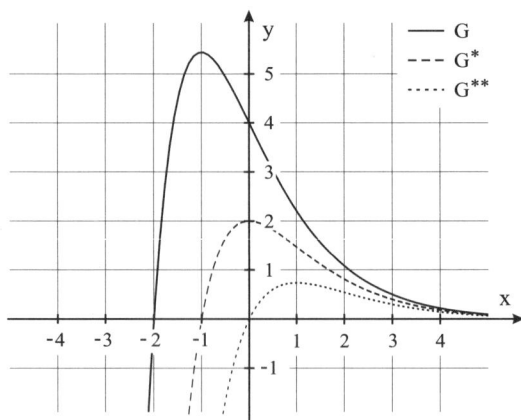

e) Bestimmen Sie t so, dass der Graph der Funktionenschar f_t mit $f_t(x) = x \cdot e^{tx}$; $x \in \mathbb{R}$; $t < 0$ an der Stelle $x = 2$ einen Extrempunkt hat.

7.3 Krümmungsverhalten von Kurven

Eine Kurve kann links- oder rechtsgekrümmt sein. Eine Kurve ist linksgekrümmt, wenn die Steigung streng monoton zunehmend ist. Das bedeutet, dass die Ableitung der Steigung positiv sein muss: $(f'(x))' > 0 \Rightarrow f''(x) > 0$. Entsprechend gilt: Eine Kurve ist rechtsgekrümmt, wenn gilt: $f''(x) < 0$.

Für welche Werte von x ist der Graph der Funktion f links- bzw. rechtsgekrümmt?

a) $f(x) = \frac{1}{3}x^3 - x$ b) $f(x) = (x-1)^5$ c) $f(x) = (2x-3) \cdot e^{-x}$

7.4 Tangenten und Normalen

Um die Gleichung einer Tangente t an eine Kurve in einem Punkt $P_1(x_1 \mid f(x_1))$ zu bestimmen, benutzt man meist die Punkt-Steigungsform

$$y - y_1 = m \cdot (x - x_1)$$

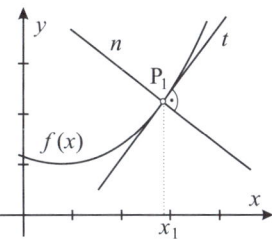

Dabei gilt: $y_1 = f(x_1)$ und für die Steigung $m = f'(x_1)$, d.h. der Wert der Ableitung an der Stelle x_1. Die Normale steht senkrecht auf der Tangente; für die Steigungen gilt $m_n \cdot m_t = -1$ bzw. $m_n = -\frac{1}{m_t}$ (negativer Kehrwert).

a) Bestimmen Sie die Gleichung der Tangente und der Normalen im Punkt $(1 \mid -1)$ an den Graphen der Funktion f mit $f(x) = x^2 - 4x + 2$.

b) Bestimmen Sie die Gleichung der Tangente und der Normalen im Wendepunkt an den Graphen der Funktion f mit $f(x) = x^3 + x + 1$.

c) Gegeben ist die Funktion f mit $f(x) = x^2 + 4x - 3$. Gesucht ist:

     I) Die Gleichung der Tangente mit Steigung $m = -2$.

     II) Die Gleichung der Tangente, welche orthogonal ist zur Geraden mit der Gleichung $y = -\frac{1}{3}x + 4$.

     III) Die Gleichung der Tangente, welche parallel ist zur Geraden $y = 4x - \frac{7}{2}$.

7.5 Berührpunkte zweier Kurven

Wenn sich zwei Kurven schneiden, dann müssen ihre Funktionswerte im Schnittpunkt gleich sein. Wenn sie sich berühren, dann müssen nicht nur die Funktionswerte im Berührpunkt gleich sein, sondern auch die Steigungen. Für einen Berührpunkt $B(x_B \mid y_B)$ muss also gelten:

1. B ist ein gemeinsamer Punkt beider Kurven: $f(x_B) = g(x_B)$.

2. Im Punkt B haben die Graphen eine gemeinsame Tangente, also die gleiche Tangentensteigung: $f'(x_B) = g'(x_B)$.

Aufgaben

a) Zeigen Sie, dass sich die Graphen der Funktion f mit $f(x) = \frac{1}{5}x^3 - 2x^2 + 5x + 3$ und der Funktion g mit $g(x) = -x^2 + 5x + 3$ im Punkt B $(0 \mid 3)$ berühren.

b) Berechnen Sie den Berührpunkt der Graphen der Funktion f mit $f(x) = \frac{1}{3}x^3 - 2x^2 + 3x + 4$ und der Funktion g mit $g(x) = -x^2 + 3x + 4$.

7.6 Symmetrie ☐

Graphen von Funktionen können achsen- oder punktsymmetrisch sein. Handelt es sich bei der Achse um die y-Achse, so spricht man von y-Achsensymmetrie; handelt es sich beim Punkt, zu dem der Graph der Funktion symmetrisch ist, um den Ursprung, spricht man von Ursprungssymmetrie.

- Für y-Achsensymmetrie gilt $f(-x) = f(x)$
- Für Ursprungssymmetrie gilt $f(-x) = -f(x)$.

Sie können die Symmetrie zeigen, indem Sie $(-x)$ für x einsetzen und dann umformen. Dabei ist zu beachten, dass gilt: $(-x)^2 = x^2$ und $(-x)^3 = -x^3$.

a) Begründen Sie, dass der Graph von $f(x) = \frac{1}{x^2} + 3$; $x \in \mathbb{R} \setminus \{0\}$ achsensymmetrisch zur y-Achse ist.

b) Begründen Sie, dass der Graph von $f(x) = 3x^5 - 7,2x^3 + x$; $x \in \mathbb{R}$ punktsymmetrisch zum Ursprung ist.

c) Zeigen Sie, dass der Graph von $f(x) = 4 \cdot e^{-\frac{x^2}{2}}$; $x \in \mathbb{R}$ achsensymmetrisch zur y-Achse ist.

7.7 Abschnittsweise bestimmte Funktionen ☐

Abschnittsweise definierte Funktionen setzen sich aus zwei oder mehr Teilen zusammen. Gesucht sind die Parameter so, dass die Funktionen an den «Übergangspunkten» bestimmte Eigenschaften besitzen.

a) Gegeben ist die Funktion $f(x) = \begin{cases} x^3 - 2x + 1 & \text{für } x \leqslant 1 \\ ax^2 + b & \text{für } x > 1 \end{cases}$

Bestimmen Sie die Parameter a und b so, dass die Funktion einen knickfreien Übergang an der Stelle $x = 1$ besitzt.

b) Gegeben sind die Funktionen $f(x) = e^{-2x} + 3$ und $g(x) = ax^2 + bx + c$. Die Funktion f soll an der Stelle $x = 2$ so durch die Funktion g fortgesetzt werden, dass der Übergang ohne «Krümmungsruck» erfolgt. Bestimmen Sie die Parameter a, b, und c.

7.8 Ortskurven □

Eine Ortskurve beschreibt den Verlauf eines speziellen Punktes einer Kurvenschar, z.B. des Hochpunktes oder des Wendepunktes.

Um eine Ortskurve zu bestimmen, gehen Sie wie folgt vor:

1. Zuerst wird der spezielle Punkt bestimmt, falls er nicht schon vorliegt, z.B. H $\left(\frac{4}{t} \mid t^2\right)$.

2. Der x-Wert des Punktes wird so umgeformt, dass der Parameter alleine steht:
   $x = \frac{4}{t} \Rightarrow t = \frac{4}{x}$.

3. Der Parameter (in Abhängigkeit von x) wird in den y-Wert des Punktes eingesetzt:
   $y = t^2 = \left(\frac{4}{x}\right)^2$.

4. Durch Ausrechnen erhalten Sie den y-Wert in Abhängigkeit von x: $y = \left(\frac{4}{x}\right)^2 = \frac{16}{x^2}$ und damit die Gleichung der Ortskurve.

Aufgaben

a) Bei einer Kurvenschar haben die Extrempunkte die Koordinaten E $\left(\frac{2}{3}t \mid \frac{2}{9}t^3\right)$; $t \in \mathbb{R}$. Bestimmen Sie die Gleichung der Ortskurve, auf der alle Extrempunkte liegen.

b) Bei einer Kurvenschar haben die Hochpunkte die Koordinaten H $\left(\frac{2}{3}t \mid \frac{9}{2t}\right)$; $t \neq 0$. Bestimmen Sie die Gleichung der Ortskurve, auf der alle Hochpunkte liegen.

c) Bei einer Kurvenschar haben die Hochpunkte die Koordinaten H $\left(\frac{t}{2} \mid \frac{t^3}{4} - t\right)$; $t \in \mathbb{R}$. Bestimmen Sie die Gleichung der Ortskurve, auf der alle Hochpunkte liegen.

d) Bestimmen Sie die Gleichung der Ortskurve, auf der alle Tiefpunkte der Kurvenschar f_t mit $f_t(x) = x^3 - 3tx^2$; $t > 0$ liegen.

e) LK: Bestimmen Sie die Gleichung der Ortskurve, auf der alle Wendepunkte der Kurvenschar f_a mit $f_a(x) = (x-a) \cdot e^x$; $a \in \mathbb{R}$ liegen.

8 Integralrechnung

Tipps ab Seite 86, Lösungen ab Seite 134

8.1 Stammfunktionen

Für eine Stammfunktion F einer Funktion f gilt: $F'(x) = f(x)$.

Das Bilden einer Stammfunktion kann man daher als die Umkehrung des Ableitens bezeichnen. Die Stammfunktion ist immer nur bis auf den konstanten Faktor c bestimmt, da dieser beim Ableiten wieder wegfällt.

Folgende Regeln zum Bestimmen der Stammfunktion sollten Sie kennen:

$f(x)$	$F(x)$
$x^n;\ n \neq -1$	$\frac{1}{n+1} \cdot x^{n+1} + c$
e^x	$e^x + c$
$a \cdot e^{kx+b}$	$\frac{a}{k} \cdot e^{kx+b} + c$
$\frac{1}{x}$	$\ln|x| + c$

Aufgaben:

Geben Sie eine Stammfunktion für alle Funktionen mit den folgenden Funktionstermen an, es gilt $a, t, k \in \mathbb{R}$:

8.1.1 Ganzrationale Funktionen

a) $f(x) = 2x^3 - \frac{4}{3}x^2 + 2$ b) $f(x) = ax^4 + 2ax^3 - x$ c) $f(x) = t^2x^3 - tx^2$

d) $f(x) = 4x^4 - 2tx^2 + tx$

8.1.2 Exponentialfunktionen

a) $f(x) = 3e^x$ b) $f(x) = 4e^{-x}$ c) $f(x) = t \cdot e^{-tx}$

d) $f(x) = a \cdot e^{3x+2}$ e) $f(x) = 2\left(x^2 - 6e^{3x}\right)$

8.1.3 LK: Rationale Funktionen

a) $f(x) = \frac{3}{\sqrt{x}}$ b) $f(x) = \frac{4}{3x}$ c) $f(x) = \frac{5}{2x+1}$

8.2 Flächeninhalt zwischen zwei Kurven ☐

Um den Flächeninhalt zwischen zwei Kurven zu bestimmen, berechnet man das Integral der Differenz der Funktionen über dem Intervall der beiden Schnittstellen, dabei gilt «obere Kurve minus untere Kurve»

$$A = \int_{x_1}^{x_2} \left(f(x) - g(x) \right) \, dx$$

Sind die Schnittpunkte nicht bekannt, müssen diese zuerst bestimmt werden.

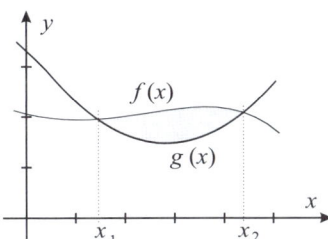

Berechnen Sie den Flächeninhalt zwischen den zwei Kurven:

a) $f(x) = 4 - x^2$ b) $f(x) = x^2 + 1$
    $g(x) = x^2 - 4$ $g(x) = x + 1$

8.3 Angewandte Integrale ☐

Bei diesen Aufgaben kommen Integrale im Anwendungsbezug als Summe vor.

a) Die Niederschlagsrate während eines Monsunregens kann modellhaft beschrieben werden durch die Funktion r mit $r(t) = 23 - 0{,}02 \cdot e^t$ (t in Tagen seit dem Einsetzen des Regens und $r(t)$ in Liter pro Quadratmeter und Tag gemessen).

   I) Wann hört der Regen auf?

  II) Welche Wassermenge geht insgesamt auf jeden Quadratmeter Fläche des betroffenen Gebiets nieder?

 III) Geben Sie die mittlere Regenmenge pro Quadratmeter an, die während des Regens gefallen ist.

b) Der Zu- und Abfluss eines Wasserbeckens kann durch die Funktion f mit $f(t) = -0{,}5t + 3$ (t in Stunden $f(t)$ in Liter pro Stunde) beschrieben werden. Am Anfang ist das Becken mit 10 Litern gefüllt.
Wieviel Wasser enthält das Becken nach 9 Stunden?

8.4 LK: Ins Unendliche reichende Flächen ☐

a) Berechnen Sie die ins Unendliche reichende Fläche im 1. Quadranten zwischen der Kurve und den beiden Koordinatenachsen:

   I) $f(x) = e^{-x}$ II) $f(x) = e^{-3x+1}$ III) $f(x) = 2e^{-4x-2}$

b) Gegeben sei die Funktion f durch $f(x) = e - e^x$ mit $x \in \mathbb{R}$, ihr Graph sei G.

    I) Der Graph schließt mit der x- und der y-Achse eine Fläche ein. Berechnen Sie dessen Inhalt.

    II) Bestimmen Sie die waagerechte Asymptote von G.

    III) Die y-Achse, die waagerechte Asymptote und G schließen ein ins Unendliche reichendes Flächenstück ein. Berechnen Sie den Inhalt dieses Flächenstücks und prüfen Sie nach, ob dieses Flächenstück so groß ist wie das Flächenstück aus Aufgabe I.

8.5   LK: Rotationskörper   □

Lässt man eine Kurve um die x-Achse rotieren, entsteht ein sog. «Rotationskörper». Die Formel zur Berechnung des Volumens V eines solchen Rotationskörpers ist

$$V = \pi \cdot \int_{x_1}^{x_2} \left(f(x) \right)^2 \, dx$$

a) Der Graph der Funktion f mit $f(x) = \frac{1}{4}e^{2x}$ über dem Intervall $[0;1]$ rotiert um die x-Achse. Berechnen Sie das Volumen des Rotationskörpers.

b) Der Graph der Funktion f mit $f(x) = x^2 + 1$ über dem Intervall $[1;2]$ rotiert um die x-Achse. Berechnen Sie das Volumen des Rotationskörpers.

c) Die Fläche zwischen dem Graph der Funktion f mit $f(x) = e^x$ und der Geraden $y = e$ sowie der y-Achse rotiert um die x-Achse. Berechnen Sie das Volumen des Rotationskörpers.

d) Erläutern Sie die Grundidee zur Berechnung des Volumens eines Rotationskörpers, der entsteht, wenn ein Kurvenstück über dem Intervall $[a;b]$ um die x-Achse rotiert.

9 Extremwertaufgaben □

Tipps ab Seite 87, Lösungen ab Seite 138

Bei Extremwertaufgaben mit Nebenbedingungen geht es darum, dass das Maximum oder Minimum einer Größe (meist eine Länge oder Fläche) gesucht ist. Dabei muss in der Regel zuerst eine Funktion aufgestellt werden, die diese Größe beschreibt. Der Extremwert wird dann mit Hilfe der ersten und zweiten Ableitung dieser Funktion bestimmt. Für alle Anwendungsaufgaben ist es sehr hilfreich, eine Skizze der Aufgabenstellung anzufertigen.

a) Gegeben sei eine Funktion f mit $f(x) = 6 - \frac{1}{4}x^2$; $x \in \mathbb{R}$.
Zwischen Kurve und x-Achse ist im 1. und 2. Quadranten ein Rechteck einzuschreiben.

    I) mit maximalem Umfang

    II) mit maximaler Fläche

Berechnen Sie den maximalen Umfang bzw. die maximale Fläche.

b) Gegeben sind die Funktion f durch $f(x) = (2x+3) \cdot e^{-x}$; $x \in \mathbb{R}$ und die Funktion g durch $g(x) = e^{-x}$; $x \in \mathbb{R}$. Ihre Graphen seien G_f bzw. G_g.
Die Gerade $x = u$ mit $u > -1$ schneidet G_f im Punkt P und G_g im Punkt Q.
Für welchen Wert von u wird die Länge der Strecke PQ maximal?
Berechnen Sie die maximale Länge der Strecke PQ.

Analytische Geometrie

In der Geometrie sind die Einsatzmöglichkeiten von GTR und CAS sehr unterschiedlich. Aus diesem Grund ist der Lösungsweg in der Regel «mit der Hand» angegeben, je nach Gerät können Sie an einzelnen Stellen abkürzen.

10 Rechnen mit Vektoren

Tipps ab Seite 89, Lösungen ab Seite 140

In diesem Kapitel geht es darum, die Grundkenntnisse des Rechnens mit Vektoren zu wiederholen. Dazu gehören die Addition und Subtraktion von Vektoren. Neben diesen Rechenoperationen ist es wichtig, das Skalarprodukt zu kennen und zu wissen, dass es genau dann gleich Null ist, wenn zwei Vektoren senkrecht aufeinander stehen.

Da mit den Vektoren geometrische Objekte wie Dreiecke, Parallelogramme und verschiedene Körper beschrieben werden können, sollten Sie die grundlegenden Eigenschaften dieser Objekte kennen, z.B. dass in einem gleichschenklichen Dreieck zwei Seiten die gleiche Länge haben. Rechenregeln für das Rechnen mit Vektoren finden Sie bei den Tipps auf Seite *89*. Wenn nicht anders angegeben gilt für alle Parameter: $r, s, t, \ldots \in \mathbb{R}$.

10.1 Addition und Subtraktion von Vektoren

Gegeben sind die Vektoren $\vec{a} = \begin{pmatrix} -1 \\ 2 \\ 4 \end{pmatrix}$ und $\vec{b} = \begin{pmatrix} 3 \\ 1 \\ 2 \end{pmatrix}$. Berechnen Sie:

a) $\vec{a} + \vec{b}$ b) $\vec{a} - \vec{b}$ c) $2 \cdot \vec{a}$ d) $-\vec{a}$ e) $2\vec{a} + 3\vec{b}$

f) $\vec{a} \cdot \vec{b}$ g) $|\vec{a}|$ h) $|\vec{b}|$ i) $|\vec{a} + \vec{b}|$

10.2 Orthogonalität von Vektoren

Prüfen Sie, ob folgende Vektoren senkrecht (orthogonal) aufeinander stehen.

a) $\vec{a} = \begin{pmatrix} -1 \\ 0 \\ 1 \end{pmatrix}, \vec{b} = \begin{pmatrix} 2 \\ 2 \\ 0 \end{pmatrix}$,   b) $\vec{r} = \begin{pmatrix} 5 \\ -1 \\ 3 \end{pmatrix}, \vec{n} = \begin{pmatrix} 2 \\ 1 \\ -3 \end{pmatrix}$,

10.3 Verschiedene Aufgaben

> **Tipp:** Fertigen Sie eine Skizze zu den jeweiligen Aufgabenstellungen an und stellen Sie Vektorketten auf.

a) Prüfen Sie, ob das Dreieck ABC gleichschenklig ist:

    I) $A(3 \mid 7 \mid 2)$, $B(-1 \mid 5 \mid 1)$, $C(2 \mid 3 \mid 0)$

    II) $A(-5 \mid 2 \mid -1)$, $B(0 \mid 5 \mid -3)$, $C(-1 \mid 6 \mid -3)$

b) Prüfen Sie, ob das Dreieck ABC rechtwinklig ist:

    $A(5 \mid 1 \mid 0)$, $B(1 \mid 5 \mid 2)$, $C(-1 \mid 1 \mid 6)$

c)   I) Bestimmen Sie den Mittelpunkt M von $A(4 \mid 1 \mid 3)$ und $B(-2 \mid 5 \mid -5)$.

    II) Bestimmen Sie die Koordinaten des Punktes P so, dass $B(4 \mid 2 \mid 5)$ der Mittelpunkt von $A(3 \mid -1 \mid -4)$ und P ist.

d) Gegeben sind die Punkte $A(4 \mid 2 \mid 3)$, $B(1 \mid 8 \mid 5)$ und $C(-2 \mid 1 \mid -3)$.

    I) Bestimmen Sie den Punkt D so, dass das Viereck ABCD ein Parallelogramm ist.

    II) Bestimmen Sie den Punkt D* so, dass das Viereck ABD*C ein Parallelogramm ist.

e) Von einem Spat (Körper mit jeweils 4 parallelen Kanten) sind die Punkte $A(3 \mid 1 \mid 4)$, $B(-2 \mid 1 \mid -3)$, $C(5 \mid -2 \mid 3)$ und $F(9 \mid 2 \mid 6)$ gegeben.

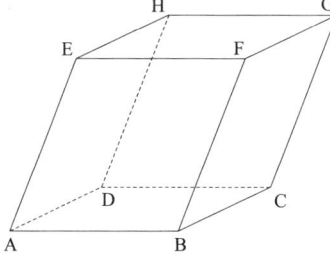

    I) Bestimmen Sie die Koordinaten der übrigen Punkte des Spats.

    II) Berechnen Sie die Länge der Raumdiagonalen AG.

10.4   LK: Vektorprodukt   ☐

a) Bestimmen Sie folgende Vektorprodukte:

    I) $\begin{pmatrix} 2 \\ -1 \\ 3 \end{pmatrix} \times \begin{pmatrix} 4 \\ 2 \\ -1 \end{pmatrix}$ II) $\begin{pmatrix} -1 \\ 2 \\ 0 \end{pmatrix} \times \begin{pmatrix} 3 \\ 0 \\ 1 \end{pmatrix}$

b) Berechnen Sie den Flächeninhalt des Parallelogramms ABCD, welches durch die Punkte $A(4 \mid 2 \mid -1)$, $B(6 \mid 3 \mid 1)$, $C(-1 \mid 0 \mid 3)$ und $D(-3 \mid -1 \mid 1)$ gegeben ist.

c) Berechnen Sie den Flächeninhalt des Dreiecks ABC mit $A(2 \mid 1 \mid -3)$, $B(0 \mid 4 \mid 1)$ und $C(-1 \mid 2 \mid 2)$.

11 Geraden

Tipps ab Seite 90, Lösungen ab Seite 144

Die Parameterform der Geradengleichung in der analytischen
Geometrie lautet

$$g: \vec{x} = \vec{a} + t \cdot \vec{r_g} \text{ mit } t \in \mathbb{R}$$

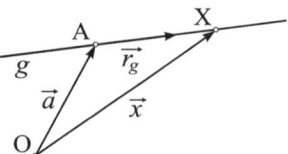

Dabei wird der Vektor $\vec{a}$ als Stützvektor bezeichnet, weil er die
Gerade «stützt», der Vektor $\vec{r_g}$ ist der Richtungsvektor der Geraden, da er die Richtung der Geraden angibt. t ist der Parameter.

11.1 Aufstellen von Geradengleichungen

Stellen Sie jeweils die Gleichung der Gerade auf, die durch die beiden Punkte geht:

a) $A(1|0|2), B(3|1|3)$ b) $C(2|1|-4), D(4|0|1)$ c) $E(1|1|0), F(0|0|1)$

11.2 Punktprobe

Liegen die gegebenen Punkte A, B, C auf der Geraden $g: \vec{x} = \begin{pmatrix} 1 \\ 3 \\ -2 \end{pmatrix} + t \cdot \begin{pmatrix} 1 \\ 4 \\ 2 \end{pmatrix}$?

a) $A(2|7|0)$ b) $B(3|11|3)$ c) $C(-2|-9|-8)$

11.3 Gegenseitige Lage von Geraden

Zwei Geraden können auf vier verschiedene Weisen zueinander liegen: Sie können parallel liegen, identisch sein, sich schneiden oder windschief sein. Die genauen Rechenwege zur Bestimmung der gegenseitigen Lage sind in den Tipps auf Seite 90 beschrieben.

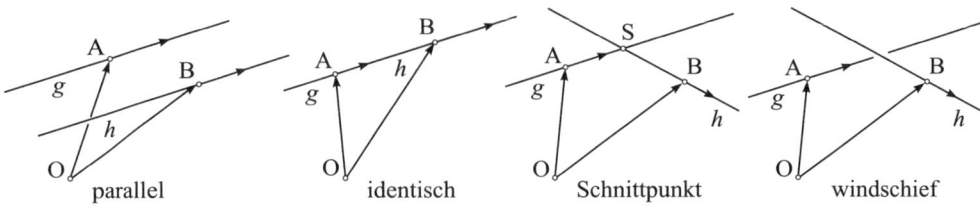

parallel   identisch   Schnittpunkt   windschief

Bestimmen Sie die gegenseitige Lage der beiden gegebenen Geraden:

a) $g_1: \vec{x} = \begin{pmatrix} 4 \\ 2 \\ 5 \end{pmatrix} + s \cdot \begin{pmatrix} 1 \\ 1 \\ 2 \end{pmatrix}$ $g_2: \vec{x} = \begin{pmatrix} 0 \\ 0 \\ 0 \end{pmatrix} + t \cdot \begin{pmatrix} 2 \\ 0 \\ 1 \end{pmatrix}$

b) $g_1 : \vec{x} = \begin{pmatrix} 2 \\ 0 \\ 0 \end{pmatrix} + s \cdot \begin{pmatrix} 1 \\ 1 \\ 1 \end{pmatrix}$
$\qquad$
$g_2 : \vec{x} = \begin{pmatrix} 3 \\ 2 \\ 3 \end{pmatrix} + t \cdot \begin{pmatrix} 3 \\ 4 \\ 5 \end{pmatrix}$

c) $g : \vec{x} = \begin{pmatrix} 1 \\ -3 \\ 5 \end{pmatrix} + s \cdot \begin{pmatrix} 2 \\ 1 \\ -3 \end{pmatrix}$
$\qquad$
$h : \vec{x} = \begin{pmatrix} 5 \\ 1 \\ -3 \end{pmatrix} + t \cdot \begin{pmatrix} 4 \\ -5 \\ -1 \end{pmatrix}$

d) $g : \vec{x} = \begin{pmatrix} 4 \\ 0 \\ 1 \end{pmatrix} + s \cdot \begin{pmatrix} 2 \\ -1 \\ 3 \end{pmatrix}$
$\qquad$
$h : \vec{x} = \begin{pmatrix} 6 \\ -1 \\ 4 \end{pmatrix} + t \cdot \begin{pmatrix} -2 \\ 1 \\ -3 \end{pmatrix}$

e) $g : \vec{x} = \begin{pmatrix} 1 \\ 4 \\ -2 \end{pmatrix} + s \cdot \begin{pmatrix} -2 \\ -1 \\ 3 \end{pmatrix}$
$\qquad$
$h : \vec{x} = \begin{pmatrix} -1 \\ 3 \\ -1 \end{pmatrix} + t \cdot \begin{pmatrix} 4 \\ 2 \\ -6 \end{pmatrix}$

12 Ebenen ☐

Tipps ab Seite 91, Lösungen ab Seite 147

Um eine Ebene zu beschreiben, gibt es verschiedene Gleichungen: Ähnlich wie für die Gerade gibt es eine *Parametergleichung*, diese lautet:

$$E: \vec{x} = \vec{a} + s \cdot \vec{v_1} + t \cdot \vec{v_2}$$

Der Vektor $\vec{a}$ ist auch hier der Stützvektor, die Vektoren $\vec{v_1}$ und $\vec{v_2}$ sind die Spannvektoren, da sie die Ebene «aufspannen».

LK: Bei der *Punkt-Normalenform* der Ebene wird die Ebene durch einen Stützpunkt und einen Normalenvektor beschrieben. Der Normalenvektor $\vec{n}$ steht immer senkrecht auf der Ebene. Die dazugehörige Gleichung ist

$$E: \vec{n} \cdot (\vec{x} - \vec{a}) = 0$$

Anschaulich gesprochen bedeutet die Tatsache, dass das Skalarprodukt zwischen dem Normalenvektor $\vec{n}$ und jedem Vektor in der Ebene gleich null ist, dass der Normalenvektor $\vec{n}$ auf jedem Vektor, der in der Ebene liegt, senkrecht steht:

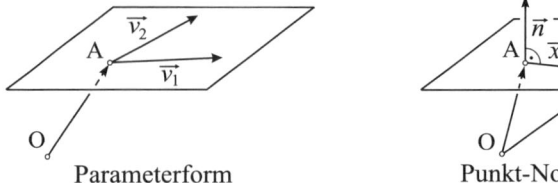

Parameterform   Punkt-Normalenform

Die Koordinatenform erhalten Sie durch Ausrechnen der Punkt-Normalenform. Sie lautet

$$E: n_1 \cdot x_1 + n_2 \cdot x_2 + n_3 \cdot x_3 + n_0 = 0$$

Dabei sind n_1, n_2 und n_3 die Komponenten des Normalenvektors $\vec{n}$.

Ist eine Ebene in Parameterform gegeben und suchen Sie die Koordinatenform, so stellen Sie zuerst die Punkt-Normalenform auf und rechnen diese anschließend aus. Dazu ist ein Normalenvektor gesucht, der senkrecht auf den beiden Spannvektoren $\vec{v_1}$ und $\vec{v_2}$ stehen muss. Diesen können Sie mit Hilfe des Skalarprodukts berechnen, indem Sie benutzen, dass $\vec{n} \cdot \vec{v_1} = 0$ und $\vec{n} \cdot \vec{v_2} = 0$ sein muss. Sie erhalten so ein Gleichungssystem aus zwei Gleichungen mit dessen Hilfe Sie den Vektor $\vec{n}$ bestimmen können. Ein weiterer Weg führt über das Kreuzprodukt, siehe die nächste Seite.

Tipp: Wenn man einen Vektor $\vec{n}$ sucht, der senkrecht auf zwei gegebenen Vektoren $\vec{a}$ und $\vec{b}$ steht, geschieht dies einfach und schnell mit dem **Vektorprodukt**:

$$\vec{n} = \left(\vec{a} \times \vec{b} \right) = \begin{pmatrix} a_2 b_3 & - & a_3 b_2 \\ a_3 b_1 & - & a_1 b_3 \\ a_1 b_2 & - & a_2 b_1 \end{pmatrix}$$

Die Merkhilfe dazu:

1. Beide Vektoren werden je zweimal untereinandergeschrieben, dann werden die erste und die letzte Zeile gestrichen.

2. Anschließend wird «über Kreuz» multipliziert. Dabei erhalten die abwärts gerichteten Pfeile ein positives und die aufwärts gerichteten Pfeile ein negatives Vorzeichen.

3. Die einzelnen Komponenten werden subtrahiert – fertig!

$$\begin{array}{cc} \cancel{a_1} & \cancel{b_1} \\ a_2 & b_2 \\ a_3 & b_3 \\ a_1 & b_1 \\ a_2 & b_2 \\ \cancel{a_3} & \cancel{b_3} \end{array} \Rightarrow \begin{array}{cc} a_2 & b_2 \\ a_3 & b_3 \\ a_1 & b_1 \\ a_2 & b_2 \end{array} \Rightarrow \begin{pmatrix} a_2 b_3 - a_3 b_2 \\ a_3 b_1 - a_1 b_3 \\ a_1 b_2 - a_2 b_1 \end{pmatrix}$$

Anmerkung: Der Betrag des senkrecht stehenden Vektors entspricht genau der Flächenmaßzahl des Parallelogramms, das von den beiden Vektoren aufgespannt wird.

Beispiel: Sind $\vec{a} = \begin{pmatrix} 1 \\ 3 \\ 2 \end{pmatrix}$ und $\vec{b} = \begin{pmatrix} -1 \\ 4 \\ 0 \end{pmatrix}$, ergibt sich für den gesuchten Vektor:

$$\begin{array}{cc} \cancel{1} & \cancel{-1} \\ 3 & 4 \\ 2 & 0 \\ 1 & -1 \\ 3 & 4 \\ \cancel{2} & \cancel{0} \end{array} \Rightarrow \begin{array}{cc} 3 & 4 \\ 2 & 0 \\ 1 & -1 \\ 3 & 4 \end{array} \Rightarrow \begin{pmatrix} 3 \cdot 0 - 2 \cdot 4 \\ 2 \cdot (-1) - 1 \cdot 0 \\ 1 \cdot 4 - 3 \cdot (-1) \end{pmatrix} = \begin{pmatrix} -8 \\ -2 \\ 7 \end{pmatrix}$$

12.1 Parameterform der Ebenengleichung ☐

Im Folgenden sind drei Punkte bzw. eine Gerade und ein Punkt gegeben, die eine Ebene festlegen. Geben Sie zu diesen Ebenen jeweils eine Ebenengleichung in Parameterform an.

a) $A(1\,|\,4\,|\,3)$, $B(2\,|\,7\,|\,-3)$, $C(3\,|\,5\,|\,1)$ b) $A(1\,|\,3\,|\,6)$, $g: \vec{x} = \begin{pmatrix} -1 \\ 2 \\ 4 \end{pmatrix} + t \cdot \begin{pmatrix} 3 \\ 6 \\ -1 \end{pmatrix}$

12.2 LK: Koordinatengleichung einer Ebene ☐

Bestimmen Sie eine Koordinatengleichung der Ebene E.

a) $A(2\,|\,2\,|\,2)$, $B(4\,|\,1\,|\,3)$, $C(8\,|\,4\,|\,5)$ b) $A(4\,|\,1\,|\,2)$, $g: \vec{x} = \begin{pmatrix} 3 \\ 5 \\ 7 \end{pmatrix} + t \cdot \begin{pmatrix} 1 \\ 1 \\ 1 \end{pmatrix}$

c) $g_1: \vec{x} = \begin{pmatrix} 1 \\ 2 \\ 3 \end{pmatrix} + s \cdot \begin{pmatrix} 1 \\ 3 \\ 4 \end{pmatrix}$ $g_2: \vec{x} = \begin{pmatrix} 1 \\ 2 \\ 3 \end{pmatrix} + t \cdot \begin{pmatrix} 2 \\ -1 \\ 3 \end{pmatrix}$

d) $g_1: \vec{x} = \begin{pmatrix} 1 \\ 0 \\ 2 \end{pmatrix} + s \cdot \begin{pmatrix} 3 \\ 1 \\ 2 \end{pmatrix}$ $g_2: \vec{x} = \begin{pmatrix} 4 \\ 1 \\ 1 \end{pmatrix} + t \cdot \begin{pmatrix} 6 \\ 2 \\ 4 \end{pmatrix}$

e) Die Ebene E ist Spiegelebene zwischen $A(1\,|\,4\,|\,7)$ und $A^*(3\,|\,2\,|\,3)$.

f) Die Ebene E enthält die Gerade $g: \vec{x} = \begin{pmatrix} 3 \\ 1 \\ 2 \end{pmatrix} + t \cdot \begin{pmatrix} 2 \\ 0 \\ -1 \end{pmatrix}$ und ist orthogonal zur Ebene F: $-x_1 + x_2 + 2x_3 + 2 = 0$.

g) Prüfen Sie, ob die vier Punkte $A(2\,|\,1\,|\,2)$, $B(4\,|\,3\,|\,4)$, $C(7\,|\,2\,|\,3)$ und $D(8\,|\,-1\,|\,0)$ in einer Ebene liegen.

12.3 LK: Ebenen im Koordinatensystem ☐

Zeichnen Sie die Ebenen jeweils in ein kartesisches Koordinatensystem ein; bestimmen Sie dazu jeweils die Schnittpunkte mit den Koordinatenachsen (Spurpunkte):

a) E: $3x_1 + 4x_2 + 3x_3 = 12$ b) E: $4x_1 - 8x_2 + 4x_3 = 16$ c) E: $2x_1 + 4x_2 = 8$

d) E: $x_1 + 2x_3 = 4$ e) E: $3x_2 + x_3 = 3$ f) E: $x_2 = 3$

12.4 Bestimmen von Geraden und Ebenen in einem Quader ☐

In der Abbildung ist ein Quader dargestellt, M und N seien die Mittelpunkte der beiden Kanten $\overline{BE}$ bzw. $\overline{CF}$.

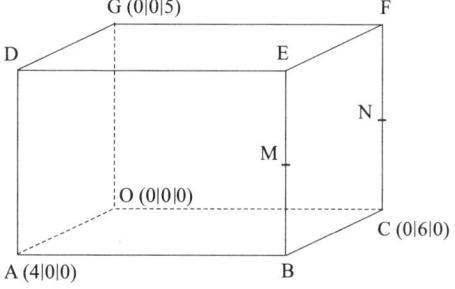

a) Bestimmen Sie die Koordinaten der übrigen Punkte.

b) LK: Geben Sie eine Koordinatengleichung der Ebene durch B, E und F an.

c) Geben Sie eine Geradengleichung der Geraden durch A und N sowie G und M an.

d) LK: Bestimmen Sie die Koordinatengleichung der Ebene durch A, O, E und F.

12.5 Bestimmen von Geraden und Ebenen in einer Pyramide ☐

Gegeben ist die senkrechte Pyramide mit quadratischer Grundfläche wie in der Abbildung dargestellt. Ihr Mittelpunkt ist O (0 | 0 | 0).

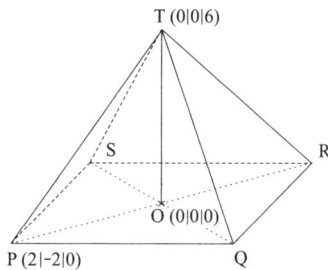

a) Geben Sie die Koordinaten der übrigen Punkte an.

b) Geben Sie eine Gleichung der Geraden durch die Kante PT an.

c) LK: Bestimmen Sie eine Koordinatengleichung der Ebene E, in der die Seitenfläche QRT liegt.

13 Gegenseitige Lage von Geraden und Ebenen ☐

Tipps ab Seite 93, Lösungen ab Seite 153

Eine Gerade und eine Ebene können auf drei verschiedene Weisen zueinander liegen:
Die Gerade kann die Ebene schneiden, sie kann parallel zu ihr liegen und sie kann in der Ebene liegen. Liegt die Ebene in der Parameterform vor, werden Geraden- und Ebenengleichung gleichgesetzt. Liegt sie in der Punkt-Normalenform oder der Koordinatenform vor, schreiben Sie die Gerade als «allgemeinen Punkt» um und setzten diesen in die Ebenengleichung ein.

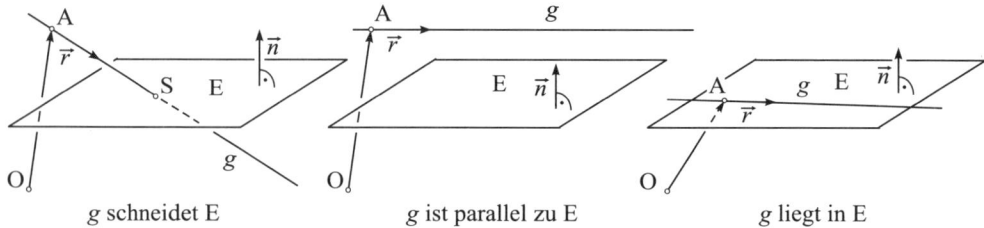

| g schneidet E | g ist parallel zu E | g liegt in E |

13.1 Gegenseitige Lage ☐

Bestimmen Sie die gegenseitige Lage der Gerade und der Ebene:

a) LK: $g: \vec{x} = \begin{pmatrix} 4 \\ 6 \\ 2 \end{pmatrix} + t \cdot \begin{pmatrix} 1 \\ 2 \\ 3 \end{pmatrix}$ $\qquad E: 2x_1 + 4x_2 + 6x_3 + 12 = 0$

b) LK: $g: \vec{x} = \begin{pmatrix} 3 \\ 2 \\ 2 \end{pmatrix} + t \cdot \begin{pmatrix} 2 \\ 5 \\ 7 \end{pmatrix}$ $\qquad E: 2x_1 + x_2 - 3x_3 = 4$

c) $g: \vec{x} = \begin{pmatrix} 4 \\ 1 \\ 3 \end{pmatrix} + t \cdot \begin{pmatrix} 2 \\ -1 \\ 1 \end{pmatrix}$ $\qquad E: \vec{x} = \begin{pmatrix} 1 \\ -2 \\ -2 \end{pmatrix} + r \cdot \begin{pmatrix} 3 \\ 6 \\ -3 \end{pmatrix} + s \cdot \begin{pmatrix} 8 \\ -4 \\ 4 \end{pmatrix}$

d) $g: \vec{x} = \begin{pmatrix} 3 \\ 4 \\ 7 \end{pmatrix} + t \cdot \begin{pmatrix} 1 \\ 0 \\ 1 \end{pmatrix}$ $\qquad E: \vec{x} = \begin{pmatrix} 4 \\ 6 \\ 8 \end{pmatrix} + r \cdot \begin{pmatrix} 3 \\ 8 \\ 9 \end{pmatrix} + s \cdot \begin{pmatrix} 10 \\ 5 \\ 4 \end{pmatrix}$

e) LK: $g: \vec{x} = \begin{pmatrix} 1 \\ -2 \\ 3 \end{pmatrix} + t \cdot \begin{pmatrix} 2 \\ 1 \\ 2 \end{pmatrix}$ $\qquad E: x_1 - x_3 = 0$

13.2 LK: Gerade und Ebene parallel ☐

Bestimmen Sie den Parameter $t \in \mathbb{R}$ so, dass $g_t \parallel E$ bzw. $g_t \parallel E_t$ ist:

a) $g_t : \vec{x} = \begin{pmatrix} 1 \\ 4 \\ -2 \end{pmatrix} + s \cdot \begin{pmatrix} 2 \\ 1 \\ t \end{pmatrix}$ $\qquad$ $E : x_1 + 2x_2 + 4x_3 = 2$

b) $g_t : \vec{x} = \begin{pmatrix} 2 \\ 1 \\ 2 \end{pmatrix} + s \cdot \begin{pmatrix} 1 \\ t \\ 2 \end{pmatrix}$ $\qquad$ $E_t : tx_1 + 2x_2 - x_3 = 7$

13.3 LK: Vermischte Aufgaben ☐

a) Gegeben ist die Ebene $E : 2x_1 + x_2 - 2x_3 = 12$. Bestimmen Sie die Gleichung einer Geraden, welche parallel zu E ist und durch den Punkt $P(4 \mid 9 \mid 7)$ verläuft.

b) Die Ebene E hat die Gleichung $E : 4x_1 - 3x_2 + 5x_3 = 17$. Bestimmen Sie die Gleichung der Geraden, die orthogonal zu E ist und durch den Punkt $Q(4 \mid -1 \mid 3)$ verläuft.

c) Gegeben ist die Ebene $E : -2x_1 + x_2 + 2x_3 = 10$. Im Abstand von 3 LE verläuft eine Gerade g parallel zur Ebene E. Geben Sie eine mögliche Geradengleichung von g an.

14 Gegenseitige Lage zweier Ebenen

Tipps ab Seite 93, Lösungen ab Seite 156

Zwei Ebenen können auf drei verschiedene Arten zueinander liegen: Die beiden Ebenen können sich schneiden, sie können identisch sein oder parallel zueinander liegen. Wenn sich die beiden Ebenen schneiden, entsteht eine Schnittgerade s.

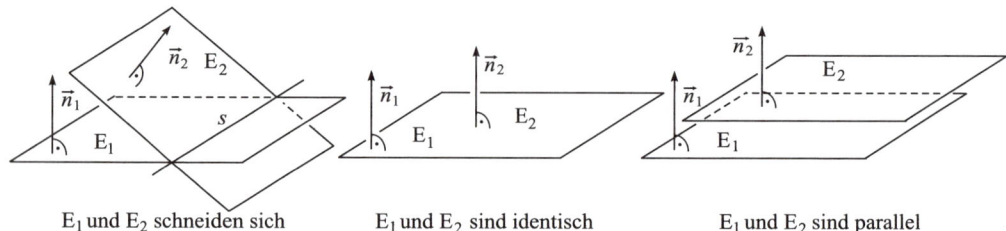

E_1 und E_2 schneiden sich E_1 und E_2 sind identisch E_1 und E_2 sind parallel

Liegen die Ebenen in Koordinatenform vor, so läßt sich die Aufgabe relativ einfach dadurch lösen, dass Sie die beiden Gleichungen als Gleichungssystem mit drei Unbekannten auffassen. Sie lösen dieses Gleichungssystem und können die Lösung als Geradengleichung schreiben, indem der Parameter der Lösung zum Geradenparameter wird. Liegen die Ebenen in Parametergleichung vor, setzen Sie diese gleich und benutzen das Gaußverfahren um nach einem Parameter aufzulösen. Sie erhalten so einen Ausdruck in Abhängigkeit vom anderen Parameter, setzen diesen in die Ebenengleichung ein und erhalten so die Schnittgerade.

14.1 Schnitt von zwei Ebenen

Bestimmen Sie eine Gleichung der Schnittgerade der beiden Ebenen.

a) LK: $E_1 : x_1 + 5x_3 = 8$, $E_2 : x_1 + x_2 + x_3 = 1$

b) LK: $E_1 : x_1 - x_2 + 2x_3 = 7$, $E_2 : 6x_1 + x_2 - x_3 + 7 = 0$

c) LK: $E_1 : 4x_2 = 5$, $E_2 : 6x_1 + 5x_3 = 0$

d) LK: $E_1 : \vec{x} = \begin{pmatrix} 5 \\ 6 \\ -4 \end{pmatrix} + r \cdot \begin{pmatrix} 0 \\ -4 \\ 7 \end{pmatrix} + s \cdot \begin{pmatrix} 2 \\ -3 \\ 4 \end{pmatrix}$, $E_2 : 2x_1 - x_2 + x_3 = 0$

e) LK: $E_1 : \vec{x} = \begin{pmatrix} 2 \\ 2 \\ 2 \end{pmatrix} + r \cdot \begin{pmatrix} -1 \\ 2 \\ 1 \end{pmatrix} + s \cdot \begin{pmatrix} 1 \\ -1 \\ 2 \end{pmatrix}$, $E_2 : x_1 + x_2 - 2x_3 = -4$

f) $E_1: \vec{x} = \begin{pmatrix} -4 \\ 1 \\ 6 \end{pmatrix} + r \cdot \begin{pmatrix} 5 \\ -3 \\ -2 \end{pmatrix} + s \cdot \begin{pmatrix} 2 \\ 2 \\ -1 \end{pmatrix}$, $E_2: \vec{x} = \begin{pmatrix} 4 \\ 5 \\ -3 \end{pmatrix} + t \cdot \begin{pmatrix} 0 \\ -2 \\ 1 \end{pmatrix} + u \cdot \begin{pmatrix} -3 \\ 1 \\ 3 \end{pmatrix}$

g) $E_1: \vec{x} = \begin{pmatrix} 4 \\ 5 \\ 7 \end{pmatrix} + r \cdot \begin{pmatrix} 1 \\ 1 \\ 2 \end{pmatrix} + s \cdot \begin{pmatrix} 2 \\ 3 \\ 6 \end{pmatrix}$, $E_2: \vec{x} = \begin{pmatrix} 3 \\ 2 \\ 11 \end{pmatrix} + t \cdot \begin{pmatrix} 1 \\ -1 \\ 2 \end{pmatrix} + u \cdot \begin{pmatrix} 2 \\ -5 \\ 8 \end{pmatrix}$

14.2 LK: Parallele Ebenen ☐

Bestimmen Sie den Parameter t so, dass die beiden Ebenen parallel sind:

a) $E_t: \; tx_1 - 2tx_2 - 4x_3 = 6$ b) $E_t: \; 2tx_1 + x_2 + 3x_3 = 8$
   $F: \; -2x_1 + 4x_2 - 4x_3 = 7$ $F: \; 8x_1 - 2x_2 - 6x_3 = 7$

14.3 LK: Verschiedene Aufgaben ☐

a) Für welchen Wert von d ist $E_d: \; 2x_1 + x_2 - 3x_3 = d$ identisch mit der Ebene
   $F: \; -4x_1 - 2x_2 + 6x_3 = 9$?

b) Zeigen Sie, dass die Ebene $E: \; 3x_1 + 4x_2 - 2x_3 = 7$ orthogonal zur Ebene
   $F: \; 2x_1 + x_2 + 5x_3 = 9$ ist.

c) Für welchen Wert von t ist $E: \; 2x_1 - x_2 + 3x_3 = 7$ orthogonal zur Ebene
   $E_t: \; tx_1 - 2tx_2 - 4x_3 = 6$?

15 LK: Abstandsberechnungen □

Tipps ab Seite 94, Lösungen ab Seite 161

Die verschiedenen Aufgaben der Abstandsberechnungen lassen sich oft auf die Berechnung des Abstands eines Punktes von einer Ebene oder des Abstands eines Punktes zu einem Punkt zurückführen. So können Sie den Abstand eines Punktes P zu einer Geraden g mit einer Hilfsebene E_H berechnen. Diese steht senkrecht auf g und enthält den Punkt P. Der Abstand ist dann die Länge des Vektors $\overrightarrow{LP}$. (Alternativ können Sie auch das Skalarprodukt benutzen.)

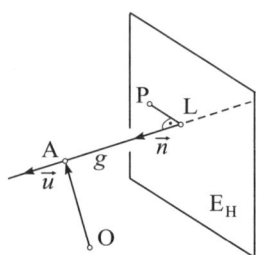

Den Abstand eines Punktes von einer Ebene berechnet man entweder mit einer Hilfsgeraden, mit der man den Lotfußpunkt bestimmt oder mit der Hesseschen Normalenform (HNF).

15.1 Abstand Punkt – Ebene □

Berechnen Sie den Abstand des Punktes von der Ebene:

a) $P(2\,|\,4\,|\,-1)$, $E: 2x_1 - x_2 + 2x_3 = 1$

b) $S(9\,|\,4\,|\,-3)$, $E: x_1 + 2x_2 + 2x_3 = -3$

c) $R(6\,|\,9\,|\,4)$, $E: \begin{pmatrix} 2 \\ 2 \\ 1 \end{pmatrix} \cdot \left(\vec{x} - \begin{pmatrix} 7 \\ 5 \\ 2 \end{pmatrix} \right) = 0$

15.2 Abstand Punkt – Gerade □

Berechnen Sie den Abstand des Punktes von der Geraden:

a) $g: \vec{x} = \begin{pmatrix} 4 \\ 5 \\ 6 \end{pmatrix} + t \cdot \begin{pmatrix} -2 \\ 1 \\ 1 \end{pmatrix}$, $T(6\,|\,-6\,|\,9)$

b)) $g: \vec{x} = \begin{pmatrix} -2 \\ -4 \\ 2 \end{pmatrix} + t \cdot \begin{pmatrix} 3 \\ 0 \\ -2 \end{pmatrix}$, $P(-1\,|\,2\,|\,-3)$

15.3 Abstand paralleler Geraden □

Zeigen Sie, dass die beiden Geraden parallel sind, und berechnen Sie den Abstand der beiden Geraden:

a) $g: \vec{x} = \begin{pmatrix} 2 \\ 1 \\ 2 \end{pmatrix} + s \cdot \begin{pmatrix} 1 \\ 0 \\ 1 \end{pmatrix}$ $\qquad h: \vec{x} = \begin{pmatrix} 2 \\ 3 \\ 4 \end{pmatrix} + t \cdot \begin{pmatrix} 3 \\ 0 \\ 3 \end{pmatrix}$

b) $g: \vec{x} = \begin{pmatrix} 5 \\ -1 \\ 3 \end{pmatrix} + s \cdot \begin{pmatrix} 1 \\ 3 \\ 4 \end{pmatrix}$ $\qquad h: \vec{x} = \begin{pmatrix} 7 \\ -7 \\ 7 \end{pmatrix} + t \cdot \begin{pmatrix} -2 \\ -6 \\ -8 \end{pmatrix}$

15.4 Abstand windschiefer Geraden □

Berechnen Sie jeweils den Abstand der beiden windschiefen Geraden:

a) $g: \vec{x} = \begin{pmatrix} -1 \\ -3 \\ 5 \end{pmatrix} + s \cdot \begin{pmatrix} 4 \\ 1 \\ -1 \end{pmatrix}$ $\qquad h: \vec{x} = \begin{pmatrix} 0 \\ -4 \\ 8 \end{pmatrix} + t \cdot \begin{pmatrix} 2 \\ 0 \\ -1 \end{pmatrix}$

b) $g: \vec{x} = \begin{pmatrix} 6 \\ 1 \\ 3 \end{pmatrix} + t \cdot \begin{pmatrix} 2 \\ 1 \\ -2 \end{pmatrix}$ $\qquad h: \vec{x} = \begin{pmatrix} 4 \\ 5 \\ -3 \end{pmatrix} + s \cdot \begin{pmatrix} 0 \\ 1 \\ 2 \end{pmatrix}$

c) * Erläutern Sie die wesentlichen Arbeitsschritte, wie man ohne Formel den Abstand zweier windschiefer Geraden *g* und *h* bestimmen kann.

16 Winkelberechnungen ☐

Tipps ab Seite 96, Lösungen ab Seite 164

Die verschiedenen Aufgaben der Winkelberechnungen lassen sich auf die Berechnung des Winkels α zwischen zwei Vektoren $\vec{a}$ und $\vec{b}$ zurückführen, den man mit Hilfe der Formel $\cos\alpha = \frac{\vec{a}\cdot\vec{b}}{|\vec{a}|\cdot|\vec{b}|}$ bestimmen kann.

Will man den spitzen Winkel zwischen zwei Geraden oder zwei Ebenen berechnen, verwendet man die Formel $\cos\alpha = \frac{|\vec{a}\cdot\vec{b}|}{|\vec{a}|\cdot|\vec{b}|}$, wobei $\vec{a}$ und $\vec{b}$ die beiden Richtungsvektoren der Geraden bzw. die beiden Normalenvektoren sind.

Will man den spitzen Winkel zwischen einer Geraden und einer Ebene berechnen, verwendet man die Formel $\sin\alpha = \frac{|\vec{a}\cdot\vec{b}|}{|\vec{a}|\cdot|\vec{b}|}$, wobei $\vec{a}$ der Richtungsvektor der Geraden und $\vec{b}$ der Normalenvektor der Ebene ist.

16.1 Winkel zwischen Vektoren bzw. Geraden ☐

> **Tipp:**   Machen Sie eine Skizze. Überlegen Sie, welche Vektoren der Geraden den Winkel einschließen.

a) Berechnen Sie die Innenwinkel des Dreiecks ABC: A$(6\,|-1\,|\,1)$, B$(4\,|\,3\,|-3)$, C$(0\,|\,5\,|\,1)$.

b) Berechnen Sie den Winkel zwischen den beiden Geraden:

I) $g:\ \vec{x}=\begin{pmatrix}2\\1\\-1\end{pmatrix}+s\cdot\begin{pmatrix}-1\\3\\5\end{pmatrix}$ $\qquad h:\ \vec{x}=\begin{pmatrix}2\\1\\-1\end{pmatrix}+t\cdot\begin{pmatrix}7\\-1\\2\end{pmatrix}$

II) $g:\ \vec{x}=\begin{pmatrix}4\\0\\1\end{pmatrix}+s\cdot\begin{pmatrix}2\\-6\\10\end{pmatrix}$ $\qquad h:\ \vec{x}=\begin{pmatrix}4\\0\\1\end{pmatrix}+t\cdot\begin{pmatrix}2\\3\\5\end{pmatrix}$

16.2 LK: Winkel zwischen Ebenen ☐

Berechnen Sie den Winkel zwischen den Ebenen:

a) $E_1:\ x_1-x_2+2x_3=7$ $\qquad\qquad$ b) $E_1:\ 4x_2=5$
    $E_2:\ 6x_1+x_2-x_3+7=0$ $\qquad\qquad\quad\ $ $E_2:\ 6x_1+5x_3=0$

16.3 LK: Winkel zwischen Gerade und Ebene ☐

Berechnen Sie jeweils den Winkel zwischen der Gerade und der Ebene:

a) $g: \vec{x} = \begin{pmatrix} 3 \\ 7 \\ -4 \end{pmatrix} + t \cdot \begin{pmatrix} 1 \\ 2 \\ -1 \end{pmatrix}$ $E: 3x_1 + 5x_2 - 2x_3 - 7 = 0$

b) $g: x_2$-Achse $E: 6x_1 + 10x_2 - 4x_3 = 14$

c) $g: \vec{x} = \begin{pmatrix} 4 \\ 6 \\ 2 \end{pmatrix} + t \cdot \begin{pmatrix} 1 \\ 2 \\ 3 \end{pmatrix}$ $E: x_1$-x_2-Ebene

17 Spiegelungen □

Tipps ab Seite 96, Lösungen ab Seite 166

Die Aufgaben der Spiegelungen lassen sich oft auf die Spiegelung eines Punktes an einem Punkt zurückführen. Hierzu stellt man eine geeignete Vektorkette mit Hilfe des Ursprungs auf.

Um einen Punkt an einer Ebene zu spiegeln, schneidet man die Lotgerade durch diesen Punkt mit der Ebene.

Um einen Punkt an einer Geraden zu spiegeln, stellt man eine orthogonale Hilfsebene durch diesen Punkt auf und schneidet sie mit der Geraden.

17.1 Punkt an Punkt □

Spiegeln Sie den Punkt $P(3 \mid 4 \mid 5)$ jeweils an den angegebenen Punkten:

a) $Q(2 \mid 1 \mid 2)$ b) $R(0 \mid 3 \mid -2)$ c) $S(-3 \mid 1 \mid 4)$

17.2 LK: Punkt an Ebene □

Spiegeln Sie den Punkt an der Ebene:

a) $A(1 \mid 4 \mid 7)$
    $E: x_1 - x_2 - 2x_3 + 11 = 0$

b) $S(-1 \mid -4 \mid -9)$
    $E: 2x_1 - 2x_2 + x_3 = 6$

c) $P(2 \mid 3 \mid 4)$
    $E: 4x_1 + x_2 - x_3 = 3$

> **Tipp:** Legen Sie eine Skizze an. Oft lässt sich ein neues Problem auf ein schon bekanntes zurückführen, wie die Spiegelung eines Punktes an einer Ebene auf die Spiegelung eines Punktes an einem Punkt.

17.3 LK: Punkt an Gerade □

Spiegeln Sie den Punkt an der Geraden:

a) $P(2 \mid 3 \mid 4)$, $g: \vec{x} = \begin{pmatrix} 2 \\ 1 \\ 2 \end{pmatrix} + t \cdot \begin{pmatrix} 1 \\ 0 \\ 1 \end{pmatrix}$ b) $B(5 \mid -2 \mid 1)$, $g: \vec{x} = \begin{pmatrix} -1 \\ 6 \\ 5 \end{pmatrix} + t \cdot \begin{pmatrix} 4 \\ -1 \\ -1 \end{pmatrix}$

Stochastik

18   Wahrscheinlichkeitsrechnung ☐

18.1   Baumdiagramme und Pfadregeln ☐

Tipps ab Seite 97, Lösungen ab Seite 168

In diesem Kapitel geht es darum, mit Hilfe bereits bekannter Wahrscheinlichkeiten von einzelnen Ergebnissen die Wahrscheinlichkeiten weiterer, oft «komplizierterer» Ereignisse zu bestimmen. Ein wichtiges Hilfsmittel zur Veranschaulichung hierfür sind *Baumdiagramme*. Sie sind insbesondere bei mehrstufigen Zufallsexperimenten hilfreich. Eine Verzweigung entspricht dabei den möglichen Versuchausgängen der jeweiligen Stufe; längs der «Äste» werden die zugehörigen Wahrscheinlichkeiten notiert.

Bei mehrstufigen Zufallsexperimenten unterscheidet man *geordnete Stichproben* (d.h. Beachtung der Reihenfolge) von *ungeordneten Stichproben*; beide Stichprobenarten können *mit oder ohne Zurücklegen* durchgeführt werden. Bei der Erstellung des Baumdiagrammes muss man darauf achten, dass sich bei Stichproben ohne Zurücklegen die Wahrscheinlichkeiten bei jeder Stufe ändern.

Manchmal ist es auch geschickt oder hilfreich die Wahrscheinlichkeit eines Ereignisses A mit des Gegenereignisses $\bar{A}$ zu berechnen; dies ist vor allem (aber nicht immer) bei den Signalwörtern «mindestens» oder «höchstens» der Fall. Es gilt dann für die entsprechenden Wahrscheinlichkeiten:

$$P(A) = 1 - P(\bar{A})$$

1. Beispiel: Ziehen mit Zurücklegen

Ein Gefäß enthält 4 blaue und 6 rote Kugeln. Es werden 2 Kugeln mit Zurücklegen gezogen.

Da 4 blaue und 6 rote, also insgesamt 10 Kugeln in der Urne sind, beträgt die Wahrscheinlichkeit bei jedem Ziehen für die Ergebnisse blau (b): $\frac{4}{10}$ und für rot (r): $\frac{6}{10}$.

Damit erhält man folgendes Baumdiagramm:

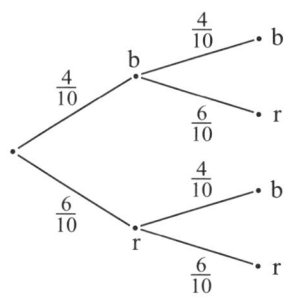

Wichtige Rechenregeln für Baumdiagramme sind die *1. Pfadregel* und die *2. Pfadregel*:

Die 1. Pfadregel (Produktregel) besagt, dass man die Wahrscheinlichkeit längs eines Pfades berechnet, indem man die Wahrscheinlichkeiten der zugehörigen Äste miteinander multipliziert.

Mit der 2. Pfadregel (Summenregel) kann man die Wahrscheinlichkeit eines Ereignisses berechnen, indem man die Wahrscheinlichkeiten aller zugehörigen Pfade addiert.

Will man beispielsweise die Wahrscheinlichkeit berechnen, dass beide Kugeln rot sind, so ergibt sich mit Hilfe der 1. Pfadregel:

$$P(\text{«beide Kugeln rot»}) = P(rr) = \frac{6}{10} \cdot \frac{6}{10} = \frac{36}{100} = 0,36$$

Will man die Wahrscheinlichkeit berechnen, dass beide Kugeln gleichfarbig sind, so ergibt sich mit Hilfe der 1. und 2. Pfadregel:

$$P(\text{«beide Kugeln gleichfarbig»}) = P(rr) + P(bb) = \frac{6}{10} \cdot \frac{6}{10} + \frac{4}{10} \cdot \frac{4}{10} = \frac{36}{100} + \frac{16}{100} = \frac{52}{100} = 0,52$$

2. Beispiel: Ziehen ohne Zurücklegen

Eine Urne enthält 2 rote und 9 schwarze Kugeln. Es werden 2 Kugeln gleichzeitig gezogen.

Das gleichzeitige Ziehen entspricht dem Ziehen ohne Zurücklegen. Man erhält folgendes Baumdiagramm:

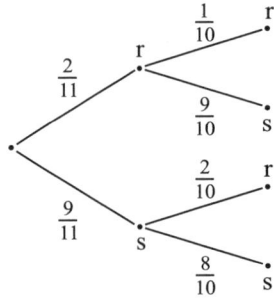

Da 2 rote und 9 schwarze, also insgesamt 11 Kugeln in der Urne sind, beträgt die Wahrscheinlichkeit beim 1. Ziehen für rot (r): $\frac{2}{11}$ und für schwarz (s): $\frac{9}{11}$.

Beim 2. Ziehen sind nur noch 10 Kugeln vorhanden und die Wahrscheinlichkeiten hängen davon ab, welche Farbe schon gezogen wurde.

Will man beispielsweise die Wahrscheinlichkeit berechnen, dass genau eine Kugel schwarz ist, ergibt sich mit Hilfe der 1. und 2. Pfadregel (Produkt- und Summenregel):

$$P(\text{«genau eine schwarze Kugel»}) = P(rs) + P(sr) = \frac{2}{11} \cdot \frac{9}{10} + \frac{9}{11} \cdot \frac{2}{10} = \frac{9}{55} + \frac{9}{55} = \frac{18}{55}$$

Will man die Wahrscheinlichkeit berechnen, dass mindestens eine der beiden Kugeln schwarz ist, erhält man mit Hilfe des Gegenereignisses:

$$P(\text{«mindestens eine schwarze Kugel»}) = 1 - P(\text{«keine schwarze Kugel»})$$
$$= 1 - P(rr)$$
$$= 1 - \frac{2}{11} \cdot \frac{1}{10}$$
$$= 1 - \frac{1}{55}$$
$$= \frac{54}{55}$$

18.1.1 Ziehen mit Zurücklegen

a) Eine Urne enthält 4 rote, 3 weiße und 2 gelbe Kugeln. Es werden 2 Kugeln mit Zurücklegen gezogen.

    I) Mit welcher Wahrscheinlichkeit erhält man eine weiße und eine gelbe Kugel?

    II) Wie groß ist die Wahrscheinlichkeit, dass man keine weiße Kugel erhält ?

b) Ein Gefäß enthält 8 rote, 4 blaue und 2 weiße Kugeln. Es werden 2 Kugeln mit Zurücklegen gezogen.

    I) Mit welcher Wahrscheinlichkeit erhält man keine rote Kugel?

    II) Berechnen Sie die Wahrscheinlichkeit, dass man höchstens eine rote Kugel erhält.

c) In einem Behälter befinden sich 3 rote und 5 gelbe Kugeln. Es werden 2 Kugeln mit Zurücklegen gezogen.

    I) Berechnen Sie die Wahrscheinlichkeit, dass mindestens eine der beiden Kugeln gelb ist.

    II) Wie viele gelbe Kugeln hätten sich in dem Behälter befinden müssen, damit die Wahrscheinlichkeit, mindestens eine gelbe Kugel zu ziehen, 0,91 betragen hätte?

d) Eine Urne enthält 4 blaue und 6 rote Kugeln. Es werden 2 Kugeln mit Zurücklegen gezogen.

    I) Berechnen Sie die Wahrscheinlichkeit, dass höchstens eine Kugel blau ist.

    II) Wie viele blaue Kugeln hätten sich in der Urne befinden müssen, damit die Wahrscheinlichkeit, höchstens eine blaue Kugel zu ziehen, 0,64 betragen hätte?

e) In einem Hut befinden sich 4-mal der Buchstabe A und 8-mal der Buchstabe B. Es werden 2 Buchstaben mit Zurücklegen gezogen.

    I) Berechnen Sie die Wahrscheinlichkeit, dass mindestens einmal der Buchstabe B gezogen wird.

    II) Wie viele Buchstaben A müssten sich in dem Hut befinden, damit die Wahrscheinlichkeit, höchstens einmal den Buchstaben B zu ziehen, 0,96 beträgt?

18.1.2   Ziehen ohne Zurücklegen

a) In einer Urne befinden sich 2 grüne, 3 rote und 5 blaue Kugeln. Es werden 2 Kugeln ohne Zurücklegen gezogen.

   I) Mit welcher Wahrscheinlichkeit wird eine grüne und eine rote Kugel gezogen?

   II) Berechnen Sie die Wahrscheinlichkeit, dass keine blaue Kugel gezogen wird.

b) In einer Urne befinden sich rote und schwarze Kugeln. Es ergibt sich folgendes Baumdiagramm:

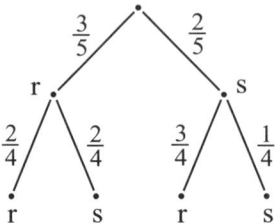

   I) Beschreiben Sie eine Situation, die zu diesem Baumdiagramm passt.

   II) Wie groß ist die Wahrscheinlichkeit, dass beide Kugeln gleichfarbig sind ?

c) In einer Urne sind 7 weiße, 5 schwarze und 3 rote Kugeln. Es werden 3 Kugeln gleichzeitig gezogen.

   I) Wie groß ist die Wahrscheinlichkeit, dass eine Kugel weiß ist und zwei Kugeln schwarz sind?

   II) Mit welcher Wahrscheinlichkeit ist mindestens eine Kugel weiß?

d) Eine Urne enthält 2 rote und 9 schwarze Kugeln.

   I) Es werden 2 Kugeln gleichzeitig gezogen.
      Wie groß ist die Wahrscheinlichkeit, dass höchstens eine der beiden Kugeln rot ist?

   II) Es werden 3 Kugeln gleichzeitig gezogen.
      Wie groß ist die Wahrscheinlichkeit, dass höchstens zwei Kugeln schwarz sind?

18.1.3 Verschiedene Aufgaben

a) In einer Urne befinden sich 2 grüne, 3 rote und 5 blaue Kugeln. Es werden nacheinander ohne Zurücklegen 2 Kugeln gezogen.

    I) Stellen sie ein Baumdiagramm auf.

    II) Bestimmen Sie die Wahrscheinlichkeiten der folgenden Ereignisse:
       A: Es werden die beiden grünen Kugeln gezogen.
       B: Es wird zuerst eine rote und dann eine blaue Kugel gezogen.
       C: Es werden eine rote und eine grüne Kugel gezogen.
       D: Es werden 2 gleichfarbige Kugeln gezogen.
       E: Es wird keine blaue Kugel gezogen.

b) Ein Würfel trägt auf einer Seite die Zahl 1, auf vier anderen Seiten die Zahl 2 und auf einer Seite die Zahl 3. Er wird zweimal nacheinander geworfen und das Ergebnis als zweistellige Zahl notiert.

    I) Stellen Sie ein Baumdiagramm auf.

    II) Bestimmen Sie die Wahrscheinlichkeiten der folgenden Ereignisse:

A: Das Ergebnis ist 12.	D: Die Quersumme des Ergebnisses ist 4.
B: Das Ergebnis ist eine gerade Zahl.	E: Das Ergebnis ist eine Primzahl.
C: Das Ergebnis ist kleiner als 20.	

c) Ein Fertigungsteil durchläuft mehrmals dieselbe Kontrolle, da mit einer Wahrscheinlichkeit von 20 % ein Fehler übersehen wird.

    I) Bestimmen Sie mit Hilfe eines Baumdiagramms die Wahrscheinlichkeit, dass ein vorhandener Fehler zweimal übersehen und beim 3. Mal erkannt wird.

    II) Wie groß ist die Wahrscheinlichkeit, dass ein vorhandener Fehler spätestens beim 3. Mal erkannt wird?

18.2 Unabhängigkeit und Vierfeldertafeln   ☐

Zwei Ereignisse A und B heißen *(stochastisch) unabhängig* genau dann, wenn der *spezielle Multiplikationssatz* gilt:

$$P(A \cap B) = P(A) \cdot P(B)$$

$A \cap B$ bedeutet: A und B treten ein

$A \cup B$ bedeutet: entweder A oder B oder A und B tritt ein

Ein wichtiges Hilfsmittel zur Darstellung und Prüfung der Unabhängigkeit zweier Ereignisse sind *Vierfeldertafeln*.

1. Beispiel:

In einer Eisdiele wurde über längere Zeit das Kaufverhalten der Kunden beobachtet. Bei Kunden, die genau zwei Kugeln Eis bestellten, konnte folgende Regelmäßigkeit festgestellt werden: Die Wahrscheinlichkeit, dass die 1. der genannten Sorten Vanille ist, liegt bei $p = 0,4$. Für die Wahrscheinlichkeit, dass die 2. genannte Sorte Schokolade ist, gilt $p = 0,3$.

Mit A bezeichnet man das Ereignis «Die 1. bestellte Sorte ist Vanille», mit $\overline{A}$ entsprechend «Die 1. bestellte Sorte ist nicht Vanille». Mit B bezeichnet man das Ereignis « Die 2. Sorte ist Schokolade»: Zuerst werden die Werte in den Randspalten bzw. Zeilen eingetragen, also $P(A) = 0,4$ und $P(B) = 0,3$ sowie die Differenz zu 1. Da die Ereignisse A und B unabhänig sind, ergeben sich die Werte in der Mitte durch Multiplikation der Randwerte, z.B.
$P(A \cap \overline{B}) = P(A) \cdot P(\overline{B}) = 0,4 \cdot 0,7 = 0,28$.

	A	$\overline{A}$	
B	0,12	0,18	0,3
$\overline{B}$	0,28	0,42	0,7
	0,4	0,6	1

2. Beispiel:

Die Wahrscheinlichkeit, an einer bestimmten Infektion zu erkranken, beträgt 60%. Die Wahrscheinlichkeit, einen Mann oder eine Frau anzutreffen, beträgt jeweils 50%. Bezeichnet man mit M: Mann und mit K: Krank, so ist für die Wahrscheinlichkeit der Infizierung von Männern und Frauen folgende Vierfeldertafel gegeben:

	M	$\overline{M}$	
K	0,25	0,35	0,6
$\overline{K}$	0,25	0,15	0,4
	0,5	0,5	1

Anhand der Vierfeldertafel kann man beispielsweise ablesen, wie groß die Wahrscheinlichkeit ist, dass man eine gesunde Frau trifft:

$$P(\overline{K} \cap \overline{M}) = 0,15 = 15\%$$

Um zu prüfen, ob die beiden Ereignisse K und M unabhängig voneinander sind, verwendet man den Multiplikationssatz:

Es ist $P(K \cap M) = 0,25$ und $P(K) \cdot P(M) = 0,6 \cdot 0,5 = 0,3$.
Wegen $P(K \cap M) \neq P(K) \cdot P(M)$ sind die Ereignisse K und M nicht unabhängig voneinander.

Aufgaben

a) Vervollständigen Sie die folgenden Vierfeldertafeln unter der Bedingung, dass A und B unabhängige Ereignisse sind.

I)

	A	$\overline{A}$	
B	0,32	0,08	0,4
$\overline{B}$	0,48	0,12	0,6
	0,8	0,2	1

II)

	A	$\overline{A}$	
B	$\frac{3}{5}$	$\frac{1}{15}$	$\frac{2}{3}$
$\overline{B}$	$\frac{3}{10}$	$\frac{1}{30}$	$\frac{1}{3}$
	$\frac{9}{10}$	$\frac{1}{10}$	1

III)

	A	$\overline{A}$	
B	$\frac{1}{20}$		
$\overline{B}$			
	$\frac{1}{5}$		

b) Ein Fragebogen enthält die Zeilen

männlich ☐   weiblich ☐

Raucher ☐   Nichtraucher ☐

Von 200 befragten Personen waren 90 männlich (m), 80 waren Raucher (R). Es gab 36 männliche Raucher. Ist auf Grund der Umfrage zu schließen, dass Geschlecht und Rauchverhalten der befragten Personen unabhängig voneinander sind?

c) Ergänzen Sie die folgenden Vierfeldertafeln und prüfen Sie, ob A und B unabhängig voneinander sind:

$P(A \cap B) = 0,3$

I)

	A	$\overline{A}$	
B	0,3	0,1	0,4
$\overline{B}$	0,5	0,1	0,6
	0,8	0,2	1

$P(A) \cdot P(B)$
$= 0,8 \cdot 0,4$
$= 0,32$

nein sind
abhängig!

II)

	A	$\overline{A}$	
B			
$\overline{B}$	$\frac{1}{4}$		$\frac{3}{8}$
			$\frac{5}{8}$

d) In einer Schule begeistern sich 70% der Schüler für Fußball, 60% für Schwimmen, 10% mögen keine der beiden Sportarten.
Stellen Sie eine Vierfeldertafel auf und bestimmen Sie daraus den Anteil der Schüler, die sich für beide Sportarten begeistern.

18.3   Bedingte Wahrscheinlichkeit   ☐

Die *bedingte Wahrscheinlichkeit* $P_B(A)$ ist die Wahrscheinlichkeit dafür, dass das Ereignis A eintritt, unter der Bedingung, dass B bereits eingetreten ist. Dafür gilt:

$$P_B(A) = \frac{P(A \cap B)}{P(B)}$$

Beispiel:

Die Wahrscheinlichkeit, an einer gewissen Infektion zu erkranken, ist für Männer und Frauen unterschiedlich (die Merkmale «Geschlecht» und «Infektion positiv/negativ» sind also *nicht* unabhängig). Die Wahrscheinlichkeit, eine infizierte Person anzutreffen, liegt bei 2 %. Trifft man auf eine infizierte Person, so beträgt die Wahrscheinlichkeit, dass es sich dabei um einen Mann handelt, etwa 53 %. Bezeichne A die Merkmalsausprägung «Mann», und bezeichne «B» die Merkmalsausprägung «Infektion positiv». Es ist damit $P(B) = 0,02$ und $P_B(A) = 0,53$.

Die Wahrscheinlichkeit, eine infizierte männliche Person zu treffen, erhält man mit der bedingten Wahrscheinlichkeit:

$$P_B(A) = \frac{P(A \cap B)}{P(B)} \;\Rightarrow\; P(A \cap B) = P(B) \cdot P_B(A) = 0,02 \cdot 0,53 = 0,0106 = 1,06\%$$

Aufgaben:

a) In einem Stadtteil sind 30 % der Einwohner über 70 Jahre alt, davon sind 40 % Männer. Unter den jüngeren Einwohnern (bis 70 Jahre) beträgt der Anteil der Männer 50 %. Wieviel Prozent der Männer sind höchstens 70 Jahre alt?

b) In einer Stadt sind 20 % der Bevölkerung an Aids erkrankt. Von einem Aids-Test weiß man, dass er nicht ganz sicher ist. Es können zwei Fehler auftreten:

1. Bei 95 % der Erkrankten fällt der Test positiv aus, beim Rest wird die Krankheit nicht erkannt.

2. Bei 90 % der Gesunden fällt der Test negativ aus, beim Rest wird fälschlicherweise ein Aidsverdacht ausgesprochen.

   I) Wie groß ist die Wahrscheinlichkeit, dass eine Person, bei der der Test positiv ausfällt, wirklich an Aids erkrankt ist?
   Wie groß ist die Wahrscheinlichkeit, dass eine Person, bei der der Test negativ ausfällt, wirklich gesund ist?

   II) Beantworten Sie die Fragen aus Aufgabe I), wenn der Anteil der Aidskranken in der Bevölkerung auf 50 % steigt.
   Beschreiben Sie die Veränderung.

19   Binomialverteilung □

Tipps ab Seite 100, Lösungen ab Seite 181

Ein Zufallsexperiment, das genau zwei mögliche Ausgänge hat (z.B. Münzwurf mit Ausgängen «Kopf» und «Zahl», Wurf eines Würfels mit Ausgängen «Zahl gerade» und «Zahl ungerade» oder «1» und «Zahl größer als 1», Ziehen einer Kugel mit den Ausgängen «rot» und «nicht rot») heißt *Bernoulliexperiment*.

Bernoulliketten sind Versuchsreihen, bei denen das gleiche Bernoulliexperiment mehrmals durchgeführt wird. Bernoulliketten sind charakterisiert durch ihre *Länge* n («Anzahl der Versuche / Beobachtungen») und durch die sogenannte *Trefferwahrscheinlichkeit* p.

Eine *Wahrscheinlichkeitsverteilung* gibt an, mit welchen Wahrscheinlichkeiten eine Zufallsvariable X die möglichen Werte annimmt. Immer dann, wenn das einer Zufallsvariable zugrunde liegende Zufallsexperiment eine *Bernoullikette* ist, liegt eine Binomialverteilung vor.

Ist X Zufallsvariable für die «Anzahl der Treffer» in insgesamt n Bernoulliversuchen, so wird die Wahrscheinlichkeit P eines Ereignisses mit genau k Treffern ($0 \leqslant k \leqslant n$) mit der Trefferwahrscheinlichkeit p und der Kettenlänge n (Anzahl der Durchführungen des Experiments) mit folgender Formel berechnet:

$$P(X = k) = \binom{n}{k} \cdot p^k \cdot (1 - p)^{n-k}$$

Für den *Erwartungswert einer binomialverteilten Zufallsvariable* gilt:

$$E[X] = n \cdot p$$

Für die zu einer *binomialverteilten Zufallsvariable* gehörige *Varianz* gilt:

$$V(X) = n \cdot p \cdot (1 - p)$$

Für die zu einer *binomialverteilten Zufallsvariable* gehörige *Standardabweichung* gilt:

$$\sigma = \sqrt{n \cdot p \cdot (1 - p)}$$

Beispiel 1:

Eine verbeulte Münze mit $P(\text{«Zahl»}) = \frac{1}{3}$ wird fünfmal geworfen. Um die Wahrscheinlichkeit, dass genau zweimal «Zahl» erscheint, zu berechnen, bestimmt man die Kettenlänge $n = 5$ und die Trefferwahrscheinlichkeit $p = \frac{1}{3}$. Damit gilt:

$$P(X = 2) = \binom{5}{2} \cdot \left(\frac{1}{3}\right)^2 \cdot \left(\frac{2}{3}\right)^3$$

Manchmal ist es auch geschickt oder hilfreich, mit dem Gegenereignis zu rechnen; dies ist vor allem (aber nicht immer) bei den Signalwörtern «mindestens» oder «höchstens» der Fall. Ist A

ein Ereignis und Ā das zugehörige Gegenereignis, so gilt für die entsprechenden Wahrscheinlichkeiten:

$$P(A) = 1 - P(\bar{A})$$

Beispiel 2:

Eine verbeulte Münze mit $P(\text{«Zahl»}) = \frac{1}{3}$ wird viermal geworfen. Um die Wahrscheinlichkeit,
dass mindestens einmal «Zahl» erscheint, zu berechnen, bestimmt man die Kettenlänge $n = 4$
und die Trefferwahrscheinlichkeit $p = \frac{1}{3}$. Damit erhält man mit Hilfe des Gegenereignisses:

$$P(\text{«mindestens einmal Zahl»}) = 1 - P(\text{«keine Zahl»})$$

$$P(X \geqslant 1) = 1 - P(X = 0)$$

$$= 1 - \binom{4}{0} \cdot \left(\frac{1}{3}\right)^0 \cdot \left(\frac{2}{3}\right)^4$$

Oft ist auch von Interesse, mit welcher Wahrscheinlichkeit eine Zufallsvariable einen Wert kleiner oder größer als ein vorgegebenes k erzielt. Dafür müssen die einzelnen Wahrscheinlichkeiten
addiert werden:

$$P(X \leqslant k) = P(X = 0) + P(X = 1) + P(X = 2) + \ldots + P(X = k)$$

bzw.

$$P(X > k) = 1 - P(X \leqslant k) = 1 - (P(X = 0) + P(X = 1) + P(X = 2) + \ldots + P(X = k))$$

Beispiel 3:

Eine verbeulte Münze mit $P(\text{«Zahl»}) = \frac{2}{3}$ wird viermal geworfen. Um die Wahrscheinlichkeit,
dass höchstens zweimal «Zahl» erscheint, zu berechnen, bestimmt man die Kettenlänge $n = 4$
und die Trefferwahrscheinlichkeit $p = \frac{2}{3}$. Damit gilt:

$$P(\text{«höchst. zweimal Zahl»}) = P(\text{«keine Zahl»}) + P(\text{«einmal Zahl»}) + P(\text{«zweimal Zahl»})$$

$$P(X \leqslant 2) = P(X = 0) + P(X = 1) + P(X = 2)$$

$$= \underbrace{\binom{4}{0} \cdot \left(\frac{2}{3}\right)^0 \cdot \left(\frac{1}{3}\right)^4}_{\text{keine Zahl}} + \underbrace{\binom{4}{1} \cdot \left(\frac{2}{3}\right)^1 \cdot \left(\frac{1}{3}\right)^3}_{\text{einmal Zahl}} + \underbrace{\binom{4}{2} \cdot \left(\frac{2}{3}\right)^2 \cdot \left(\frac{1}{3}\right)^2}_{\text{zweimal Zahl}}$$

Bernoulliketten

a) Die Zufallsvariable X ist binomialverteilt mit n $= 10$ und p $= 0,4$.

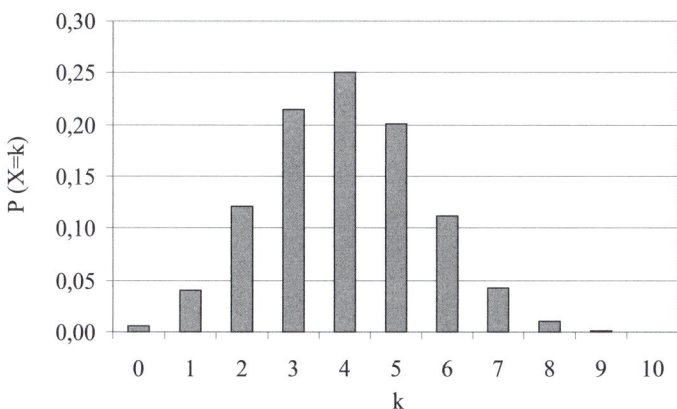

   I) Berechnen Sie P(X $= 1$).

   II) Bestimmen Sie mit Hilfe der Abbildung näherungsweise P($3 < X < 6$) und P(X > 6).

b) Von einer großen Ladung Apfelsinen sind 20% verdorben. Es wird eine Stichprobe von 5 Stück entnommen.

   I) Wie groß ist die Wahrscheinlichkeit, dass in der Stichprobe genau eine Apfelsine verdorben ist?

   II) Geben Sie ein Ereignis A und ein Ereignis B an, so dass gilt:
   $$P(A) = \binom{5}{3} \cdot 0,2^3 \cdot 0,8^2 \qquad P(B) = 1 - 0,2^5$$

c) Die Zufallsvariable X ist binomialverteilt mit n $= 20$ und p $= 0,2$.

   I) Berechnen Sie P(X $= 2$).

   II) Bestimmen Sie einen Rechenausdruck für P(X < 2) und P(X $\neq 1$).

d) Eine Blumenzwiebel keimt mit einer Wahrscheinlichkeit von 90%. Es werden 20 Zwiebeln gekauft.

   I) Wie groß ist die Wahrscheinlichkeit, dass alle 20 Zwiebeln keimen?

   II) Geben Sie ein Ereignis A und ein Ereignis B an, so dass gilt:
   $$P(A) = \binom{20}{18} \cdot 0,9^{18} \cdot 0,1^2 + \binom{20}{19} \cdot 0,9^{19} \cdot 0,1^1 + 0,9^{20} \qquad P(B) = 1 - 0,1^{20}$$

e) Die Zufallsvariable X ist binomialverteilt mit n $= 10$ und p $= 0,6$ und hat folgende Verteilung:

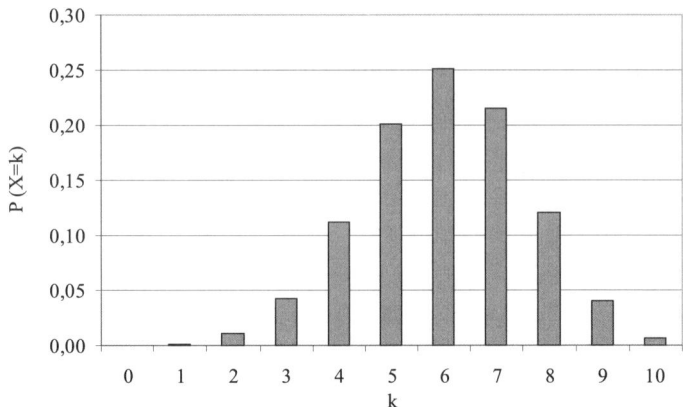

I) Berechnen Sie $P(X = 10)$.

II) Bestimmen Sie näherungsweise $P(X > 5)$ und $P(X \neq 4)$.

f) Eine Münze wird fünfmal geworfen. Wie groß ist die Wahrscheinlichkeit folgender Ereignisse?

A: Es tritt zweimal Zahl auf.   C: Es tritt höchstens einmal Zahl auf.

B: Es tritt nur Wappen auf.   D: Es tritt mindestens einmal Zahl auf.

g) Von einer großen Ladung Apfelsinen sind 20 % verdorben. Es werden 5 Stück entnommen. Wie groß ist die Wahrscheinlichkeit für folgende Ereignisse?
A: Eine Apfelsine ist verdorben.
B: Alle Apfelsinen sind in Ordnung.
C: Mindestens 2 Apfelsinen sind verdorben.

h) Ein Händler behauptet, dass höchstens 4 % der von ihm gelieferten Glühbirnen defekt sind. Wie viele defekte Glühbirnen kann man bei einer Entnahme von 150 Glühbirnen durchschnittlich erwarten?
Bestimmen Sie die zugehörige Standardabweichung.

i) Die Zufallsgröße X sei binomialverteilt. Bestimmen Sie jeweils den Erwartungswert und die Standardabweichung von X.
    I) $n = 80$, $p = 0,3$
  II) $n = 50$, $p = 0,4$
 III) $n = 20$, $p = 0,6$

j) Von einer großen Ladung Tomaten sind 20 % verdorben. Wie viele verdorbene Tomaten kann man bei einer Entnahme von 30 kg erwarten? Bestimmen Sie die zugehörige Standardabweichung.

20 Erwartungswert, Standardabweichung und σ-Regeln □

Tipps ab Seite 101, Lösungen ab Seite 186

In diesem Kapitel geht es um den Erwartungswert und die Standardabweichung von *Zufallsvariablen*. Bei Zufallsvariablen handelt es sich nicht wirklich um Variablen, sondern um Funktionen. Eine Zufallsvariable ordnet den konkreten Beobachtungen eines Zufallsexperiments Werte zu.

Beispiel:

Bei der Ziehung von 4 Kugeln aus einer Urne mit 15 grünen und 5 gelben Kugeln kann man X definieren als Zufallsvariable für die Anzahl der gezogenen gelben Kugeln. Für den Versuchsausgang $\omega = \{$grün; gelb; gelb; gelb$\}$ gilt dann $X(\omega) = 3$, weil gelb drei Mal gezogen wurde. Eine weitere Zufallsvariable Y kann beispielsweise definiert werden für die Anzahl der gezogenen grünen Kugeln. Es ist dann $Y(\omega) = 1$.

Der *Erwartungswert* einer Zufallsvariablen wird häufig für die Gewinnerwartung eines Spiels oder für die Beurteilung der «Fairness» eines Spiels herangezogen. Anschaulich ergibt sich der Erwartungswert einer Zufallsvariable X bei genügend häufiger Wiederholung eines Zufallsexperiments als Mittelwert der Realisierungen von X.

Kann eine Zufallsvariable X bei jeder Durchführung des Zufallsexperiments k verschiedene Werte x_1; x_2; ...; x_k annehmen und sind die zugehörigen Wahrscheinlichkeiten $P(x_1)$; $P(x_2)$; ...; $P(x_k)$, so ergibt sich als Erwartungswert von X:

$$E[X] = x_1 \cdot P(x_1) + x_2 \cdot P(x_2) + ... + x_k \cdot P(x_k)$$

Ist die Zufallsvariable X binomialverteilt mit Kettenlänge n und Trefferwahrscheinlichkeit p, so gilt:

$$\mu = E(X) = n \cdot p$$

Die *Standardabweichung* einer Zufallsvariablen ist ein Maß für die Streuung der Zufallsvariablen, das heißt, ein Maß für die mittlere quadratische Abweichung der Zufallsvariablen von ihrem Erwartungswert. Ist μ der Erwartungswert der Zufallsvariable X, so gilt für die zugehörige Standardabweichung:

$$\sigma = \sqrt{E\left[(X - \mu)^2\right]}$$

Für die zu einer *binomialverteilten Zufallsvariable* gehörigen *Standardabweichung* gilt:

$$\sigma = \sqrt{n \cdot p \cdot (1 - p)}$$

1. Beispiel:

Bei einem Spiel mit einem fairen Würfel erhält der Spieler die von ihm erwürfelte Augenzahl in Euro ausgezahlt. Die Zufallsvariable X, die die Höhe des Gewinns beschreibt, kann also die

Werte $1\,;2\,;\,...;6$ annehmen. Da die Wahrscheinlichkeit bei jedem Wurf $p = \frac{1}{6}$ ist, beträgt der zu erwartende Gewinn:

$$E[X] = 1 \cdot \frac{1}{6} + 2 \cdot \frac{1}{6} + 3 \cdot \frac{1}{6} + 4 \cdot \frac{1}{6} + 5 \cdot \frac{1}{6} + 6 \cdot \frac{1}{6} = \frac{1}{6} + \frac{2}{6} + \frac{3}{6} + \frac{4}{6} + \frac{5}{6} + \frac{6}{6} = \frac{21}{6} = \frac{7}{2}$$

Ein Spieler hat also mit einem durchschnittlichen Gewinn von 3,50 Euro zu rechnen. Soll das Spiel fair sein, so müsste der Einsatz des Spielers ebenfalls 3,50 Euro betragen. Zahlt er einen höheren Einsatz, so begünstigt das Spiel die Bank; zahlt er einen geringeren Einsatz, so wird der Spieler begünstigt.

2. Beispiel:

Bei einem Glücksspiel zieht ein Spieler eine von insgesamt 30 Kugeln (mit Zurücklegen) aus einer Urne. 18 dieser Kugeln sind mit dem Wert 1 , die übrigen 12 sind mit dem Wert -2 beschriftet. Im ersten Fall bekommt der Spieler einen Euro von der Bank, im zweiten Fall muss er zwei Euro an die Bank zahlen. Die Zufallsgröße X für den «Gewinn» des Spielers kann die Werte 1 und -2 annehmen. Es ist $P(X = 1) = \frac{18}{30} = \frac{3}{5}$ und $P(X = -2) = \frac{12}{30} = \frac{2}{5}$.
Der Erwartungswert von X ist:

$$E[X] = 1 \cdot \frac{3}{5} - 2 \cdot \frac{2}{5} = \frac{3}{5} - \frac{4}{5} = -\frac{1}{5}$$

Das Spiel ist also nicht fair; die Bank wird bevorzugt, da der Spieler durchschnittlich $0,20$ Euro pro Spiel verliert.

3. Beispiel:

Ein Obsthändler behauptet, dass 10% seiner Äpfel verdorben sind.
Bei einer Stichprobe aus einer großen Kiste werden 50 Äpfel entnommen.
Da es nur die beiden Ausgänge «verdorben» oder «nicht verdorben» gibt, handelt es sich bei jeder Ziehung um ein Bernoulli-Experiment. Legt man X als Zufallsvariable für die Anzahl der verdorbenen Äpfel fest, so ist X binomialverteilt mit den Parametern $n = 50$ und $p = 0,1$.
Für den Erwartungswert von X gilt:

$$E(X) = \mu = n \cdot p = 50 \cdot 0,1 = 5$$

Für die Standardabweichung von X gilt:

$$\sigma = \sqrt{n \cdot p \cdot (1 - p)} = \sqrt{50 \cdot 0,1 \cdot 0,9} = \sqrt{4,5} \approx 2$$

Für die 1σ-Umgebung um den Erwartungswert μ gilt:

$$P(5 - 1 \cdot 2 \leqslant X \leqslant 5 + 1 \cdot 2) = P(3 \leqslant X \leqslant 7) \approx 0,68 = 68\%$$

Für die 2σ-Umgebung um den Erwartungswert μ gilt:

$$P(5 - 2 \cdot 2 \leqslant X \leqslant 5 + 2 \cdot 2) = P(1 \leqslant X \leqslant 9) \approx 0,955 = 95,5\%$$

Aufgaben:

a) Bei einem Glücksspiel sind in einer Urne 10 Kugeln: 1 weiße, 1 rote und 8 schwarze. Es wird eine Kugel gezogen. Der Einsatz beträgt 50 Cent. Bei «weiß» erhält man 4 Euro, bei «rot» 8 Euro und bei «schwarz» nichts.
Bestimmen Sie den Erwartungswert für den Gewinn.

b) Die Zufallsgröße X sei binomialverteilt.

I) Bestimmen Sie den Erwartungswert von X für n = 80 und p = 0,3 sowie die 2σ-Umgebung um den Erwartungswert.

II) Berechnen Sie die Trefferwahrscheinlichkeit p für n = 50 und Erwartungswert E(X) = 20 sowie die 1σ-Umgebung um den Erwartungswert.

III) Bestimmen Sie die Kettenlänge n für p = 0,6 und Erwartungswert E(X) = 12 sowie die 3σ-Umgebung um den Erwartungswert.

c) Bei einem Glücksspiel wird nebenstehendes Glücksrad verwendet.
Die Mittelpunktswinkel betragen 180°, 120° und 60°.
Als Einsatz bezahlt man zwei Euro. Das Glücksrad wird einmal gedreht.
Man erhält den Betrag ausbezahlt, in dessen Sektor der Zeiger zu stehen kommt.
Berechnen Sie den Erwartungswert für den Gewinn.

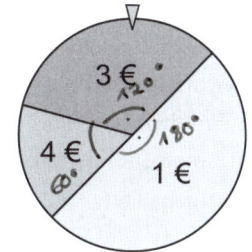

d) In einer Urne sind 10 Kugeln: 4 weiße, 4 rote und 2 schwarze. Es wird eine Kugel gezogen. Der Einsatz beträgt 1 Euro. Man erhält bei «weiß» 1 Euro, bei «rot» 2 Euro und bei «schwarz» nichts.
Bestimmen Sie den Erwartungswert für den Gewinn. Ist das Spiel fair?

e) Ein Glücksrad hat die Sektoren A, B und C mit folgender Wahrscheinlichkeitsverteilung:

Sektor	A	B	C
Wahrscheinlichkeit	0,3	0,5	0,2

Das Glücksrad wird für folgendes Glücksspiel verwendet:
Der Spieler zahlt einen Einsatz von 4 Euro. Dann wird das Glücksrad zweimal gedreht. Sind die zwei ermittelten Buchstaben gleich, erhält der Spieler 10 Euro. Sonst erhält er nichts. Ist das Spiel fair?

f) Die Zufallsvariable X hat folgende Wahrscheinlichkeitsverteilung:

x_i	-5	-1	0	3
$P(x_i)$	0,1	a	b	0,3

Der Erwartungswert von X beträgt $0,3$.

Berechnen Sie a und b.

g) Die Zufallsgröße X kann die Werte 0, 1, 2 und 3 annehmen. Die Tabelle zeigt die Wahr-scheinlichkeitsverteilung von X mit p_1, $p_2 \in [0; 1]$.

k	0	1	2	3
$P(X = k)$	p_1	$\frac{3}{10}$	$\frac{1}{5}$	p_2

Zeigen Sie, dass der Erwartungswert von X nicht größer als $2,2$ sein kann.

h) Ein Händler behauptet, dass höchstens 5 % der von ihm gelieferten Glühbirnen defekt sind. Wie viele defekte Glühbirnen kann man bei einer Entnahme von 200 Glühbirnen durch-schnittlich erwarten?

Bestimmen Sie die zugehörige Standardabweichung sowie die 3σ-Umgebung um den Er-wartungswert.

i) Die Zufallsgröße X sei binomialverteilt. Bestimmen Sie jeweils den Erwartungswert und die Standardabweichung von X.

   I) $n = 80$, $p = 0,3$
   II) $n = 50$, $p = 0,4$
   III) $n = 20$, $p = 0,6$

j) Von einer großen Ladung Tomaten sind 20 % verdorben. Wie viele verdorbene Tomaten kann man bei einer Entnahme von 100 kg erwarten? Bestimmen Sie die zugehörige Stan-dardabweichung sowie die 2σ-Umgebung um den Erwartungswert.

21 Schätzen von Wahrscheinlichkeiten □

Tipps ab Seite 102, Lösungen ab Seite 191

In diesem Kapitel geht es um das Schätzen von Trefferwahrscheinlichkeiten p. Hierzu wird anhand einer Stichprobe ein Vertrauensintervall näherungsweise bestimmt, d.h. ein Intervall, das den wahren Anteil enthält, mit der ein bestimmtes Merkmal mit einer vorgegebenen Wahrscheinlichkeit in der Grundgesamtheit vorhanden ist.

Das 90%-Konfidenzintervall erhält man durch $\left[h - 1,64 \cdot \sqrt{\frac{h \cdot (1-h)}{n}} \, ; \, h + 1,64 \cdot \sqrt{\frac{h \cdot (1-h)}{n}} \right]$.

Das 95%-Konfidenzintervall erhält man durch $\left[h - 1,96 \cdot \sqrt{\frac{h \cdot (1-h)}{n}} \, ; \, h + 1,96 \cdot \sqrt{\frac{h \cdot (1-h)}{n}} \right]$.

Das 99%-Konfidenzintervall erhält man durch $\left[h - 2,58 \cdot \sqrt{\frac{h \cdot (1-h)}{n}} \, ; \, h + 2,58 \cdot \sqrt{\frac{h \cdot (1-h)}{n}} \right]$.

Das 99,9%-Konfidenzintervall erhält man durch $\left[h - 3,29 \cdot \sqrt{\frac{h \cdot (1-h)}{n}} \, ; \, h + 3,29 \cdot \sqrt{\frac{h \cdot (1-h)}{n}} \right]$.

Dabei ist h die in einer Stichprobe (n) ermittelte relative Häufigkeit.

Beispiel:

Von 800 zufällig befragten Personen im Alter von 16 bis 20 Jahren gaben 550 Personen an, regelmäßig zu rauchen.

Um beispielsweise das 99%-Konfidenzintervall für den unbekannten Anteil der regelmäßigen Raucher in dieser Altersgruppe zu bestimmen, berechnet man zuerst die relative Häufigkeit h für den Anteil der regelmäßigen Raucher dieser Stichprobe:

$$h = \frac{550}{800} = \frac{11}{16} \approx 0,69$$

Damit gilt:

$$h - 2,58 \cdot \sqrt{\frac{h \cdot (1-h)}{n}} = \frac{11}{16} - 2,58 \cdot \sqrt{\frac{\frac{11}{16} \cdot (1 - \frac{11}{16})}{800}} \approx 0,65$$

$$h + 2,58 \cdot \sqrt{\frac{h \cdot (1-h)}{n}} = \frac{11}{16} + 2,58 \cdot \sqrt{\frac{\frac{11}{16} \cdot (1 - \frac{11}{16})}{800}} \approx 0,73$$

Die Wahrscheinlichkeit beträgt 99%, dass das Intervall $[0,65 \, ; \, 0,73]$ den wahren Anteil der regelmäßigen Raucher im Alter von 16 bis 20 Jahren enthält.

Aufgaben:

a) In einem Altersheim mit 220 Bewohnern gibt es 150 Frauen.
   Bestimmen Sie das 95%-Konfidenzintervall für den unbekannten Anteil der Frauen in Altersheimen.

b) Bei einer Umfrage des Allensbach-Instituts unter 1200 Personen gaben 680 Personen an, zur nächsten Landtagswahl zu gehen.

Bestimmen Sie das 90%-Konfidenzintervall für den unbekannten Anteil der Personen, die zur nächsten Landtagswahl gehen.

c) Beim Blutspenden in einer Stadt in Deutschland haben von 450 Blutspendern 50 Personen die Blutgruppe B.

Bestimmen Sie das 99%-Konfidenzintervall für den unbekannten Anteil der Personen, die in Deutschland Blutgruppe B haben.

d) In einer Studie mit 1200 Personen geben 870 Personen an, dass ein Medikament gegen Kopfschmerzen wirkt.

Die Pharma-Firma, die das Mittel entwickelt hat, möchte damit werben, dass das Medikament in mehr als 80% aller Fälle wirkt. Bestimmen Sie das 99%-Konfidenzintervall für den unbekannten Anteil, dass das Medikament wirkt und beurteilen Sie die Aussage der Pharma-Firma.

e) Aus einem Teich werden 220 Fische entnommen, 45 davon sind Karpfen. Insgesamt befinden sich etwa 10000 Fische im Teich.

Bestimmen Sie das 90%-Konfidenzintervall für den unbekannten Anteil der Karpfen in diesem Teich. Wie viele Karpfen gibt es schätzungsweise in diesem Teich?

22 Stochastische Matrizen □

Tipps ab Seite 103, Lösungen ab Seite 194

In diesem Kapitel geht es um das grundlegende Rechnen mit Matrizen. Matrizen haben folgende Eigenschaften:

1. Matrizen werden als $n \times m$ (gelesen «n kreuz m») Matrizen bezeichnet, wobei n die Anzahl der Zeilen und m die Anzahl der Spalten ist (Merkhilfe: ZVS = Zeile vor Spalte).

2. Die Zahlen, die in der Matrix stehen, heißen Elemente oder Einträge, sie werden in der Regel durch zwei Indices gekennzeichnet. Dabei gibt der erste Index die jeweilige Zeile und der zweite die jeweilige Spalte an.

$$A = \begin{pmatrix} a_{11} & a_{12} \\ a_{21} & a_{22} \end{pmatrix}$$

Manchmal werden 2×2 Matrizen auch als $\begin{pmatrix} a_1 & b_1 \\ a_2 & b_2 \end{pmatrix}$ dargestellt. Bei dieser Darstellung kann man leichter den Überblick behalten, da nur ein Index vorhanden ist.

Die *Einheitsmatrix* besteht nur aus Einsen und Nullen. Die Einsen stehen dabei auf der *Hauptdiagonale*:

$$E = \begin{pmatrix} 1 & 0 \\ 0 & 1 \end{pmatrix}$$

3. Vektoren haben eine Spalte und können daher beim Rechnen als 3×1 (oder 2×1) Matrizen behandelt werden.

4. Matrizen werden mit Großbuchstaben gekennzeichnet, die Einträge mit Kleinbuchstaben.

Die Regeln zum «konkreten» Rechnen mit Matrizen finden Sie bei den Tipps auf Seite 103.

22.1 Rechnen mit Matrizen □

a) Gegeben sind $A = \begin{pmatrix} 2 & 1 \\ 3 & 2 \end{pmatrix}$, $B = \begin{pmatrix} 4 & 0 \\ 1 & 3 \end{pmatrix}$, $\vec{x} = \begin{pmatrix} 3 \\ 1 \end{pmatrix}$ und $\vec{y} = \begin{pmatrix} 4 \\ -1 \end{pmatrix}$.

Berechnen Sie:

I) $A + B$ II) $3 \cdot A$ III) $(-2) \cdot B$ IV) $\vec{x} \cdot \vec{y}$

V) $A \cdot \vec{x}$ VI) $B \cdot \vec{y}$ VII) $A \cdot B$ VIII) $B \cdot A$

b) Gegeben sind:

$$A = \begin{pmatrix} 3 & 2 & -1 \\ 1 & 0 & 1 \\ 2 & 1 & 2 \end{pmatrix}, B = \begin{pmatrix} 4 & 1 & 0 \\ 2 & -1 & 1 \\ 3 & 0 & -2 \end{pmatrix}, \vec{x} = \begin{pmatrix} 1 \\ 4 \\ -2 \end{pmatrix} \text{ und } \vec{y} = \begin{pmatrix} 0 \\ -2 \\ 1 \end{pmatrix}.$$

Berechnen Sie:

I) $\vec{x} \cdot \vec{y}$ II) $A \cdot \vec{x}$ III) $B \cdot \vec{y}$ IV) $A \cdot B$

V) $B \cdot A$

c) Berechnen Sie: I) $\begin{pmatrix} 2 & 4 \\ 9 & 0 \\ 3 & -1 \end{pmatrix} \cdot \begin{pmatrix} 1 \\ 3 \end{pmatrix}$ II) $\begin{pmatrix} 2 & 1 \\ 4 & 2 \\ 1 & 5 \end{pmatrix} \cdot \begin{pmatrix} 4 & 2 & 1 \\ 1 & 3 & 2 \end{pmatrix}$

22.2 Übergangsmatrizen   □

a) Eine Vogelart, die im Rahmen eines Forschungsprojekts beobachtet wird, lebt im Wald und auf einer Lichtung. Im Laufe des Tages wechseln manche der Vögel ihren Aufenthaltsort. Dabei wechseln 45 % aller Vögel aus dem Wald auf die Lichtung, und 40 % aller Vögel auf der Lichtung wechseln wieder zum Wald. Dieses Verhalten war an allen beobachteten Tagen gleich. Am Anfang der Beobachtung wurden 200 Vögel auf der Lichtung ausgesetzt.

   I) Zeichnen Sie ein Zustandsdiagramm und stellen Sie eine Tabelle auf, die den Prozess beschreibt.

   II) Bestimmen Sie die Übergangsmatrix und berechnen Sie, wieviele Vögel sich nach einem Tag im Wald bzw. auf der Lichtung aufhalten.

   III) Berechnen Sie die Verteilung der Vögel nach 2 Tagen.

   IV) Untersuchen Sie, ob es einen stabilen Zustand gibt und berechnen Sie diesen.

b) In einem Land gibt es drei verschiedene Schularten: Hauptschule, Realschule und Gymnasium. In einem Jahr wechseln 10 % der Hauptschüler an die Realschule und 2 % ans Gymnasium. 12 % der Realschüler wechseln an das Gymnasium und 7 % an die Hauptschule. 6 % der Gymasiasten wechseln an die Realschule und 1 % an die Hauptschule.

   I) Stellen Sie die Schülerwechsel in einem Übergangsgraphen und in einer Tabelle dar.

   II) Bestimmen Sie eine Übergangsmatrix des Prozesses.

   III) Geben Sie die Verteilung der Schüler für das folgende Jahr an, wenn es 60 000 Gymnasiasten, 50 000 Realschüler und 40 000 Hauptschüler gibt.

IV) Geben Sie an, wieviele Schüler die einzelnen Schularten nach 4 Jahren besuchen.

V) Untersuchen Sie, ob es einen stabilen Zustand gibt und berechnen Sie diesen.

c) Die Exemplare einer speziellen Pflanzenart leben maximal zwei Jahre, vermehren sich und sterben dann ab. Dabei überleben 80 % das erste Jahr und davon wiederum 40 % das zweite Jahr. Aus jeder überlebenden Pflanze entstehen nach dem 2. Jahr 5 Neupflanzen.

I) Zeichnen Sie ein Entwicklungsdiagramm und eine Tabelle, die die Entwicklung beschreibt. Bestimmen Sie die Übergangsmatrix der Entwicklung.

II) Am Anfang gibt es 10 Neupflanzen, 15 einjährige und 20 zweijährige Pflanzen. Wieviele Pflanzen gibt es nach einem Jahr?

III) Berechnen Sie die Anzahl der Pflanzen nach 2 und 7 Jahren.

IV) Zeigen Sie, dass es keinen stabilen Zustand gibt.

23 LK: Normalverteilung □

Tipps ab Seite 106, Lösungen ab Seite 201

In diesem Kapitel geht es um eine weitere Wahrscheinlichkeitsverteilung, die sogenannte *Normalverteilung*. Viele naturwissenschaftliche Vorgänge lassen sich in guter Näherung durch normalverteilte Zufallsvariablen beschreiben – der menschliche Kopfumfang ist beispielsweise in etwa normalverteilt. Die zur *Dichtefunktion* φ der Normalverteilung zugehörige Kurve ist sehr bekannt und wird oft als *Gaußsche Glockenkurve* bezeichnet.

Ist eine Zufallsvariable X normalverteilt mit $E[X] = \mu$ und $\sigma(X) > 0$, so gilt für die Wahrscheinlichkeit, dass X den Wert z annimmt, in guter Näherung:

$$P(X = z) = \varphi\left(\frac{z - \mu}{\sigma}\right)$$

Eine Approximation für die Wahrscheinlichkeit, dass X kleiner als ein gewisser Wert z ist, erhält man mit der zu φ gehörigen *Verteilungsfunktion* ϕ:

$$P(X \leqslant z) = \phi\left(\frac{z - \mu}{\sigma}\right)$$

Ebenso gilt für die Wahrscheinlichkeit, dass X größer als ein Wert z ist:

$$P(X > z) = 1 - \phi\left(\frac{z - \mu}{\sigma}\right)$$

Für die Wahrscheinlichkeit, dass X zwischen zwei Werten z_1 und z_2 liegt, gilt:

$$P(z_1 \leqslant X \leqslant z_2) = \phi\left(\frac{z_2 - \mu}{\sigma}\right) - \phi\left(\frac{z_1 - \mu}{\sigma}\right)$$

Die Werte zur Dichtefunktion φ der Normalverteilung sowie zur zugehörigen Verteilungsfunktion ϕ werden mit dem GTR/CAS bestimmt.

23.1 Berechnung von Wahrscheinlichkeiten □

a) Der Intelligenzquotient IQ ist näherungsweise normalverteilt mit dem Erwartungswert $\mu = 100$ und der Standardabweichung $\sigma = 15$.
Berechnen Sie folgende Wahrscheinlichkeiten:

   I) Der IQ liegt zwischen 85 und 115.   II) Der IQ ist kleiner als 90.

   III) Der IQ ist größer als 120.

b) In einer Bäckerei läßt sich das Gewicht von Brezeln durch eine Normalverteilung mit dem Erwartungswert $\mu = 58\,\text{g}$ und der Standardabweichung $\sigma = 2\,\text{g}$ beschreiben.
Berechnen Sie folgende Wahrscheinlichkeiten:

I) Eine Brezel wiegt weniger als 54 g.   II) Eine Brezel wiegt zwischen 55 g und 61 g.

III) Eine Brezel wiegt mehr als 60 g.

c) Das Gewicht einer Birnensorte ist aufgrund der EU-Verordnung normalverteilt mit dem Erwartungswert $\mu = 150$ g und der Standardabweichung $\sigma = 5$ g.
Eine Packung (Leergewicht 50 g) enthält 6 Birnen.
Berechnen Sie folgende Wahrscheinlichkeiten:

   I) Das Gesamtgewicht liegt zwischen 930 g und 960 g.

   II) Das Gesamtgewicht beträgt weniger als 925 g.

   III) Das Gesamtgewicht beträgt mehr als 980 g.

23.2 Erwartungswert und Standardabweichung ☐

a) Bei Klassenarbeiten sind die Noten normalverteilt mit dem Erwartungswert $\mu = 3,5$ und der Standardabweichung $\sigma = 1,3$. Der Durchschnitt einer Mathematikarbeit betrug bei 34 Klassenarbeiten $\bar{x} = 3,9$.
Testen Sie die Hypothese, dass der Erwartungswert von Klassenarbeiten eingehalten wird.

b) In einer Fruchtsaftfabrik wird Apfelsaft mit einer Sollmenge von 1000 ml bei einer Standardabweichung von $\sigma = 10$ ml in Flaschen gefüllt. Bei einer Kontrolle von 20 Flaschen betrug die mittlere Füllmenge 992 ml.
Muss man die Hypothese, dass der Erwartungswert $\mu = 1000$ ml eingehalten wird, verwerfen und die Befüllungsanlage neu einstellen?

c) Die erwartete Leuchtdauer von Glühlampen beträgt 500 Stunden bei einer Standardabweichung von $\sigma = 20$ Stunden.
Bei einem Test mit 100 Lampen betrug die mittlere Leuchtdauer 495 Stunden.
Muss man die Hypothese, dass der Erwartungswert $\mu = 500$ Stunden eingehalten wird, verwerfen und auf der Verpackung eine andere Leuchtdauer angeben?

d) Das Gewicht von Feuerbohnen ist normalverteilt mit dem Erwartungswert $\mu = 0,4$ g und der Standardabweichung $\sigma = 0,1$ g.
Eine Packung Feuerbohnen wiegt 250 g.
Testen Sie die Hypothese: «Die Packung enthält 620 Feuerbohnen».

e) Wie viele Menschen benötigt man für eine Menschenkette der Länge 1 km, wenn die Spannweite der Arme normalverteilt ist mit dem Erwartungswert $\mu = 1,6$ m und der Standardabweichung $\sigma = 0,4$ m?

f) Das Gewicht einer Schraubensorte bei der Produktion von Schrauben ist normalverteilt mit einer Standardabweichung von $\sigma = 0,3$ g.
Bei einer Stichprobe wiegen 30 Schrauben 162 g.
Welches Gewicht kann man mit einer Wahrscheinlichkeit von 95 % für eine Schraube erwarten?

24 LK: Hypothesentests □

Tipps ab Seite 107, Lösungen ab Seite 204

Beim Testen geht es darum, anhand vorliegender Daten eine *begründete* Entscheidung für oder gegen die Gültigkeit einer (Null-)Hypothese zu treffen. Die *«Nullhypothese»* H_0: $p \leqslant ...$, H_0: $p = ...$ oder H_0: $p \geqslant ...$ bezieht sich normalerweise auf den «status quo»; wird sie abgelehnt, so wird die sogenannte *«Alternativhypothese»* H_1 angenommen. Da die Daten hierbei immer in Form von Realisationen von Zufallsvariablen vorliegen, lässt sich niemals mit absoluter Wahrscheinlichkeit sagen, dass die Entscheidung richtig ist. Um die Wahrscheinlichkeit einer Fehlentscheidung zu kontrollieren und möglichst gering zu halten, orientiert man sich am sogenannten *«Signifikanzniveau»* bzw. der *«Irrtumswahrscheinlichkeit»* α. Standardmäßig wählt man $\alpha = 5\%$; es kann manchmal aber auch $\alpha = 2\%$ oder sogar $\alpha = 1\%$ gewählt werden.

Diejenigen Daten, welche zur Annahme der Nullhypothese führen, werden als Annahmebereich A bezeichnet; das Komplement dazu, der Ablehnungsbereich, mit $\overline{A}$.

Man unterscheidet beim Hypothesentest folgende Typen:

Bei einem *rechtsseitigen Hypothesentest* mit der Alternativhypothese H_1: $p > ...$ besteht der Ablehnungsbereich aus Werten, die größer sind als die zum Annahmebereich gehörigen. Also ist ein minimales $k \in \mathbb{N}$ und damit ein Ablehnungsbereich $\overline{A} = \{k, ..., n\}$ der Nullhypothese so zu bestimmen, dass gilt: $P(X \in \overline{A}) \leqslant \alpha$.

Beim *linksseitigen Hypothesentest* mit der Alternativhypothese H_1: $p < ...$ ist das Gegenteil der Fall: Die Werte des Ablehnungsbereichs sind kleiner als die zum Annahmebereich gehörigen. Also ist ein maximales $k \in \mathbb{N}$ und damit ein Ablehnungsbereich $\overline{A} = \{0, ..., k\}$ der Nullhypothese so zu bestimmen, dass gilt: $P(X \in \overline{A}) \leqslant \alpha$.

Es werden hier nur Hypothesentests behandelt, die auf einer binomialverteilten Zufallsvariable basieren.

24.1 Einseitiger Test □

Bei einseitigen Tests besteht der Ablehnungsbereich nur aus besonders großen Werten (rechtsseitiger Test) oder besonders kleinen Werten (linksseitiger Test).

a)   I) Für H_0: $p \leqslant 0,4$ und $n = 100$ wird $\overline{A} = \{50, ..., 100\}$ festgelegt. Wie groß ist α?

   II) Für H_0: $p \geqslant 0,8$ und $n = 100$ wird als Annahmebereich A = $\{75, ..., 100\}$ gewählt. Bestimmen Sie α.

b)   I) Bestimmen Sie für H_0: $p \leqslant 0,1$ und $n = 100$ den Ablehnungsbereich für $\alpha = 5\%$.

   II) Bestimmen Sie für H_0: $p \geqslant 0,3$ und $n = 50$ den Ablehnungsbereich für $\alpha = 2\%$.

c) Ein Chiphersteller garantiert, dass der Anteil an Ausschuss höchstens 4% beträgt. Ein Käufer findet unter 100 Chips 9 defekte Chips. Kann man hieraus mit einer Irrtumswahrscheinlichkeit von 5% schließen, dass der Anteil an Ausschuss größer als 4% ist?

d) Ein Großhändler garantiert einem Kunden, dass höchstens 4 % der gelieferten Glühbirnen defekt sind. Der Kunde nimmt eine Stichprobe von 50 Birnen. Er schickt die Lieferung zurück, wenn mehr als 4 Birnen defekt sind.

    I) Wie groß ist die Wahrscheinlichkeit, dass er die Lieferung irrtümlich ablehnt?

    II) Wie muss man den Ablehnungsbereich wählen, wenn die Irrtumswahrscheinlichkeit 2 % betragen soll?

e) Eine Firma, welche Handys in Massenproduktion herstellt, garantiert, dass bei einer Lieferung höchstens 3 % der Handys fehlerhaft sind.
Der Großhändler macht eine Stichprobe mit 20 Handys und findet 3 fehlerhafte.
Kann er hieraus mit einer Irrtumswahrscheinlichkeit von $\alpha = 2\%$ schließen, dass die Firma eine falsche Angabe gemacht hat?

f) Eine Partei hat bei der letzten Wahl 30 % der abgegebenen Stimmen erhalten. Um zu überprüfen, ob sie bei der nächsten Wahl mit mindestens 30 % der Stimmen rechnen kann, werden 100 Personen befragt. Es geben nur 25 Personen an, die Partei wählen zu wollen. Kann man mit einer Irrtumswahrscheinlichkeit von 5 % darauf schließen, dass der Stimmenanteil unter 30 % gesunken ist?

24.2 Fehler 1. und 2. Art   ☐

Ein *Fehler 1. Art* liegt vor, wenn die Nullhypothese fälschlicherweise abgelehnt wird: die Nullhypothese wird verworfen, obwohl sie wahr ist.
Von einem *Fehler 2. Art* spricht man, wenn die Nullhypothese fälschlicherweise angenommen wird: die Nullhypothese wird angenommen, obwohl sie falsch ist. Die Wahrscheinlichkeit für einen Fehler 1. Art wird als *Signifikanzniveau* oder *Irrtumswahrscheinlichkeit* bezeichnet und soll normalerweise höchstens 5 % betragen. Damit kann in vielen Aufgaben der Ablehnungsbereich $\overline{A}$ bestimmt werden. Es gilt: $P(X \in \overline{A}) \leqslant \alpha$.

a) Ein Würfel soll getestet werden. Man nimmt an, dass die Wahrscheinlichkeit für eine «Sechs» wie üblich $\frac{1}{6}$ beträgt. Um die Annahme zu testen, wird er 60-mal geworfen. Kommt dabei mindestens 8-mal und höchstens 12-mal eine «Sechs» vor, geht man davon aus, dass der Würfel in Ordnung ist.
Wie lautet bei diesem Test die Nullhypothese?
Schreiben Sie den Annahmebereich A und den Ablehnungsbereich $\overline{A}$ als Menge auf.
Obwohl der Würfel in Ordnung ist (er wurde vorher genau untersucht), fällt bei obigem Test nur 7-mal eine Sechs. Welche Art von Fehler begeht man in diesem Fall?
Erläutern Sie den Begriff Irrtumswahrscheinlichkeit am vorliegenden Test.

b) Ein Händler garantiert, dass höchstens 5 % der gelieferten Äpfel nicht einwandfrei sind. Ein Käufer will die Aussage überprüfen, indem er eine Stichprobe von 50 Äpfeln entnimmt.

Wie lautet die Nullhypothese (Aussage des Händlers) in diesem Fall formal?

Geben Sie einen möglichen Annahme- und Ablehnungsbereich an.

Handelt es sich um einen rechts-, links- oder zweiseitigen Test?

Wie verändert sich die Wahrscheinlichkeit für einen Fehler 1. Art bzw. 2. Art, wenn Sie den Annahmebereich vergrößern?

Analysis

1 Von der Gleichung zur Kurve

1.1 Ganzrationale Funktionen

Den Schnittpunkt mit der y-Achse erhalten Sie durch Einsetzen von $x = 0$ in $f(x)$, die Schnittpunkte mit der x-Achse erhalten Sie durch Lösen der Gleichung $f(x) = 0$.

Zuerst wird gespiegelt und gestreckt, anschließend verschoben (Reihenfolge beachten!).

Ist $f(x) = a(x-b)^2 + c$ bzw. $g(x) = a(x-b)^3 + c$, so gibt es folgende Verwandlungen:

a: Streckfaktor in y-Richtung; $a < 0$: zusätzlich Spiegelung an der x-Achse.

$b > 0$ bzw. $b < 0$: Verschiebung nach rechts bzw. links.

$c > 0$ bzw. $c < 0$: Verschiebung nach oben bzw. unten.

1.2 Exponentialfunktionen

Zur Bestimmung der Asymptoten betrachten Sie $f(x)$ für $x \to \pm\infty$.

Die Graphen sind Variationen der Grundfunktionen $f(x) = e^x$ bzw. $g(x) = e^{-x}$.

Ist $f(x) = a \cdot e^{x-b} + c$ bzw. $g(x) = a \cdot e^{-(x-b)} + c$, so gibt es folgende Verwandlungen:

a: Streckfaktor in y-Richtung; $a < 0$: zusätzlich Spiegelung an der x-Achse.

$b > 0$ bzw. $b < 0$: Verschiebung nach rechts bzw. links.

$c > 0$ bzw. $c < 0$: Verschiebung nach oben bzw. unten.

2 Aufstellen von Funktionen mit Randbedingungen

2.1 Ganzrationale Funktionen

Für alle ganzrationalen Funktionen gilt:

- Parabel 2. Grades: $f(x) = ax^2 + bx + c$

- Zur y-Achse symmetrische Parabel 2. Grades: $f(x) = ax^2 + b$

- Parabel 3. Grades: $f(x) = ax^3 + bx^2 + cx + d$

- Zum Ursprung punktsymmetrische Parabel 3. Grades: $f(x) = ax^3 + bx$

Zum Aufstellen der Funktionen:

1. Bilden Sie die 1. und 2. Ableitung des jeweiligen Ansatzes (dies ist nicht nötig, falls es keine Angaben über die Steigung oder über die Extrempunkte gibt).

2. Verwenden Sie die Bedingungen der Kurvendiskussion:

   - Schnittpunkt mit der x-Achse: $f(x) = 0$

- Schnittpunkt mit der y-Achse: $x = 0$

- Extrempunkt: $f'(x) = 0$

- Wendepunkt: $f''(x) = 0$

3. Sie brauchen so viele Gleichungen wie Unbekannte! Stellen Sie die Gleichungen auf und lösen Sie sie nach den Parametern (a, b, c, ...) auf.

2.2 Exponentialfunktionen

a)-c) Stellen Sie zwei Gleichungen mit zwei Unbekannten auf, dazu müssen Sie eventuell noch ableiten.

d) Da der Graph von f um 1 LE nach rechts und um 2 LE nach unten verschoben wird, betrachten Sie $g(x) = f(x-1) - 2$.

3 Von der Kurve zur Gleichung

Allgemeine Tipps für ganzrationale Funktionen:

Es handelt sich bei allen Graphen um verschobene Funktionen 2. bis 3. Grades. Es gibt verschiedene Lösungswege:

1. Ansatz als allgemeine Funktion (ähnlich wie das Aufstellen von Funktionen mit Randbedingungen), z.B. $f(x) = ax^2 + bx + c$. Aus der Zeichnung werden drei Punkte bestimmt und drei Gleichungen aufgestellt, die man anschließend nach a, b und c auflöst. Dieser Weg ist etwas langwierig, führt aber immer zum Ziel.

2. Ansatz mit Hilfe der Linearfaktoren. Dieser Ansatz funktioniert nur dann, wenn die Funktion eindeutig ablesbare Nullstellen besitzt (z.B. bei den Aufgaben d). Der Hintergrund ist, dass sich eine Polynomfunktion (ein Funktionsterm der Gestalt $f(x) = a_n x^n + a_{n-1} x^{n-1} + ... + a_2 x^2 + a_1 x + a_0$) auch als Produkt von Linearfaktoren schreiben lässt, z.B. $f(x) = x^2 - x - 2 = (x-2) \cdot (x+1)$. Die Nullstellen dieser Funktion sind $x_1 = 2$ und $x_2 = -1$. Da der Graph noch gestreckt oder gestaucht sein kann, muss im Ansatz noch ein zusätzlicher Faktor a vorhanden sein (z.B. $f(x) = a \cdot (x-2) \cdot (x+1)$), der mit Hilfe eines abgelesenen Punktes bestimmt werden kann.

3. Ansatz als verschobene Normalparabel: Wenn man eine Normalparabel $f(x) = x^2$ nach oben oder unten verschieben will, so addiert man eine Konstante c. Will man sie nach rechts oder links verschieben, so setzt man für eine Verschiebung nach rechts um eine Längeneinheit den Ausdruck $(x-1)$ statt x ein. Bei einer Verschiebung um 2 LE nach links entsprechend $(x+2)$ statt x.

4   Differenzieren

4.1   Ganzrationale Funktionen

a) - c)　　Verwenden Sie die Potenzregel $(a \cdot x^n)' = a \cdot n \cdot x^{n-1}$; beachten Sie, dass teilweise Parameter vorhanden sind.

d) - e)　　Wenden Sie die Kettenregel an (äußere Ableitung mal innere Ableitung).

4.2   Exponentialfunktionen

a) - d)　　Wenden Sie zuerst die Produktregel an, dann die Kettenregel.

e) - f)　　Schreiben Sie den Bruch als Potenz mit negativem Exponenten und verwenden Sie die Produkt- und Kettenregel.

4.3   Potenzfunktionen mit gebrochenen Exponenten

a) - b)　　Schreiben Sie die Wurzel als Potenz mit gebrochenen Exponenten und verwenden Sie die Potenzregel sowie die Kettenregel.

c)　　　　Verwenden Sie die Potenzregel.

d)　　　　Verwenden Sie die Produkt- und Kettenregel.

4.4   Logarithmusfunktionen

a) - c)　　Wenden Sie die Kettenregel an.

d) - e)　　Wenden Sie zuerst die Produktregel an und dann die Kettenregel.

5   Gleichungslehre

5.1   Quadratische, biquadratische und nichtlineare Gleichungen

a) - b)　　pq- bzw. abc-Formel verwenden (Zahlen unter der Wurzel als Bruch schreiben).

c)　　　　Setzen Sie jeden Faktor gleich Null und überlegen Sie, ob Lösungen existieren.

d)　　　　Klammern Sie x aus.

e) - f)　　Biquadratische Gleichungen: Substitution $x^2 = v$, die Gleichung lösen und rücksubstituieren (Zahlen unter der Wurzel als Bruch schreiben).

5.2   Exponentialgleichungen

a) - c)　　Setzen Sie jeden einzelnen Faktor gleich Null und überlegen Sie, ob Lösungen existieren.

d)　　　　Substitution $e^x = z$, dann Lösen der quadratischen Gleichung mit der pq- oder abc-Formel, Rücksubstitution und x berechnen (Zahlen unter der Wurzel als Bruch schreiben).

5.3 Lineare Gleichungssysteme

a) - d)   Anwenden des Gaußschen Eliminierungsverfahrens: Zuerst werden zwei Gleichungen so zusammengezählt, dass eine Unbekannte wegfällt (eventuell muss man dazu vorher eine Gleichung mit einem Faktor wie z.B. -1 oder -2 multiplizieren).

Im nächsten Schritt löst man die beiden Gleichungen, die nur noch zwei Unbekannte enthalten, nach einer Unbekannten auf.

Zum Schluss wird schrittweise eingesetzt und die Unbekannten werden bestimmt.

6 Graphen von f, f' und F

6.1 Von f zu f'

f_1 Bestimmen Sie die Steigung für einige wichtige Punkte, es bietet sich auf jeden Fall der Extrempunkt an. Überlegen Sie, wie die Steigung nahe des Koordinatenursprungs ist.

f_2 Bestimmen Sie die Steigung für einige wichtige Punkte; es bieten sich der Hoch- und der Wendepunkt an.

f_3 Bestimmen Sie die Steigung für einige Stellen, z.B. für $x = 0$ und für $x = 1$. Überlegen Sie, welche spezielle Kurve einen derartigen Verlauf zeigt.

f_4 Bestimmen Sie die Steigung für einige Stellen, z.B. $x = -1$ und $x = 0$. Bestimmen Sie den Wendepunkt und dessen Steigung.

6.2 Von f' zu f

Allgemeine Tipps:

Es sind Aussagen über eine Stammfunktion f der gezeichneten Kurve von f' zu bewerten. Dabei gilt für alle Stammfunktionen f:

- $f'(x) = 0$ und VZW von $+$ nach $- \Rightarrow$ Der Graph von f hat einen Hochpunkt.

- $f'(x) = 0$ und VZW von $-$ nach $+ \Rightarrow$ Der Graph von f hat einen Tiefpunkt.

- $f'(x)$ hat einen Extrempunkt $\Rightarrow$ Der Graph von f hat einen Wendepunkt.

Aufgabe I

a) Überlegen Sie, was es für die Ableitung einer Funktion bedeutet, wenn der Graph der Funktion einen Extrempunkt besitzt.

b) Was bedeutet es für eine Kurve, wenn sie in einem Punkt eine waagerechte Tangente besitzt? Welche Steigung hat die Kurve in einem derartigen Punkt?

c) Was bedeutet es für die Ableitungskurve, wenn der Graph der Funktion f einen Wendepunkt besitzt? Finden Sie solche Punkte in der Kurve von f'?

d) Kann man die Aussage treffen, dass alle Funktionswerte für $x > -1$ größer als Null sind? Überlegen Sie, ob es genau eine Funktion gibt.

Aufgabe II

a) Überlegen Sie, was es für die Ableitung einer Funktion bedeutet, wenn der Graph der Funktion einen Extrempunkt besitzt.

b) Welchen Wert nimmt die Ableitung einer Funktion an einem Extremwert an? Was muss zusätzlich noch gelten, damit es sich um einen Hochpunkt handelt (wie sehen die Vorzeichenwechsel der Steigung aus)?

c) Überlegen Sie, welchen Grad das Polynom der gezeichneten Ableitungskurve besitzt.

d) Überlegen Sie, was man tun muss, um Informationen über die Steigung einer Kurve in einem Punkt zu bekommen. Welche Funktion gibt «Auskunft» über die Steigungswerte der Kurve in jedem Punkt?

Aufgabe III

a) Skizzieren Sie den Graphen einer Funktion zur gegebenen Ableitungsfunktion; benutzen Sie dazu die Extremwerte und die Nullstelle der angegebenen Ableitungsfunktion. Hat der Graph von f bei $x = 0$ einen Hoch- oder Tiefpunkt (Vorzeichenwechsel beachten)?

b) Überlegen Sie, wie genau Sie die Funktion bestimmen können.

c) Prüfen Sie, welche Bedingungen die Kurve der angegebenen Ableitungsfunktion erfüllen muss, damit die Funktion f an der Stelle $x = 0$ einen Tiefpunkt hat. Beachten Sie den Vorzeichenwechsel.

d) Überlegen Sie, was es für den Graphen der Ableitung bedeutet, wenn eine Kurve einen oder mehrere Extrempunkte besitzt.

6.3   Von f zu F

Allgemeine Tipps:

- Skizzieren Sie zuerst die Ableitung bzw. eine Stammfunktion.
- Das Schaubild von F hat einen Hochpunkt an der Stelle x_1, wenn $f(x_1) = 0$ und an dieser Nullstelle bei f ein Vorzeichenwechsel (VZW) von $+$ nach $-$ stattfindet.
- Das Schaubild von F hat einen Tiefpunkt an der Stelle x_2, wenn $f(x_2) = 0$ und bei f an dieser Stelle ein VZW von $-$ nach $+$ stattfindet.
- Das Schaubild von F hat einen Wendepunkt an der Stelle x_3, wenn f einen Extrempunkt an dieser Stelle hat.

Die Stammfunktion F

Aufgabe I

a) Überlegen Sie, welche Art von Funktion vorliegt. Wie sieht das Schaubild der Ableitungsfunktion einer Geraden aus?

b) Zeichnen Sie eine Stammfunktion ein. Überlegen Sie, ob diese in Bezug auf die Verschiebung entlang der y-Achse festgelegt ist.

c) Streng monoton zunehmend für f bedeutet, dass $f′$ immer > 0 ist (warum?). In der Aufgabe ist allerdings gefragt, ob $f′$ monoton zunehmend ist. Also muss man $f″$ untersuchen.

d) y-achsensymmetrisch bedeutet $f(-x) = f(x)$.

Aufgabe II

a) Welche Gestalt besitzt das Schaubild der Ableitungsfunktion einer Parabel 2. Grades? Überlegen Sie, welche Aussagen Sie sicher über dieses Schaubild treffen können.

b) Zeichnen Sie eine Stammfunktion ein. Überlegen Sie, ob diese in Bezug auf die Verschiebung entlang der y-Achse festgelegt ist.

c) Überlegen Sie, was es für die Funktion f bedeutet, wenn die Stammfunktion Extremstellen besitzt (f ist die 1. Ableitung von F).

6.4   Zuordnen von Graphen

a) Überlegen Sie ohne abzuleiten, welche Eigenschaften das Schaubild von $f(x) = x^2 e^x$ hat.

b) Überlegen Sie, was für das Schaubild von $f′$ gilt, wenn das Schaubild von f Extremstellen hat. Was gilt für das Schaubild von F, wenn das Schaubild von f einen Extrempunkt hat, der die x-Achse berührt bzw. wenn alle Funktionswerte von f größer oder gleich Null sind? Welche besondere Eigenschaft hat das Schaubild der gebrochenen Funktion g mit $g(x) = \frac{1}{x^2 \cdot e^x}$?

6.5   Interpretation von Graphen

Aufgabe I

a) Besondere Punkte im Graph sind die Punkte, an denen sich die Steigung stark ändert.

b) Überlegen Sie, ob die y-Werte des Graphen die verkauften Artikel *pro Tag* oder *insgesamt* angeben.

c) Lesen Sie die Verkaufszahlen des 40. und des 60. Tages an der Zeichnung ab und berechnen Sie den Durchschnitt.

d) Die Verkaufsrate entspricht der Steigung der Kurve am 50. Tag. Legen Sie eine Gerade durch die Kurve, die die Steigung des 50. Tages besitzt, und bestimmen Sie die Steigung dieser Geraden.

e) Schätzen Sie ab, wie sich die Kurve weiterentwickeln wird. Wie ist die Steigung der Kurve?

Aufgabe II

a) Besondere Punkte im Graph sind die Punkte, an denen sich die Steigung stark ändert.

b) Überlegen Sie, welche Aussagen die Kurve trifft. Was bedeutet die unter a) angesprochene Steigungsänderung?

c) Überlegen Sie, was man tun muss, um die Funktionswerte der einzelnen Tage zu addieren. Was kann man tun, wenn man die Funktion nicht genau kennt? Wie könnte eine Näherungsfunktion aussehen?

d) Die Besucherzahlen scheinen sich auf einen gewissen Wert «einzupendeln». Wie groß ist dieser Wert?

7 Kurvendiskussion

7.1 Elemente der Kurvendiskussion

a) Die Bedingungen für ein Minimum sind: $f'(x) = 0$ und Vorzeichenwechsel von f' von $-$ nach $+$ bzw. $f''(x) > 0$. Prüfen Sie, ob diese auf den Punkt zutreffen. Benutzen Sie zum Ableiten die Produktregel.

b) Was für ein Punkt ist $P(x_0 \mid 0)$? Machen Sie eine Skizze, um sich die Situation zu veranschaulichen.

c) Überlegen Sie, welche Terme für $x \to +\infty$ gegen Null gehen und welche übrigbleiben.

d) Die Bedingungen für ein Minimum sind $f'(x) = 0$ und Vorzeichenwechsel von f' von $-$ nach $+$. Prüfen Sie, ob diese auf den Punkt zutreffen.

e) Punkte mit waagerechter Tangente haben die Steigung Null, also wird die 1. Ableitung Null gesetzt.

f) Wendepunkte bestimmen Sie mit Hilfe von $f''(x)$ und $f'''(x)$.

g) Überlegen Sie, an welcher Stelle x die 1. Ableitung Null ist und ob die 1. Ableitung das Vorzeichen von $-$ nach $+$ wechselt.

7.2 Funktionenscharen / Funktionen mit Parameter

a) - b) I) Setzen Sie für t Werte wie $\pm 1; \pm 2$ bzw. 0 ein und skizzieren Sie die Kurven.

II) Setzen Sie die entsprechenden Punkte in die Funktionsgleichung ein und stellen Sie nach t um.

c) Bestimmen Sie zuerst die Schnittstelle x_s. Für die Ableitungen im Schnittpunkt muss gelten: $f'(x_s) \cdot g'(x_s) = -1$. Setzen Sie die Ableitungen ein, setzen Sie dann den Ausdruck für x_s ein und lösen Sie nach t auf.

d) Berechnen Sie die Nullstelle des Graphen der Funktion f_t in Abhängigkeit von t und lesen Sie die Nullstellen der abgebildeten Graphen ab. Setzen Sie diese Terme gleich. Alternativ können Sie auch die Schnittpunkte der Graphen mit der y-Achse ablesen und den Schnittpunkt des Graphen von f_t mit der y-Achse in Abhängigkeit von t berechnen.

e) Bestimmen Sie mit Hilfe der Produkt- und Kettenregel die 1. und 2. Ableitung von f_t. Setzen Sie die 1. Ableitung gleich Null und berechnen Sie die Extremstelle von $f_t(x)$. Prüfen Sie mit Hilfe der 2. Ableitung, ob es sich tatsächlich um eine Extremstelle handelt. Schließlich setzen Sie $x = 2$ mit der berechneten Extremstelle gleich und lösen die Gleichung nach t auf.

7.3 Krümmungsverhalten von Kurven

Bestimmen Sie mit Hilfe von Ketten-, Produkt- und Quotientenregel die 1. und 2. Ableitung. Eine Kurve ist linksgekrümmt, wenn gilt: $f''(x) > 0$, sie ist rechtsgekrümmt, wenn $f''(x) < 0$. Lösen Sie jeweils die entstandene Ungleichung.

Manchmal ist es hilfreich, die linke Seite der Ungleichung als weitere Kurve aufzufassen und sich zu überlegen, wann diese oberhalb bzw. unterhalb der x-Achse verläuft.

7.4 Tangenten und Normalen

Geradengleichungen kann man mit der Punkt-Steigungsform $y - y_1 = m \cdot (x - x_1)$ aufstellen.

a) Bestimmen Sie die Tangentensteigung mit Hilfe der 1. Ableitung. Benutzen Sie dann die Steigung und den Punkt, um die Geradengleichung aufzustellen. Für die Normalensteigung m_n gilt: $m_n = -\frac{1}{m_t}$ mit $m_t =$ Steigung der Tangente.

b) Bestimmen Sie zuerst den Wendepunkt und dann die Steigung der Tangente bzw. der Normalen und stellen Sie die Geradengleichungen auf.

c) I) Da die Tangentensteigung schon bekannt ist, muss in dieser Aufgabe der Punkt P bestimmt werden, in dem der Graph von f die Steigung $m = -2$ besitzt. Also wird die erste Ableitung gleich -2 gesetzt und x_P bestimmt. Mit den Koordinaten des Punktes und der Steigung wird anschließend die Tangentengleichung aufgestellt.

II) Man verfährt ähnlich wie bei I), nur muss die Steigung der Tangente erst aus der Steigung der angegebenen Geraden ermittelt werden. Für die Steigung zweier aufeinander senkrecht stehender Geraden m_1 und m_2 gilt: $m_2 = -\frac{1}{m_1}$.

III) Man verfährt ähnlich wie bei I), die Steigung paralleler Geraden ist gleich: $m_t = m_g = 4$.

7.5 Berührpunkte zweier Kurven

Damit sich zwei Graphen in einem Punkt B $(x_B \mid y_B)$ berühren, müssen zwei Bedingungen erfüllt sein:

1. B ist ein gemeinsamer Punkt beider Kurven: $f(x_B) = g(x_B)$.

2. Im Punkt B haben die Graphen eine gemeinsame Tangente, also die gleiche Tangentensteigung $f'(x_B) = g'(x_B)$.

7.6 Symmetrie

a) Die Bedingung für y-Achsensymmetrie ist $f(-x) = f(x)$.

b) Die Bedingung für Ursprungssymmetrie ist $f(-x) = -f(x)$.

c) Die Bedingung für y-Achsensymmetrie ist $f(-x) = f(x)$.

7.7 Abschnittsweise bestimmte Funktionen

a) Damit die Funktion keinen Knick an der Stelle $x = 1$ besitzt, müssen die beiden Teile der zusammengesetzten Funktion nicht nur in den Funktionswerten, sondern auch in der Ableitung übereinstimmen. Setzen Sie die entsprechenden Terme gleich und bestimmen Sie so die Parameter.

b) Damit der Übergang ohne Krümmungsruck erfolgt, müssen die Kurven an der Stelle $x = 2$ in den Funktionswerten sowie der ersten und zweiten Ableitung übereinstimmen. Setzen Sie die entsprechenden Terme gleich und bestimmen Sie so die Parameter.

7.8 Ortskurven

Die Gleichung der Ortskurve beschreibt den Zusammenhang zwischen dem gegebenen x-Wert und dem gegebenen y-Wert (jeweils in Abhängigkeit eines Parameters), d.h. man sucht die Gleichung, in die man den x-Wert einsetzen kann, um den y-Wert zu erhalten.
Gehen Sie folgendermaßen vor:

1. x-Wert so umformen, dass der Parameter alleine steht, z.B. $x = \frac{4}{t} \Rightarrow t = \frac{4}{x}$.

2. Parameter (in Abhängigkeit von x) in den y-Wert einsetzen, z.B. $y = t^2 = \left(\frac{4}{x}\right)^2$.

3. Durch Ausrechnen erhalten Sie den y-Wert in Abhängigkeit von x, z.B. $y = \frac{16}{x^2}$ und damit die Gleichung der Ortskurve.

Bei den Aufgaben d) und e) müssen Sie zunächst den gesuchten Punkt bestimmen. Hierbei gehen Sie wie bei einer «normalen» Funktion ohne Parameter vor. Beachten Sie: Die Parameter werden beim Ableiten wie Zahlen behandelt!

8 Integralrechnung

8.1 Stammfunktionen

8.1.1 Ganzrationale Funktionen

a) - d) Benutzen Sie die Integrationsregel für Potenzfunktionen: Besitzt f die Form $f(x) = a \cdot x^n$, dann ist $F(x) = a \cdot \frac{1}{n+1} x^{n+1} + c$ falls $n \neq -1$ eine Stammfunktion.

8.1.2 Exponentialfunktionen

a) - e) Für verkettete (verschachtelte) Funktionen mit innerem *linearem* Ausdruck gilt die Integrationsregel für lineare Substitution:
«Äußere Stammfunktion geteilt durch innere Ableitung»
Bei e-Funktionen mit $f(x) = a \cdot e^{k \cdot x + b}$ ist $e^{(\dots)}$ die äußere Funktion und $k \cdot x + b$ die innere Funktion. Der Parameter a verändert sich nicht beim Integrieren.

8.1.3 Rationale Funktionen

a) Schreiben Sie die Wurzel als Potenz mit negativem Exponenten.

b) Beachten Sie, dass Sie als Stammfunktion den ln verwenden und durch die innere Ableitung teilen.

c) Beachten Sie, dass Sie als Stammfunktion den ln verwenden und durch die innere Ableitung teilen.

8.2 Flächeninhalt zwischen zwei Kurven

Bestimmen Sie jeweils die Integrationsgrenzen durch Gleichsetzen der Funktionsterme. Prüfen Sie, welche Kurve die obere Kurve ist. Verwenden Sie die Formel $A = \int_{x_1}^{x_2} (f(x) - g(x)) \, dx$ sowie den Hauptsatz der Differential- und Integralrechnung.

8.3 Angewandte Integrale

a) I) Der Regen hört auf, wenn die Niederschlagsrate gleich Null ist; bestimmen Sie die Nullstelle der Funktion.

II) Die gesamte Wassermenge können Sie bestimmen, indem Sie die Niederschlagsrate vom Beginn des Regens bis zum Ende integrieren.

III) Die mittlere Regenmenge erhalten Sie, indem Sie die Gesamtmenge durch die Anzahl der Tage teilen.

b) Die gegebene Funktion f beschreibt die Änderungsrate. Um zu berechnen, wieviel Wasser das Becken nach 9 Stunden enthält, müssen Sie zuerst eine Stammfunktion F von f bestimmen. Die Integrationskonstante c bestimmen Sie mit Hilfe des Anfangswerts. Anschließend müssen Sie $t = 9$ in die Integralfunktion einsetzen.

8.4 Ins Unendliche reichende Flächen

a) Die Fläche wird anfänglich durch die vertikale Gerade $x = z$ mit $z > 0$ begrenzt. Setzen Sie z als obere Grenze ein und bestimmen Sie A(z). Lassen Sie dann $z \to \infty$ gehen.

b) I) Bestimmen Sie die Grenzen des Integrals und integrieren Sie die Funktion.

II) Betrachten Sie das Verhalten der Funktion für $x \to -\infty$. Welcher Term fällt weg?

III) Die Fläche zwischen zwei Kurven wird berechnet, indem man die Funktionsgleichung der unteren Kurve von der der oberen Kurve abzieht und dann integriert. Für die ins Unendliche reichende Fläche setzt man als untere Grenze z ein und bildet dann den Grenzwert $\lim\limits_{z \to -\infty}$ A(z).

8.5 Rotationskörper

Rotiert der Graph einer Funktion f über dem Intervall $[a;b]$ um die x-Achse, so verwenden Sie die Formel: $V_{rot} = \pi \cdot \int_{a}^{b} (f(x))^2 \, dx$.

Beachten Sie, dass Sie unter Umständen die Binomischen Formeln verwenden müssen, um den Ausdruck in der Klammer auszurechnen.

Rotiert eine Fläche um die x-Achse, so müssen Sie zuerst die Integrationsgrenzen bestimmen (Schnittstellen) und anschließend für jede Kurve das Volumenintegral berechnen. Zum Schluss bilden Sie die Differenz der Volumenintegrale.

9   Extremwertaufgaben

Allgemein können Sie beim Lösen von Extremwertaufgaben nach folgendem Schema vorgehen:

1. Skizzieren Sie die Problemstellung.

2. Schreiben Sie die Größe auf, die minimiert oder maximiert werden soll. Das kann z.B. A $= r \cdot h$ für eine Fläche in Abhängigkeit von r und h sein. In diesem Ausdruck dürfen verschiedene Variablen vorkommen.

3. Formulieren Sie die Nebenbedingungen. Im Beispiel von oben könnte dies z.B. $r + h = 100$ sein, wenn in der Aufgabe formuliert ist, dass r und h zusammen 100 ergeben müssen.

4. Lösen Sie die Nebenbedingung nach einer Variablen auf, z.B. $r = 100 - h$, und setzen Sie diese in den Ausdruck bei 2. ein. Dadurch ergibt sich, von welcher Variablen die sogenannte «Zielfunktion» abhängig ist. Löst man die Nebenbedingung nach r auf und setzt sie in die Gleichung unter 2. ein, ergibt sich im Beispiel: $A(h) = (100 - h) \cdot h$.

5. Nun können die Extremstellen der Zielfunktion der Fläche in Abhängigkeit von h durch Ableiten und Nullsetzen der Ableitung untersucht werden. Handelt es sich um ein lokales Minimum, muss man noch die Randwerte überpüfen, d.h. man setzt den kleinst- und größtmöglichen x-Wert der Definitionsmenge in die Zielfunktion ein und vergleicht mit den Werten der Extremstelle. (Dies ist allerdings nicht nötig, wenn die 2. Ableitung keine Variablen mehr enthält, also inbesondere bei allen quadratsichen Funktionen.)

Zu den Aufgaben:

a)   I) Die gesuchte Größe ist der Umfang des Rechtecks. Die Grundseite des Rechtecks wird als $2x$ gewählt. Nebenbedingung: Für die Höhe h gilt $h = f(x)$. Stellen Sie die Zielfunktion für den Umfang auf, setzen Sie die Nebenbedingung ein und bestimmen Sie das Maximum mit Hilfe der 1. und 2. Ableitung.

   II) Die gesuchte Größe ist die Fläche des Rechtecks. Die Grundseite des Rechtecks wird als $2x$ gewählt. Nebenbedingung: Für die Höhe h gilt $h = f(x)$. Stellen Sie die Zielfunktion für die Fläche auf und setzen Sie die Nebenbedingung ein.

b) Skizzieren Sie die Graphen der beiden Funktionen.
   Bestimmen Sie die Koordinaten der Punkte P und Q und überlegen Sie sich, wie Sie die Länge von PQ in Abhängigkeit von u bestimmen können. Stellen Sie hierzu eine Funktionsgleichung (Zielfunktion) auf. Zur Berechnung des Maximums verwenden Sie die 1. und 2. Ableitung (Produkt- und Kettenregel).
   Die maximale Länge erhalten Sie, indem Sie das berechnete u in die Zielfunktion einsetzen.

Analytische Geometrie

10 Rechnen mit Vektoren

10.1 Addition und Subtraktion von Vektoren

Für das Rechnen mit Vektoren gelten folgende Gesetze:

- Addition: $\begin{pmatrix} a_1 \\ a_2 \\ a_3 \end{pmatrix} + \begin{pmatrix} b_1 \\ b_2 \\ b_3 \end{pmatrix} = \begin{pmatrix} a_1 + b_1 \\ a_2 + b_2 \\ a_3 + b_3 \end{pmatrix}$, Subtraktion: $\begin{pmatrix} a_1 \\ a_2 \\ a_3 \end{pmatrix} - \begin{pmatrix} b_1 \\ b_2 \\ b_3 \end{pmatrix} = \begin{pmatrix} a_1 - b_1 \\ a_2 - b_2 \\ a_3 - b_3 \end{pmatrix}$

- Skalare Multiplikation: $s \cdot \begin{pmatrix} a_1 \\ a_2 \\ a_3 \end{pmatrix} = \begin{pmatrix} s \cdot a_1 \\ s \cdot a_2 \\ s \cdot a_3 \end{pmatrix}$ (Zahl $\cdot$ Vektor = Vektor) für $s \in \mathbb{R}$

- Skalarprodukt: $\begin{pmatrix} a_1 \\ a_2 \\ a_3 \end{pmatrix} \cdot \begin{pmatrix} b_1 \\ b_2 \\ b_3 \end{pmatrix} = a_1 \cdot b_1 + a_2 \cdot b_2 + a_3 \cdot b_3$ (Vektor $\cdot$ Vektor = Zahl)

- Betrag bzw. Länge: $\left| \begin{pmatrix} a_1 \\ a_2 \\ a_3 \end{pmatrix} \right| = \sqrt{a_1^2 + a_2^2 + a_3^2}$.

10.2 Orthogonalität von Vektoren

Zwei Vektoren stehen genau dann senkrecht aufeinander, wenn das Skalarprodukt gleich Null ist. Ist das Skalarprodukt ungleich Null, dann sind die beiden Vektoren nicht orthogonal.

10.3 Verschiedene Aufgaben

a) Stellen Sie jeweils drei Verbindungsvektoren zwischen je zwei Punkten auf und berechnen Sie deren Länge.

b) Die Orthogonalität lässt sich mit dem Skalarprodukt überprüfen.

c) Tragen Sie in Ihre Skizze jeweils die gegebenen und gesuchten Punkte sowie den Ursprung O ein. Bestimmen Sie mit Hilfe einer Vektorkette den Ortsvektor des gesuchten Punktes. Geben Sie die Koordinaten des gesuchten Punktes an.

d) Tragen Sie in Ihre Skizze die gegebenen und gesuchten Punkte sowie den Ursprung O ein. Achten Sie dabei auf die Reihenfolge der Punkte (*gegen* den Uhrzeigersinn). Bestimmen Sie jeweils mit Hilfe einer Vektorkette den Ortsvektor des gesuchten Punktes. Geben Sie die Koordinaten des gesuchten Punktes an.

e) Da je vier Kanten parallel sind, gilt:
$\overrightarrow{BF} = \overrightarrow{CG} = \overrightarrow{DH} = \overrightarrow{AE}$, $\overrightarrow{BC} = \overrightarrow{AD} = \overrightarrow{FG} = \overrightarrow{EH}$ und $\overrightarrow{AB} = \overrightarrow{EF} = \overrightarrow{DC} = \overrightarrow{HG}$.
Bestimmen Sie mit Hilfe einer Vektorkette den Ortsvektor des gesuchten Punktes. Geben Sie die Koordinaten des gesuchten Punktes an.

10.4   Vektorprodukt

a) Siehe den allgemeinen Tipp zum Vektorprodukt auf Seite 39

b) Stellen Sie die Verbindungsvektoren $\overrightarrow{AB}$ und $\overrightarrow{AD}$ auf und verwenden Sie für den Flächeninhalts A des Parallelogramms die Formel: $A = \left| \overrightarrow{AB} \times \overrightarrow{AD} \right|$.

c) Stellen Sie die Verbindungsvektoren $\overrightarrow{AB}$ und $\overrightarrow{AC}$ auf und verwenden Sie für den Flächeninhalt A des Dreiecks die Formel: $A = \frac{1}{2} \cdot \left| \overrightarrow{AB} \times \overrightarrow{AC} \right|$.

11   Geraden

11.1   Aufstellen von Geradengleichungen

Verwenden Sie den Ortsvektor des einen Punktes als Stützvektor. Bilden Sie den Richtungsvektor, indem Sie den Verbindungsvektor zwischen den beiden Punkten aufstellen.

11.2   Punktprobe

Setzen Sie den Ortsvektor des Punktes in die Geradengleichung ein und prüfen Sie, ob sich für alle drei Komponenten der gleiche Parameter ergibt.

11.3   Gegenseitige Lage von Geraden

Für die gegenseitige Lage von zwei Geraden gibt es vier Möglichkeiten: Die Geraden können sich schneiden, parallel, identisch oder windschief sein.

Zur Bestimmung der gegenseitigen Lage prüft man zuerst die Richtungsvektoren auf lineare Abhängigkeit bzw. Unabhängigkeit:

1. Sind die Richtungsvektoren ein Vielfaches voneinander (linear abhängig), können die Geraden parallel oder identisch sein.
   Sie sind identisch, wenn ein Punkt der einen Geraden auf der anderen Geraden liegt (positive Punktprobe), sonst sind sie parallel (negative Punktprobe).

2. Sind die Richtungsvektoren kein Vielfaches voneinander (linear unabhängig), können die Geraden sich schneiden oder windschief sein.
   Durch Gleichsetzen erhält man den Schnittpunkt oder einen Widerspruch, welcher angibt, dass die Geraden windschief sind.

12   Ebenen

12.1   Parameterform der Ebenengleichung

a) Nehmen Sie einen der Punkte als «Stützpunkt». Die Verbindungsvektoren zwischen den Punkten ergeben die Spannvektoren.

b) Der Stützvektor der Geraden dient als Stützvektor der Ebene, der Richtungsvektor bildet den ersten Spannvektor. Den zweiten Spannvektor erhalten Sie, indem Sie den Verbindungsvektor zwischen dem Stützpunkt und dem angegebenen Punkt bilden.

12.2   Koordinatengleichung einer Ebene

Um eine Ebenengleichung aufzustellen, braucht man in der Regel entweder einen Punkt, der in der Ebene liegt, und zwei Spannvektoren oder einen Punkt A, der in der Ebene liegt, und einen Normalenvektor $\vec{n}$, welche man dann in die Punkt-Normalenform $\vec{n} \cdot \vec{x} = \vec{n} \cdot \vec{a}$ einsetzt.

Ein Normalenvektor $\vec{n}$ berechnen Sie am einfachsten mit Hilfe des Vektorprodukts aus den beiden Spannvektoren, siehe Seite 39.

Zur Koordinatengleichung kommt man durch Ausmultiplizieren der Punkt-Normalenform.

a) Wählen Sie einen der 3 Punkte als «Stützpunkt» und bestimmen Sie die Spannvektoren als Verbindungsvektoren zwischen dem ersten Punkt und den beiden anderen Punkten. Anschließend bestimmt man einen Normalenvektor wie oben beschrieben und rechnet über die Punkt-Normalenform die Koordinatenform aus.

b) Als Stützvektor bietet sich der Stützvektor der Geraden an. Als 1. Spannvektor benutzt man den Richtungsvektor der Geraden, als 2. Spannvektor nimmt man den Verbindungsvektor zwischen dem Punkt außerhalb der Geraden und dem «Stützpunkt» der Geraden.

c) Bestimmen Sie zuerst den Stützvektor der Ebene. Bestimmen Sie dazu den Schnittpunkt der beiden Geraden. Der Ortsvektor des Schnittpunktes dient als Stützvektor, die beiden Richtungsvektoren der Geraden werden als Spannvektoren der Ebene genommen. (wichtig: Wenn man s und t mit Hilfe von zwei Gleichungen bestimmt hat, muss man s und t in der 3. Gleichung überprüfen).

d) Wenn das Gleichungssystem zu einem Widerspruch wie z.B. $3 = 0$ führt, besitzt es keine Lösung. Die Geraden schneiden sich dann nicht. Untersuchen Sie die beiden Richtungsvektoren. Sind diese linear abhängig, dann sind die Geraden parallel.

e) Um die Ebenengleichung aufzustellen, brauchen Sie einen Punkt der Ebene und einen Normalenvektor. Die Spiegelebene befindet sich genau in der Mitte zwischen A und A^*. Anhand einer Skizze kann man sich gut klarmachen, wie der Normalenvektor aussehen muss.

f) Wenn die Ebene E die Gerade g enthält, dann sind der Normalenvektor von E und der Richtungsvektor von g orthogonal. Damit ist das Skalarprodukt dieser beiden gleich Null. Gleiches gilt für den Normalenvektor von E und den Normalenvektor der bekannten Ebene F. Wenn man die beiden Skalarprodukte ausrechnet, erhält man zwei Gleichungen mit den 3 Unbekannten n_1, n_2 und n_3. Eine Unbekannte wird gesetzt, die anderen ausgerechnet. Auf diese Weise erhält man $\vec{n}$. Zum Schluss setzt man noch $\vec{n}$ und den «Stützpunkt» der Geraden in die Punkt-Normalenform ein und rechnet diese aus.

g) Drei der gegebenen Punkte benutzt man, um eine Ebene aufzustellen. Mit dem letzten macht man eine Punktprobe.

12.3   Ebenen im Koordinatensystem

Zuerst bestimmen Sie die Schnittpunkte der Ebene mit den Koordinatenachsen. Überlegen Sie, welchen Wert die x_2- und die x_3-Koordinate für einen Schnittpunkt der Ebene mit der x_1-Achse besitzen; setzen Sie diese in die Ebenengleichung ein und formen Sie nach x_1 um. Die übrigen Schnittpunkte erhalten Sie ebenso.

12.4   Bestimmen von Geraden und Ebenen in einem Quader

a) Der Punkt O des Quaders liegt im Ursprung des Koordinatensystems. Bestimmen Sie die übrigen Punkte, indem Sie die Ortsvektoren addieren.

b) Die Gleichung kann wie im vorherigen Kapitel rechnerisch bestimmt werden, oder durch Überlegung und Ablesen an der Zeichnung.

c) Um eine Geradengleichung aufzustellen, braucht man einen Stützvektor und einen Richtungsvektor.

d) Wählen Sie drei der angegebenen Punkte und stellen Sie die Ebenengleichung wie im vorangegangenen Kapitel auf.

12.5   Bestimmen von Geraden und Ebenen in einer Pyramide

a) Der Punkt P ist bekannt. Bestimmen Sie die Koordinaten der restlichen Punkte durch Symmetrieüberlegungen: Für den Punkt Q sind die x_1- und die x_3-Koordinate die gleichen wie für P, doch ist die x_2-Koordinate anders. Aus der Lage des Grundflächenmittelpunktes im Koordinatenursprung ergibt sich die x_2-Koordinate von Q.

b) Um eine Geradengleichung aufzustellen, brauchen Sie einen Stützvektor und einen Richtungsvektor.

c) Benutzen Sie die drei angegebenen Punkte und stellen Sie die Ebenengleichung wie im vorangegangenen Kapitel auf.

13 Gegenseitige Lage von Geraden und Ebenen

13.1 Gegenseitige Lage

Eine Gerade und eine Ebene können auf drei verschiedene Arten zueinander liegen: g schneidet E, g ist parallel zu E oder g liegt in E.

Liegt die Ebene in Koordinatenform vor, wird die Gerade als «allgemeiner Punkt» geschrieben und in die Ebenengleichung eingesetzt. Anschließend wird der Parameter der Geraden bestimmt und in den allgemeinen Punkt eingesetzt, um den Schnittpunkt zu bestimmen. Liegt die Ebene in der Parameterform vor, werden Ebenengleichung und Geradengleichung gleichgesetzt und das Gleichungssystem mit 3 Unbekannten gelöst.

Beim Lösen des Gleichungssystems bzw. der Gleichung können drei Fälle auftreten:

1. Es gibt eine eindeutige Lösung: Die Gerade schneidet die Ebene.

2. Es tritt ein Widerspruch auf (wie z.B. $3 = 0$): Die Gerade ist parallel zur Ebene.

3. Das Gleichungssystem bzw. die Gleichung hat unendlich viele Lösungen (beim Lösen ergibt sich z.B. $3 = 3$ oder $0 = 0$): Die Gerade liegt in der Ebene.

13.2 Gerade und Ebene parallel

Überlegen Sie, wie der Richtungsvektor der Geraden g und der Normalenvektor der Ebene E zueinander stehen müssen, damit die g parallel zu E liegt. Nehmen Sie das Skalarprodukt zu Hilfe. Prüfen Sie anschließend mit einer Punktprobe, ob g und E echt parallel sind oder ob g in E liegt.

13.3 Vermischte Aufgaben

a) Wenn g parallel zu E ist, gilt: $\vec{n} \cdot \vec{r_g} = 0$. Für den Richtungsvektor $\vec{r_g}$ der Geraden gibt es unendlich viele Möglichkeiten.

b) Da g senkrecht auf E steht, gilt: $\vec{r_g} = k \cdot \vec{n}$; $k \in \mathbb{R}$, d.h. der Richtungsvektor $\vec{r_g}$ ist linear abhängig zum Normalenvektor zu wählen.

c) Bestimmen Sie einen Punkt und einen Normalenvektor der Ebene mit Länge 1 LE. Mit diesen legen Sie einen weiteren Punkt außerhalb der Ebene mit Abstand 3 LE fest. Der Richtungsvektor $\vec{r_g}$ der Geraden muss so gewählt werden, dass $\vec{n} \cdot \vec{r_g} = 0$. Hierfür gibt es unendlich viele Möglichkeiten.

14 Gegenseitige Lage zweier Ebenen

Auch hier gibt es verschiedene Lösungswege, abhängig davon, welche Art von Ebenengleichung vorliegt. Da der Weg über die Koordinatengleichung oft am einfachsten zu rechnen ist, werden viele Aufgaben auf diese Weise gelöst. Gerade beim Schnitt von zwei Ebenen kann es sich lohnen, eine Gleichung in die Koordinatenform umzuformen.

Die beiden Ebenengleichungen in Koordinatenform bilden ein lineares Gleichungssystem mit zwei Gleichungen und drei Variablen.

Beim Lösen des Gleichungssystems bzw. der Gleichung können drei Fälle auftreten:

1. Es gibt eine Lösung, wenn man eine Variable als t einsetzt und nach den anderen Variablen auflöst: Die Ebenen schneiden sich in einer Schnittgeraden.

2. Es tritt ein Widerspruch auf (wie z.B. $3 = 0$): Die beiden Ebenen sind parallel.

3. Die eine Gleichung ist ein Vielfaches der anderen Gleichung: Die beiden Ebenen sind identisch.

14.1 Schnitt von zwei Ebenen

a) - c)   Lösen Sie jeweils das zugehörige lineare Gleichungssystem.

d) - e)   Schreiben Sie E_1 in drei Gleichungen für x_1, x_2 und x_3 um, setzen Sie diese in die Koordinatenebene E_2 ein und lösen Sie nach einem Parameter auf. Dieser wird dann wieder in E_1 eingesetzt, die Vektoren zusammengefasst und so die Gleichung der Schnittgeraden bestimmt.

f) - g)   Gleichsetzen der beiden Ebenen führt zu einem Gleichungssystem mit 4 Unbekannten und 3 Gleichungen. Bringen Sie dieses mit Hilfe des Gauß-Verfahrens auf Stufenform, um eine Lösungsmatrix zu bestimmen. Sie erhalten einen Ausdruck wie z.B. $t = 2 - u$. Setzen Sie diesen Ausdruck für t in die Ebenengleichung ein und fassen Sie die Vektoren zusammen um die Gleichung der Schnittgeraden zu erhalten.

14.2 Parallele Ebenen

Beim Bestimmen von t muss man überlegen, wie die beiden Normalenvektoren zueinander stehen müssen, damit die Ebenen parallel sind.

14.3 Verschiedene Aufgaben zur Lage zweier Ebenen

Überlegen Sie anhand einer Skizze, wie die beiden Normalenvektoren zueinander stehen müssen, wenn die Ebenen senkrecht aufeinander stehen. Nehmen Sie das Skalarprodukt zu Hilfe.

15 Abstandsberechnungen

15.1 Abstand Punkt – Ebene

Bei einer Abstandsberechnung zwischen einem Punkt und einer Ebene rechnet man immer die Länge eines Lots von einem Punkt auf die Ebene aus. Man benutzt in der Regel die Abstandsformel, in die der Punkt eingesetzt wird. Für den Punkt $P(p_1 \mid p_2 \mid p_3)$ und die Ebene

E: $n_1x_1 + n_2x_2 + n_3x_3 + n_0 = 0$ mit dem Normalenvektor $\vec{n}$ gilt:

$$d = \frac{|n_1p_1 + n_2p_2 + n_3p_3 + n_0|}{\sqrt{n_1^2 + n_2^2 + n_3^2}},$$

wobei d der Abstand des Punktes P zur Ebene E ist.

15.2   Abstand Punkt – Gerade

Den Abstand eines Punktes P von einer Geraden g bestimmt man in drei Schritten:

1. Zuerst stellt man eine Hilfsebene E_H auf. Diese Hilfsebene enthält den Punkt P und ist orthogonal zu g, d.h. der Richtungsvektor von g dient als Normalenvektor der Ebene.

2. Die Hilfsebene wird mit g geschnitten, dies ergibt den Schnittpunkt L.

3. Der Verbindungsvektor $\overrightarrow{LP}$ wird aufgestellt, sein Betrag (= seine Länge) ist der gesuchte Abstand.

15.3   Abstand paralleler Geraden

Zuerst muss bewiesen werden, dass die beiden Geraden echt parallel sind. Dies geschieht mit Hilfe der Richtungsvektoren und einer Punktprobe. Anschließend berechnet man den Abstand eines Punktes der Geraden h zur Geraden g wie in den vorangehenden Aufgaben.

15.4   Abstand windschiefer Geraden

[a) - b)]Um den Abstand zweier windschiefen Geraden $g: \vec{x} = \vec{a} + s \cdot \vec{r}$ und $h: \vec{x} = \vec{b} + t \cdot \vec{v}$ zu berechnen, benötigen Sie einen Vektor $\vec{n}$, der auf den beiden Richtungsvektoren senkrecht steht. Für den Abstand d gilt dann

$$d(g;h) = \frac{\left|\left(\vec{a} - \vec{b}\right) \cdot \vec{n}\right|}{|\vec{n}|}$$

Den Vektor $\vec{n}$ bestimmen Sie mit Hilfe des Kreuzproduktes: $\vec{n} = \vec{r} \times \vec{v}$ oder mit Hilfe des Skalarproduktes und eines LGS.

c) Der Verbindungsvektor der beiden Punkte G bzw. H auf g bzw. h, welche den kleinsten Abstand voneinander haben, steht jeweils senkrecht auf den Richtungsvektoren $\overrightarrow{r_g}$ bzw. $\overrightarrow{r_h}$ der Geraden. Benutzen Sie das Skalarprodukt.

16 Winkelberechnungen

16.1 Winkel zwischen Vektoren bzw. Geraden

a) Überlegen Sie, zwischen welchen Vektoren man den Winkel berechnet (Orts- oder Verbindungsvektoren). Wenn zwei Kosinuswerte gleich sind, was gilt dann für die entsprechenden Winkel? Machen Sie sich eine Skizze.

b) Verwenden Sie zur Winkelberechnung die Richtungsvektoren der beiden Geraden.

16.2 Winkel zwischen Ebenen

Überlegen Sie, mit Hilfe welcher Vektoren man den Winkel zwischen den beiden Ebenen bestimmen könnte.

16.3 Winkel zwischen Gerade und Ebene

Welche Vektoren der Geraden und der Ebene kommen für die Winkelbestimmung in Betracht? Machen Sie eine Skizze. Verwenden Sie den Sinus des Winkels.

17 Spiegelungen

17.1 Punkt an Punkt

Machen Sie eine Skizze. Überlegen Sie, welche Vektoren man aneinanderhängen muss, um von P zum Spiegelpunkt P* zu gelangen, wenn z.B. Q in der Mitte liegen soll.

17.2 Punkt an Ebene

Machen Sie eine Skizze. Der Punkt A wird an dem Punkt der Ebene, der A am nächsten ist, gespiegelt. Um diesen Punkt zu bestimmen, braucht man eine Hilfsgerade durch A, die senkrecht auf der Ebene steht.

17.3 Punkt an Gerade

Machen Sie auch hier eine Skizze. Der Punkt P wird an dem Punkt der Gerade gespiegelt, der den kleinsten Abstand zu P besitzt. Um diesen zu bestimmen, braucht man eine Hilfsebene. Diese geht durch P und steht senkrecht zur Geraden.

Stochastik

18 Wahrscheinlichkeitsrechnung

18.1 Baumdiagramme und Pfadregeln

18.1.1 Ziehen mit Zurücklegen

a)   I) Zeichnen Sie ein Baumdiagramm mit den Ästen rot (r), weiß (w) und gelb (g). Beachten Sie, dass die Wahrscheinlichkeiten bei jedem Ziehen gleich bleiben. Überlegen Sie, welche Ergebnisse zum gesuchten Ereignis gehören und verwenden Sie die Pfadregeln.

   II) Zeichnen Sie ein Baumdiagramm mit den Ästen weiß (w) und nicht weiß ($\bar{\text{w}}$). Beachten Sie, dass die Wahrscheinlichkeiten bei jedem Ziehen gleich bleiben. Überlegen Sie, welches Ergebnis zum gesuchten Ereignis gehört und verwenden Sie die 1. Pfadregel.

b)   I) Zeichnen Sie ein Baumdiagramm mit den Ästen rot (r) und nicht rot ($\bar{\text{r}}$). Beachten Sie, dass die Wahrscheinlichkeiten bei jedem Ziehen gleich bleiben. Überlegen Sie, welches Ergebnis zum gesuchten Ereignis gehört und verwenden Sie die 1. Pfadregel.

   II) Überlegen Sie, welche Ergebnisse zum gesuchten Ereignis gehören und verwenden Sie die Pfadregeln oder rechnen Sie alternativ mit dem Gegenereignis $\bar{\text{A}}$ und verwenden Sie $P(A) = 1 - P(\bar{A})$.

c)   I) Zeichnen Sie ein Baumdiagramm mit den Ästen rot (r) und gelb (g). Beachten Sie, dass die Wahrscheinlichkeiten bei jedem Ziehen gleich bleiben. Überlegen Sie, welche Ergebnisse zum gesuchten Ereignis gehören und verwenden Sie die Pfadregeln oder rechnen Sie alternativ mit dem Gegenereignis $\bar{\text{A}}$ und verwenden Sie $P(A) = 1 - P(\bar{A})$.

   II) Wählen Sie n als Anzahl der gelben Kugeln und zeichnen Sie ein Baumdiagramm. Bestimmen Sie die Wahrscheinlichkeit für das gesuchte Ereignis mit Hilfe des Gegenereignisses in Abhängigkeit von n; verwenden Sie $P(A) = 1 - P(\bar{A})$. Stellen Sie eine quadratische Gleichung auf und lösen Sie diese durch Wurzelziehen und Fallunterscheidung oder mit Hilfe des GTR/CAS. Beachten Sie, dass n > 0 sein muss.

d)   I) Zeichnen Sie ein Baumdiagramm mit den Ästen rot (r) und blau (b). Beachten Sie, dass die Wahrscheinlichkeiten bei jedem Ziehen gleich bleiben. Überlegen Sie, welche Ergebnisse zum gesuchten Ereignis gehören und verwenden Sie die Pfadregeln oder rechnen Sie alternativ mit dem Gegenereignis $\bar{\text{A}}$ und verwenden Sie $P(A) = 1 - P(\bar{A})$.

II) Wählen Sie n als Anzahl der blauen Kugeln und zeichnen Sie ein Baumdiagramm. Bestimmen Sie die Wahrscheinlichkeit für das gesuchte Ereignis mit Hilfe des Gegenereignisses in Abhängigkeit von n; verwenden Sie $P(A) = 1 - P(\bar{A})$. Stellen Sie eine quadratische Gleichung auf und lösen Sie diese durch Wurzelziehen und Fallunterscheidung oder mit Hilfe des GTR/CAS. Beachten Sie, dass n > 0 sein muss.

e)   I) Zeichnen Sie ein Baumdiagramm mit den Ästen A und B. Beachten Sie, dass die Wahrscheinlichkeiten bei jedem Ziehen gleich bleiben. Überlegen Sie, welche Ergebnisse zum gesuchten Ereignis gehören und verwenden Sie die Pfadregeln oder rechnen Sie alternativ mit dem Gegenereignis $\bar{A}$ und verwenden Sie $P(A) = 1 - P(\bar{A})$.

II) Wählen Sie n als Anzahl der Buchstaben A und zeichnen Sie ein Baumdiagramm. Bestimmen Sie die Wahrscheinlichkeit für das gesuchte Ereignis mit Hilfe des Gegenereignisses in Abhängigkeit von n; verwenden Sie $P(A) = 1 - P(\bar{A})$. Stellen Sie eine quadratische Gleichung auf und lösen Sie diese durch Wurzelziehen und Fallunterscheidung oder mit Hilfe des GTR/CAS. Beachten Sie, dass n > 0 sein muss.

18.1.2   Ziehen ohne Zurücklegen

a)   I) Zeichnen Sie ein Baumdiagramm mit den Ästen rot (r), grün (g) und blau (b). Beachten Sie, dass sich die Wahrscheinlichkeiten bei jedem Ziehen ändern. Überlegen Sie, welche Ergebnisse zum gesuchten Ereignis gehören und verwenden Sie die Pfadregeln.

II) Zeichnen Sie ein Baumdiagramm mit den Ästen blau (b) und nicht blau ($\bar{b}$). Beachten Sie, dass sich die Wahrscheinlichkeiten bei jedem Ziehen ändern. Überlegen Sie, welches Ergebnis zum gesuchten Ereignis gehört und verwenden Sie die 1. Pfadregel.

b)   I) Überlegen Sie, wie viele Kugeln insgesamt mindestens vorhanden sein müssen und beachten Sie, ob sich die Wahrscheinlichkeiten für rot oder schwarz bei jedem Ziehen ändern oder nicht.

II) Überlegen Sie, welche Ergebnisse zum gesuchten Ereignis gehören und verwenden Sie die Pfadregeln.

c)   I) Beachten Sie, dass gleichzeitiges Ziehen einem Ziehen ohne Zurücklegen entspricht und dass sich die Wahrscheinlichkeiten bei jedem Ziehen ändern. Überlegen Sie, welche Ergebnisse zum gesuchten Ereignis gehören und verwenden Sie die Pfadregeln.

II) Zeichnen Sie ein Baumdiagramm mit den Ästen weiß (w) und nicht weiß ($\bar{w}$). Beachten Sie, dass sich die Wahrscheinlichkeiten bei jedem Ziehen ändern. Rechnen Sie mit dem Gegenereignis $\bar{A}$ und verwenden Sie $P(A) = 1 - P(\bar{A})$ sowie die 1. Pfadregel.

d)   I) Zeichnen Sie ein Baumdiagramm mit den Ästen rot (r) und schwarz (s). Beachten Sie, dass sich die Wahrscheinlichkeiten bei jedem Ziehen ändern. Überlegen Sie, welche Ergebnisse zum gesuchten Ereignis gehören und verwenden Sie die Pfadregeln oder rechnen Sie alternativ mit dem Gegenereignis $\overline{A}$ und verwenden Sie $P(A) = 1 - P(\overline{A})$.

II) Zeichnen Sie ein Baumdiagramm mit den Ästen rot (r) und schwarz (s). Beachten Sie, dass sich die Wahrscheinlichkeiten bei jedem Ziehen ändern. Rechnen Sie mit dem Gegenereignis $\overline{A}$ und verwenden Sie $P(A) = 1 - P(\overline{A})$.

18.1.3   Verschiedene Aufgaben

a) Beachten Sie beim Baumdiagramm, wieviele Kugeln nach dem ersten Ziehen noch in der Urne sind. Benutzen Sie für II) die Pfadregeln; überlegen Sie zuerst, welche Pfade zu dem jeweiligen Ereignis gehören.

b) Nach der Erstellung des Baumdiagrammes schreiben Sie die Ereignisse zunächst als Mengen auf und benutzen Sie dann die Pfadregeln.

c)   I) Die Pfade in diesem Baumdiagramm sind unterschiedlich lang, da die Kontrolle abgebrochen wird, wenn ein Fehler erkannt ist.

II) Sie können die Wahrscheinlichkeit aller möglichen Pfade addieren oder mit dem Gegenereignis arbeiten.

18.2   Unabhängigkeit und Vierfeldertafeln

a) Wenn A und B unabhängig sind, so sind auch A und $\overline{B}$, $\overline{A}$ und B bzw. $\overline{A}$ und $\overline{B}$ voneinander unabhängig und es gilt jeweils der spezielle Multiplikationssatz.

b) $P(R)$, $P(m)$ und $P(m \cap R)$ entsprechen den jeweiligen relativen Häufigkeiten. Prüfen Sie nach, ob dafür der spezielle Multiplikationssatz gilt.

c) Ergänzen Sie zunächst die Zeile oder Spalte, in der schon zwei Zahlen stehen. Beachten Sie, dass sich «rechts unten» 1 ergeben muss. Prüfen Sie Unabhängigkeit mit dem speziellen Multiplikationssatz: $P(A \cap B) = P(a) \cdot P(B)$.

d) Überlegen Sie, welche der angegebenen Zahlen bei der Vierfeldertafel innen und welche außen stehen.

18.3   Bedingte Wahrscheinlichkeit

Bei Fragen nach der bedingten Wahrscheinlichkeit sind Vierfeldertafeln und Baumdiagramme hilfreich, wenn Sie folgendes beachten:

	A	$\overline{A}$	
B	$P(A \cap B)$	$P(\overline{A} \cap B)$	$P(B)$
$\overline{B}$	$P(A \cap \overline{B})$	$P(\overline{A} \cap \overline{B})$	$P(\overline{B})$
	$P(A)$	$P(\overline{A})$	1

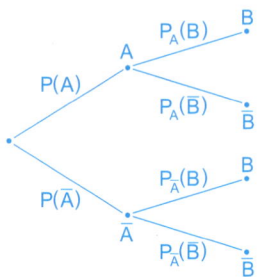

$$P(A \cap B) = P(A) \cdot P_A(B) = P(B) \cdot P_B(A).$$

Damit kann man auch bei anspruchsvollen Aufgabenstellungen die Orientierung behalten.

a) Notieren Sie zunächst formal, welche Wahrscheinlichkeiten den verschiedenen %-Angaben entsprechen.

Stellen Sie eine Vierfeldertafel auf (a: über 70 Jahre, j: bis 70 Jahre, m: männlich, w: weiblich).

Bedenken Sie dabei: $P(a \cap m) = P(a) \cdot P_a(m)$ und $P(j \cap m) = P(j) \cdot P_j(m)$.

Mit Hilfe der Vierfeldertafel und der Formel lässt sich dann $P_m(j)$, der Anteil der jüngeren unter den Männern, berechnen.

b) Verwenden Sie: k: krank, g ($= \overline{k}$): gesund, «+»: positiv getestet, «−»: negativ getestet.

Aus der Aufgabenstellung lassen sich $P(k)$, $P_k(+)$ und $P_g(-)$ ablesen.

Bestimmen Sie $P(g)$, $P(k \cap +)$, $P(g \cap -)$ und benutzen Sie eine Vierfeldertafel, um $P_+(k)$ und $P_-(g)$ zu bestimmen.

19   Binomialverteilung

Bernoulliketten

a)   I) Verwenden Sie die Formel $P(X = k) = \binom{n}{k} \cdot p^k \cdot (1-p)^{n-k}$ oder den GTR/CAS.

    II) Überlegen Sie, welche Wahrscheinlichkeiten addiert werden müssen.

b)   I) Bestimmen Sie n, p und k und verwenden Sie die Formel

      $P(X = k) = \binom{n}{k} \cdot p^k \cdot (1-p)^{n-k}$ oder den GTR/CAS.

    II) Für ein Ereignis A beachten Sie den Zusammenhang zur Formel

      $P(X = k) = \binom{n}{k} \cdot p^k \cdot (1-p)^{n-k}$.

      Für ein Ereignis B formen Sie die gegebene Wahrscheinlichkeit so um, dass die obige Formel sichtbar wird; beachten Sie, dass für ein Gegenereignis gilt: $P(A) = 1 - P(\overline{A})$.

c)   I) Verwenden Sie die Formel $P(X = k) = \binom{n}{k} \cdot p^k \cdot (1-p)^{n-k}$ oder den GTR/CAS.

    II) Überlegen Sie, welche Wahrscheinlichkeiten addiert werden müssen bzw. rechnen Sie mit dem Gegenereignis $\overline{A}$ und verwenden Sie $P(A) = 1 - P(\overline{A})$ sowie den GTR/CAS.

d)   I) Bestimmen Sie n, p und k und verwenden Sie die Formel
$P(X = k) = \binom{n}{k} \cdot p^k \cdot (1-p)^{n-k}$ oder den GTR/CAS.

   II) Für das Ereignis A beachten Sie, dass es aus drei Ergebnissen besteht; stellen Sie den Zusammenhang zur Formel $P(X = k) = \binom{n}{k} \cdot p^k \cdot (1-p)^{n-k}$ her.
   Für das Ereignis B formen Sie die gegebene Wahrscheinlichkeit so um, dass die obige Formel sichtbar wird; beachten Sie, dass für ein Gegenereignis gilt: $P(A) = 1 - P(\bar{A})$.

e)   I) Verwenden Sie die Formel $P(X = k) = \binom{n}{k} \cdot p^k \cdot (1-p)^{n-k}$ oder den GTR/CAS.

   II) Überlegen Sie, welche Wahrscheinlichkeiten addiert werden müssen bzw. rechnen Sie mit dem Gegenereignis $\overline{A}$ und verwenden Sie $P(A) = 1 - P(\bar{A})$ sowie den GTR/CAS.

f) Notieren Sie zunächst, welcher Ausfall des Bernoulli-Experiments als Treffer gelten soll und bestimmen Sie die Trefferwahrscheinlichkeit p sowie die Kettenlänge n.
Überlegen Sie, welche Trefferanzahlen zum fraglichen Ereignis gehören und berechnen Sie deren Wahrscheinlichkeiten mit der Formel $P(X = k) = \binom{n}{k} \cdot p^k \cdot (1-p)^{n-k}$ oder verwenden Sie den GTR/CAS. Prüfen sie, ob gegebenenfalls die Wahrscheinlichkeit des Gegenereignisses einfacher zu berechnen ist.

g) Bestimmen Sie p und n und verwenden Sie die Formel $P(X = k) = \binom{n}{k} \cdot p^k \cdot (1-p)^{n-k}$ oder den GTR/CAS.

h) Bestimmen Sie p und n. Verwenden Sie die Formeln $E(X) = \mu = n \cdot p$ und $\sigma = \sqrt{n \cdot p \cdot (1-p)}$.

i) Verwenden Sie die Formeln $E(X) = \mu = n \cdot p$ und $\sigma = \sqrt{n \cdot p \cdot (1-p)}$.

j) Bestimmen Sie p und n. Verwenden Sie die Formeln $E(X) = \mu = n \cdot p$ und $\sigma = \sqrt{n \cdot p \cdot (1-p)}$.

20   Erwartungswert, Standardabweichung und σ-Regeln

a) Bestimmen Sie die Wahrscheinlichkeiten für die möglichen Ereignisse. Den Erwartungswert E von X (Zufallsvariable für die Höhe des Gewinns) erhalten Sie, indem Sie die möglichen Auszahlungsbeträge mit den zugehörigen Wahrscheinlichkeiten multiplizieren und den Einsatz subtrahieren.

b) Verwenden Sie jeweils die Formel: $E(X) = n \cdot p$. Bestimmen Sie die Standardabweichung σ mit Hilfe der Formel $\sigma = \sqrt{n \cdot p \cdot (1-p)}$ und damit die gesuchten σ-Umgebungen um den Erwartungswert, d.h. Sie subtrahieren bzw. addieren ein Vielfaches (je nach Aufgabe) von σ zu μ.

c) Bestimmen Sie die Wahrscheinlichkeiten für die möglichen Ereignisse. Den Erwartungswert E von X (Zufallsvariable für die Höhe des Gewinns) erhalten Sie, indem Sie die möglichen Auszahlungsbeträge mit den zugehörigen Wahrscheinlichkeiten multiplizieren und den Einsatz subtrahieren.

d) Bestimmen Sie die Wahrscheinlichkeiten für die möglichen Ereignisse. Den Erwartungswert E von X (Zufallsvariable für die Höhe des Gewinns) erhalten Sie, indem Sie die möglichen Auszahlungsbeträge mit den zugehörigen Wahrscheinlichkeiten multiplizieren und den Einsatz subtrahieren. Beachten Sie, dass ein Spiel fair ist, wenn der Erwartungswert für den Gewinn Null beträgt.

e) Bestimmen Sie zunächst mit Hilfe eines Baumdiagrammes und den Pfadregeln die Wahrscheinlichkeit für das gesuchte Ereignis. Den Erwartungswert E von X (Zufallsvariable für die Höhe der Auszahlung) erhalten Sie, indem Sie die möglichen Auszahlungsbeträge mit den zugehörigen Wahrscheinlichkeiten multiplizieren und den Einsatz subtrahieren. Beachten Sie, dass ein Spiel fair ist, wenn der Erwartungswert für den Gewinn Null beträgt.

f) Den Erwartungswert E(X) der Zufallsvariablen X erhalten Sie, indem Sie die möglichen Werte von x_i mit den zugehörigen Wahrscheinlichkeiten multiplizieren und die Ergebnisse addieren. Lösen Sie die Gleichung $E(X) = 0,3$ nach a auf. Beachten Sie, dass die Summe aller Wahrscheinlichkeiten 1 ergeben muss und bestimmen Sie damit b.

g) Bestimmen Sie den Erwartungswert von X, indem Sie die Werte von X mit der zugehörigen Wahrscheinlichkeit multiplizieren und die Ergebnisse addieren. Überlegen Sie, welchen Wert p_2 höchstens annehmen kann und bestimmen Sie damit den Maximalwert des Erwartungswerts.

h) Bestimmen Sie p und n und verwenden Sie die Formeln $E(X) = \mu = n \cdot p$ und $\sigma = \sqrt{n \cdot p \cdot (1-p)}$. Die 3σ-Umgebung um den Erwartungswert erhalten Sie, indem Sie vom Erwartungswert $3 \cdot \sigma$ subtrahieren bzw. addieren.

i) Verwenden Sie die Formeln $E(X) = \mu = n \cdot p$ und $\sigma = \sqrt{n \cdot p \cdot (1-p)}$.

j) Bestimmen Sie p und n und verwenden Sie die Formeln $E(X) = \mu = n \cdot p$ und $\sigma = \sqrt{n \cdot p \cdot (1-p)}$. Die 2σ-Umgebung um den Erwartungswert erhalten Sie, indem Sie vom Erwartungswert $2 \cdot \sigma$ subtrahieren bzw. addieren.

21 Schätzen von Wahrscheinlichkeiten

a) Berechnen Sie zuerst die relative Häufigkeit h für den Anteil der Frauen der Stichprobe und verwenden Sie anschließend die Formel $\left[h - 1,96 \cdot \sqrt{\frac{h \cdot (1-h)}{n}} \; ; \; h + 1,96 \cdot \sqrt{\frac{h \cdot (1-h)}{n}} \right]$ für das 95%-Konfidenzintervall.

b) Berechnen Sie zuerst die relative Häufigkeit h für den Anteil der möglichen Wähler der Stichprobe, verwenden Sie dann die Formel $\left[h - 1,64 \cdot \sqrt{\frac{h \cdot (1-h)}{n}} \; ; \; h + 1,64 \cdot \sqrt{\frac{h \cdot (1-h)}{n}} \right]$ für das 90%-Konfidenzintervall.

c) Berechnen Sie die relative Häufigkeit h für den Anteil der Personen mit Blutgruppe B der Stichprobe, verwenden Sie dann die Formel $\left[h - 2,58 \cdot \sqrt{\frac{h \cdot (1-h)}{n}} \; ; \; h + 2,58 \cdot \sqrt{\frac{h \cdot (1-h)}{n}} \right]$ für das 99%-Konfidenzintervall.

d) Berechnen Sie zuerst die relative Häufigkeit h für den Anteil der Personen, bei denen das Medikament in dieser Stichprobe wirkt, und verwenden Sie anschließend die Formel $\left[h - 2,58 \cdot \sqrt{\frac{h \cdot (1-h)}{n}} \; ; \; h + 2,58 \cdot \sqrt{\frac{h \cdot (1-h)}{n}}\right]$ für das 99%-Konfidenzintervall. Überlegen Sie, ob die prozentuale Aussage der Pharma-Firma im Konfidenzintervall liegt. Falls nicht, sollte die Firma von einer Werbung absehen.

e) Berechnen Sie zuerst die relative Häufigkeit h für den Anteil der Karpfen der Stichprobe und verwenden Sie anschließend die Formel $\left[h - 1,64 \cdot \sqrt{\frac{h \cdot (1-h)}{n}} \; ; \; h + 1,64 \cdot \sqrt{\frac{h \cdot (1-h)}{n}}\right]$ für das 90%-Konfidenzintervall. Multiplizieren Sie die linke und die rechte Grenze des Konfidenzintervalls mit der Gesamtzahl der Fische, um abzuschätzen, wie viele Karpfen insgesamt vorhanden sind.

22 Stochastische Matrizen

22.1 Rechnen mit Matrizen

Addition/Subtraktion

Die Summe/Differenz von zwei Matrizen wird berechnet, indem man jeweils die Elemente der beiden Matrizen mit gleichen Indices addiert/subtrahiert. Beispiel:

$$\begin{pmatrix} a_{11} & a_{12} \\ a_{21} & a_{22} \end{pmatrix} + \begin{pmatrix} b_{11} & b_{12} \\ b_{21} & b_{22} \end{pmatrix} = \begin{pmatrix} a_{11} + b_{11} & a_{12} + b_{12} \\ a_{21} + b_{21} & a_{22} + b_{22} \end{pmatrix}$$

Es können also nur Matrizen mit gleicher Zeilen- und Spaltenanzahl miteinander addiert bzw. voneinander subtrahiert werden.

Skalare Multiplikation

Eine Matrix wird mit einem Skalar (einer Zahl) multipliziert, indem jedes Elemente der Matrix mit dem Skalar multipliziert wird. Beispiel:

$$s \cdot \begin{pmatrix} a_{11} & a_{12} \\ a_{21} & a_{22} \end{pmatrix} = \begin{pmatrix} s \cdot a_{11} & s \cdot a_{12} \\ s \cdot a_{21} & s \cdot a_{22} \end{pmatrix}$$

Matrizenmultiplikation

Folgende Eigenschaften sind zu beachten:

1. Bei der Multiplikation von Matrizen kommt es auf die Reihenfolge an: In der Regel gilt $A \cdot B \neq B \cdot A$ (d. h. die Matrizenmultiplikation ist nicht kommutativ).

2. Das Produkt $A \cdot B$ kann nur berechnet werden, wenn die Spaltenanzahl von A gleich der Zeilenanzahl von B ist.

3. Die Ergebnismatrix hat die Zeilenanzahl der ersten Matrix und die Spaltenanzahl der zweiten Matrix. Siehe auch das Beispiel der Multiplikation einer Matrix mit einem Vektor auf der nächsten Seite.

Die eigentliche Multiplikation

Um das jeweilige Element der Ergebnismatrix zu berechnen, werden die Zeilen der ersten Matrix jeweils skalar mit den Spalten der zweiten Matrix multipliziert. Zur Berechnung empfiehlt sich das sogenannte Falksche Schema; dazu wird die zweite Matrix oberhalb der Ergebnismatrix plaziert, dies erleichtert das Rechnen.

Beispiel:

$$A = \begin{pmatrix} a_{11} & a_{12} \\ a_{21} & a_{22} \end{pmatrix} = \begin{pmatrix} 1 & 2 \\ 3 & 4 \end{pmatrix}, B = \begin{pmatrix} b_{11} & b_{12} \\ b_{21} & b_{22} \end{pmatrix} = \begin{pmatrix} 5 & 6 \\ 7 & 8 \end{pmatrix}, C = \begin{pmatrix} c_{11} & c_{12} \\ c_{21} & c_{22} \end{pmatrix}$$

gesucht ist das Produkt $A \cdot B = C$

Falksches Schema:

$$\begin{pmatrix} b_{11} & b_{12} \\ b_{21} & b_{22} \end{pmatrix}$$

$$\begin{pmatrix} a_{11} - a_{12} \\ a_{21} & a_{22} \end{pmatrix} \begin{pmatrix} c_{11} & c_{12} \\ c_{21} & c_{22} \end{pmatrix} \quad \text{mit}$$

$$c_{11} = a_{11} \cdot b_{11} + a_{12} \cdot b_{21}$$
$$c_{12} = a_{11} \cdot b_{12} + a_{12} \cdot b_{22}$$
$$c_{21} = a_{21} \cdot b_{11} + a_{22} \cdot b_{21}$$
$$c_{22} = a_{21} \cdot b_{12} + a_{22} \cdot b_{22}$$

beziehungsweise:

$$\begin{pmatrix} 5 & 6 \\ 7 & 8 \end{pmatrix}$$

$$\begin{pmatrix} 1 - 2 \\ 3 & 4 \end{pmatrix} \begin{pmatrix} c_{11} & c_{12} \\ c_{21} & c_{22} \end{pmatrix} \quad \text{mit}$$

$$c_{11} = 1 \cdot 5 + 2 \cdot 7 = 19$$
$$c_{12} = 1 \cdot 6 + 2 \cdot 8 = 22$$
$$c_{21} = 3 \cdot 5 + 4 \cdot 7 = 43$$
$$c_{22} = 3 \cdot 6 + 4 \cdot 8 = 50$$

Also ist: $\begin{pmatrix} 1 & 2 \\ 3 & 4 \end{pmatrix} \cdot \begin{pmatrix} 5 & 6 \\ 7 & 8 \end{pmatrix} = \begin{pmatrix} 19 & 22 \\ 43 & 50 \end{pmatrix}$

Multiplikation einer Matrix mit einem Vektor

Ein Vektor wird als 2×1 bzw. 3×1-Matrix aufgefasst; entsprechend gelten die gleichen Regeln wie bei der Multiplikation von Matrizen. Das Ergebnis der Multiplikation einer Matrix mit einem Vektor ist ein Vektor.

Beispiel:

Matrix A ist eine 2×2 Matrix, $\vec{x}$ ist eine 2×1 Matrix, das Ergebnis ist also eine 2×1 Matrix:

$$A \cdot \vec{x} = \begin{pmatrix} a_{11} & a_{12} \\ a_{21} & a_{22} \end{pmatrix} \cdot \begin{pmatrix} x_1 \\ x_2 \end{pmatrix} = \begin{pmatrix} a_{11} \cdot x_1 + a_{12} \cdot x_2 \\ a_{21} \cdot x_1 + a_{22} \cdot x_2 \end{pmatrix}$$

beziehungsweise mit $A = \begin{pmatrix} 1 & 2 \\ 3 & 4 \end{pmatrix}$ und $\vec{x} = \begin{pmatrix} 5 \\ 6 \end{pmatrix}$:

$$A \cdot \vec{x} = \begin{pmatrix} 1 & 2 \\ 3 & 4 \end{pmatrix} \cdot \begin{pmatrix} 5 \\ 6 \end{pmatrix} = \begin{pmatrix} 1 \cdot 5 + 2 \cdot 6 \\ 3 \cdot 5 + 4 \cdot 6 \end{pmatrix} = \begin{pmatrix} 17 \\ 39 \end{pmatrix}$$

22.2 Übergangsmatrizen

Im Unterschied zu Verflechtungsmatrizen gibt es bei Übergangsmatrizen keine Input- und Outputvektoren, sondern sogenannte «Zustandsvektoren» des Systems. Diese beschreiben den Zustand zu einem gewissen Zeitpunkt, z. B. wie viele Vögel sich nach einem Tag im Wald und auf der Lichtung befinden, oder wie viele Schüler auf die verschiedenen Schulen gehen. Durch Anwenden der Matrix auf den Zustandsvektor (d. h. Multiplikation mit dem Zustandsvektor) geht das System von einem Zustand in den nächsten über. Übergangsmatrizen sind stets quadratisch, sie haben also immer genauso viele Zeilen wie Spalten.

Die Tabelle, die den Übergang beschreibt, wird von links nach rechts ausgefüllt. In jeder Spalte stehen alle Übergangswahrscheinlichkeiten, die <u>von</u> dem entsprechenden Element ausgehen. In jeder Zeile stehen entsprechend die Übergangswahrscheinlichkeiten <u>zu</u> dem entsprechenden Element. Auf der Hauptdiagonalen stehen daher die Wahrscheinlichkeiten dafür, dass sich ein Element nicht ändert. Der Übergang findet also von «Spalten zu Zeilen» statt.

Die Reihenfolge der Einträge im Zustandsvektor muss dabei gleich sein wie bei den Einträgen in der Tabelle bzw. Matrix.

a)   I)   Das Diagramm besteht aus 2 Elementen, zwischen denen die Übergänge stattfinden. Achten Sie beim Erstellen der Tabelle darauf, dass die Übergänge «von Spalten zu Zeilen» stattfinden. Überlegen Sie am Anfang, wie viele Vögel im Wald bzw. auf der Lichtung bleiben.

       II) Die Übergangsmatrix können Sie direkt an der Tabelle ablesen. Die Einträge im Zustandsvektor müssen die gleiche Reihenfolge besitzen wie die Spalten bzw. Zeilen der Tabelle. Um zu berechnen, wie viele Vögel sich nach einem Tag im Wald bzw. auf der Lichtung befinden, multiplizieren Sie die Übergangsmatrix mit dem Zustandsvektor.

     III) Berechnen Sie das Matrix-Vektor-Produkt $A \cdot \vec{v_1}$.

     IV) Den stabilen Zustand erhalten Sie, indem Sie die Gleichung $A \cdot \vec{v} = \vec{v}$ lösen. Beachten Sie, dass die Gesamtzahl der Vögel immer 200 ist, also verwenden Sie als zusätzliche Bedingung: $v_1 + v_2 = 200$.

b)   I)   Der Übergangsgraph besteht aus drei Elementen, zwischen denen Übergänge stattfinden. Achten Sie beim Erstellen der Tabelle darauf, dass die Übergänge «von Spalten zu Zeilen» stattfinden. Überlegen Sie zuerst, wieviel Prozent der Schüler auf ihrer eigenen Schule bleiben.

       II) Die Übergangsmatrix können Sie direkt an der Tabelle ablesen.

III) Die Einträge im Zustandsvektor müssen die gleiche Reihenfolge besitzen wie die Spalten bzw. Zeilen der Tabelle. Um die Verteilung der Schüler nach einem Jahr zu berechnen, multiplizieren Sie die Übergangsmatrix mit dem Zustandsvektor.

IV) Bestimmen Sie die Verteilung nach 4 Jahren, indem Sie $A^4 \cdot \vec{v_0}$ berechnen.

V) Den stabilen Zustand erhalten Sie, indem Sie die Gleichung $A \cdot \vec{v} = \vec{v}$ lösen. Beachten Sie, dass die Gesamtzahl der Schüler immer 150000 beträgt.

c) I) Die Besonderheit eines Entwicklungsgraphen ist, dass die Übergänge immer nur von einem Zustand in den nächsten stattfinden. Achten Sie beim Erstellen der Tabelle darauf, dass die Übergänge «von Spalten zu Zeilen» stattfinden. Bei der Tabelle gibt es viele Einträge die «Null» sind. Die Übergangsmatrix können Sie dann direkt ablesen.

II) Die Einträge im Zustandsvektor müssen die gleiche Reihenfolge besitzen wie die Spalten bzw. Zeilen in der Tabelle. Um die Anzahl der Pflanzen nach einem Jahr zu berechnen, multiplizieren Sie die Übergangsmatrix mit dem Zustandsvektor.

III) Bestimmen Sie die Anzahl nach 2 bzw. nach 7 Jahren, indem Sie $A^2 \cdot \vec{v_0}$ bzw. $A^7 \cdot \vec{v_0}$ berechnen.

IV) Lösen Sie die Gleichung $A \cdot \vec{v} = \vec{v}$. Falls $\vec{v}$ nur der Nullvektor sein kann, existiert kein stabiler Zustand.

23 Normalverteilung

23.1 Berechnung von Wahrscheinlichkeiten

Ist ein Merkmal X normalverteilt mit Erwartungswert μ und Standardabweichung σ, so berechnen Sie die die Wahrscheinlichkeiten folgendermaßen:

$P(a < X < b) = P(a \leqslant X \leqslant b) = \Phi\left(\frac{b-\mu}{\sigma}\right) - \Phi\left(\frac{a-\mu}{\sigma}\right)$

$P(X < b) = P(X \leqslant b) = \Phi\left(\frac{b-\mu}{\sigma}\right)$

$P(X > b) = 1 - P(X \leqslant b) = 1 - \Phi\left(\frac{b-\mu}{\sigma}\right)$

Zur Berechnung der Werte für Φ verwenden Sie den GTR/CAS.

Für eine Summe von n Werten mit Erwartungswert μ und Standardabweichung σ gilt: $\mu^* = n \cdot \mu$ und $\sigma^* = \sqrt{n} \cdot \sigma$.

Beachten Sie bei Aufgabe c), dass das Gewicht der Verpackung gleich bleibt; rechnen Sie daher mit dem «Nettogewicht»: Nettogewicht = Gesamtgewicht − Leergewicht

23.2 Erwartungswert und Standardabweichung

a)-c) Berechnen Sie die Standardabweichung σ^* mit der Formel $\sigma^* = \frac{\sigma}{\sqrt{n}}$ und prüfen Sie, ob der angegebene Mittelwert $\overline{x}$ im $2\sigma^*$-Intervall $[\mu - 2\sigma^* \,; \mu + 2\sigma^*]$ liegt.

d) Verwenden Sie das Gesamtgewicht als Testgröße. Berechnen Sie den Erwartungswert des Gesamtgewichts mit der Formel $\mu^* = n \cdot \mu$ und die Standardabweichung $\sigma^* = \sqrt{n} \cdot \sigma$ und prüfen Sie, ob das angegebene Gesamtgewicht im $2\sigma^*$-Intervall $[\mu^* - 2\sigma^* ; \mu^* + 2\sigma^*]$ liegt.

e) Berechnen Sie den Erwartungswert der Länge mit der Formel $\mu^* = n \cdot \mu$ und die Standardabweichung $\sigma^* = \sqrt{n} \cdot \sigma$ und bestimmen Sie das $2\sigma^*$-Intervall $[\mu^* - 2\sigma^* ; \mu^* + 2\sigma^*]$ in Abhängigkeit von n.

Da die angegebene Länge (1000 m) innerhalb dieses Intervalls liegen muss, stellen Sie mit Hilfe der Intervallgrenzen zwei Gleichungen auf und lösen diese mit Substitution $z = \sqrt{n}$. Bestimmen Sie das «Konfidenzintervall» (Vertrauensintervall).

f) Berechnen Sie mit den gegebenen Daten den Mittelwert $\overline{x}$ für das Gewicht einer Schraube sowie die Standardabweichung mit der Formel $\sigma^* = \frac{\sigma}{\sqrt{n}}$. Anschließend bestimmen Sie das $2\sigma^*$-Intervall $[\overline{x} - 2\sigma^* ; \overline{x} + 2\sigma^*]$, innerhalb dessen der Erwartungswert für das Gewicht einer Schraube liegt.

24 Hypothesentests

24.1 Einseitiger Test

a) Bei einseitigen Tests geht man vom «schlimmsten» Fall aus, benutzt also den größten bzw. kleinsten Wert für p, der noch der Hypothese entspricht.

Die Irrtumswahrscheinlichkeit α entspricht der Wahrscheinlichkeit $P(X \in \overline{A})$ für diesen Wert p. Sie kann mit Hilfe des GTR/CAS bestimmt werden.

b) Prüfen Sie zuerst, ob ein links- oder rechtsseitiger Test vorliegt.

Verwenden Sie den GTR/CAS, um k so zu bestimmen, dass α den entsprechenden Wert oder einen leicht darunter liegenden Wert annimmt.

c) Schreiben Sie die Nullhypothese in der Form H_0: $p \leqslant$ ... bei Treffer «Chip defekt» auf und formulieren Sie die Alternativhypothese H_1 : $p >$ ..... Beachten Sie, dass es sich um einen rechtsseitigen Test handelt. Bestimmen Sie deshalb ein minimales $k \in \mathbb{N}$ und damit einen Ablehnungsbereich $\overline{A} = \{k, ..., 100\}$ so, dass gilt: $P(X \geqslant k) \leqslant \alpha$. Verwenden Sie hierzu $P(X \geqslant k) = 1 - P(X \leqslant k - 1)$. Verwenden Sie den GTR/CAS. Vergleichen Sie die Angabe mit dem Ablehnungsbereich.

d) I) Bestimmen Sie den Ablehnungsbereich $\overline{A}$ und die zugehörige Irrtumswahrscheinlichkeit $\alpha = P(X \in \overline{A})$ mit Hilfe des GTR/CAS.

Verwenden Sie $P(X \geqslant k) = 1 - P(X \leqslant k - 1)$.

II) Schreiben Sie die Nullhypothese in der Form H_0: $p \leqslant$ ... bei Treffer «Birne defekt» auf und formulieren Sie die Alternativhypothese H_1 : $p >$ ..... Beachten Sie, dass es sich um einen rechtsseitigen Test handelt. Bestimmen Sie deshalb ein minimales

$k \in \mathbb{N}$ und damit einen Ablehnungsbereich $\overline{A} = \{k, ..., 50\}$ so, dass gilt: $P(X \geqslant k) \leqslant \alpha$. Verwenden Sie $P(X \geqslant k) = 1 - P(X \leqslant k - 1)$ sowie den GTR/CAS.

e) Schreiben Sie die Nullhypothese in der Form H_0: $p \leqslant ...$ bei Treffer «Handy fehlerhaft» auf und formulieren Sie die Alternativhypothese H_1 : $p > .....$ Beachten Sie, dass es sich um einen rechtsseitigen Test handelt. Bestimmen Sie deshalb ein minimales $k \in \mathbb{N}$ und damit einen Ablehnungsbereich $\overline{A} = \{k, ..., 20\}$ so, dass gilt: $P(X \geqslant k) \leqslant \alpha$. Verwenden Sie $P(X \geqslant k) = 1 - P(X \leqslant k - 1)$ sowie den GTR/CAS. Vergleichen Sie die Angabe mit dem Ablehnungsbereich.

f) Schreiben Sie die Nullhypothese in der Form H_0: $p \geqslant ...$ bei Treffer «die Partei wird gewählt» auf und formulieren Sie die Alternativhypothese H_1 : $p < .....$ Beachten Sie, dass es sich um einen linksseitigen Test handelt. Bestimmen Sie deshalb ein maximales $k \in \mathbb{N}$ und damit einen Ablehnungsbereich $\overline{A} = \{0, ..., k\}$ so, dass gilt: $P(X \leqslant k) \leqslant \alpha$. Vergleichen Sie die Angabe mit dem Ablehnungsbereich.

24.2 Fehler 1. und 2. Art

a)-b) Die Nullhypothese hat stets die Form H_0: $p = ...$ oder H_0: $p \leqslant ...$ oder H_0: $p \geqslant ...$.

Ein Fehler 1. Art bedeutet: Eine Hypothese wird (fälschlicherweise) abgelehnt, obwohl sie zutrifft.

Ein Fehler 2. Art bedeutet: Eine Hypothese wird (fälschlicherweise) angenommen, obwohl sie nicht zutrifft.

1 Von der Gleichung zur Kurve

1.1 Ganzrationale Funktionen

a) $f(x) = \frac{1}{2}x + 1$. Schnittpunkt mit der y-Achse: $f(0) = \frac{1}{2} \cdot 0 + 1 = 1 \Rightarrow S(0 \,|\, 1)$
Schnittpunkt mit der x-Achse: $f(x) = 0$ bzw. $\frac{1}{2}x + 1 = 0$ führt zu $x = -2 \Rightarrow N(-2 \,|\, 0)$
Es handelt sich um eine Gerade mit y-Achsenabschnitt $b = 1$ und Steigung $m = \frac{1}{2}$.

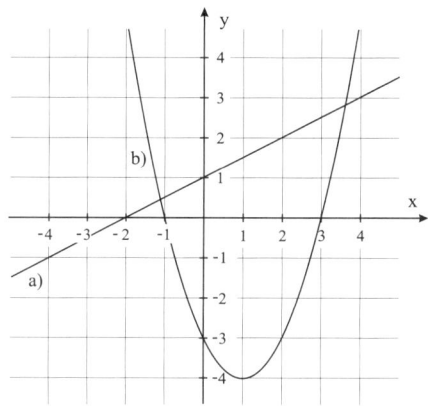
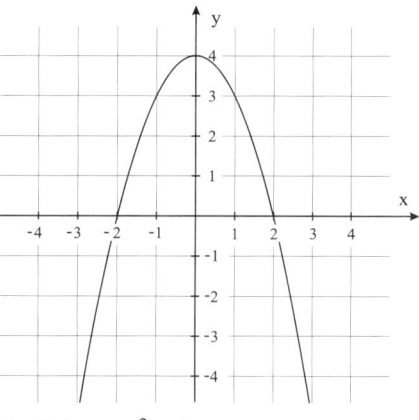

a) $f(x) = \frac{1}{2}x + 1$,   c) $f(x) = -x^2 + 4$
b) $f(x) = (x-1)^2 - 4$

b) $f(x) = (x-1)^2 - 4$
Schnittpunkt mit der y-Achse: $f(0) = (0-1)^2 - 4 = -3 \Rightarrow S(0 \,|\, -3)$
Schnittpunkt mit der x-Achse: $f(x) = 0$ bzw. $(x-1)^2 - 4 = 0$ führt zu $x_1 = 3$,
$x_2 = -1 \Rightarrow N_1(3 \,|\, 0), N_2(-1 \,|\, 0)$. Es handelt sich um eine Normalparabel, die um eine
LE nach rechts und 4 LE nach unten verschoben wurde, d.h. eine nach oben geöffnete
Normalparabel mit Scheitel bei $(1 \,|\, -4)$.

c) $f(x) = -x^2 + 4$. Schnittpunkt mit der y-Achse: $f(0) = -0^2 + 4 = 4 \Rightarrow S(0 \,|\, 4)$
Schnittpunkt mit der x-Achse: $f(x) = 0$ bzw. $-x^2 + 4 = 0$ führt zu $x_1 = 2, x_2 = -2$
$\Rightarrow N_1(2 \,|\, 0), N_2(-2 \,|\, 0)$.
Es handelt sich um eine Normalparabel, die an der x-Achse gespiegelt und dann um vier LE
nach oben verschoben wurde, d.h. eine nach unten geöffnete Normalparabel mit Scheitel
$(0 \,|\, 4)$.

d) $f(x) = -(x+1)^2 + 1$
Schnittpunkt mit der y-Achse: $f(0) = -(0+1)^2 + 1 = 0 \Rightarrow S(0 \,|\, 0)$
Schnittpunkt mit der x-Achse: $f(x) = 0$ bzw. $f(x) = -(x+1)^2 + 1 = 0$ führt zu $x_1 = 0$,
$x_2 = -2 \Rightarrow N_1(0 \,|\, 0), N_2(-2 \,|\, 0)$.
Es handelt sich um eine Normalparabel, die an der x-Achse gespiegelt und anschließend
um eine LE nach links und eine LE nach oben verschoben wurde, d.h. eine nach unten

geöffnete Normalparabel mit Scheitel $(-1 \mid 1)$.

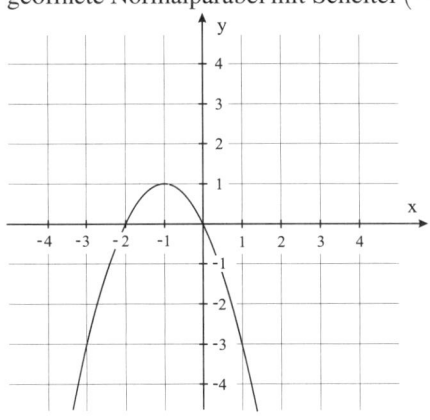

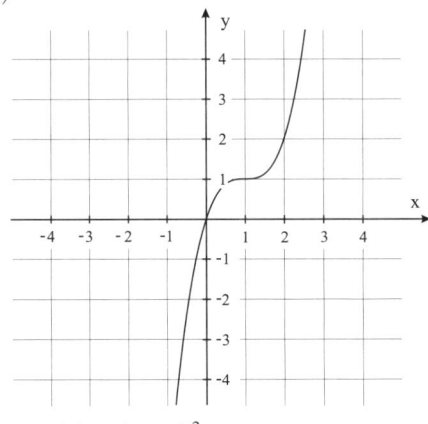

d) $f(x) = -(x+1)^2 + 1$ \qquad\qquad e) $f(x) = (x-1)^3 + 1$

e) $f(x) = (x-1)^3 + 1$

Schnittpunkt mit der y-Achse: $f(0) = (0-1)^3 + 1 = 0 \Rightarrow S(0 \mid 0)$

Schnittpunkt mit der x-Achse: $f(x) = 0$ bzw. $f(x) = (x-1)^3 + 1 = 0$ führt zu

$x = 0 \Rightarrow N(0 \mid 0)$.

Es handelt sich um eine kubische Parabel, die um eine LE nach rechts und eine LE nach oben verschoben wurde.

1.2 Exponentialfunktionen

a) $f(x) = e^{x-1} + 1$. Asymptote: $x \to -\infty$ führt zu $y = 1$ (waagerechte Asymptote).
Der Graph der Funktion $g(x) = e^x$ wurde um eine LE nach rechts und eine LE nach oben verschoben.

b) $f(x) = -e^{x-1} + 1$. Asymptote: $x \to -\infty$ führt zu $y = 1$ (waagerechte Asymptote).
Der Graph der Funktion $g(x) = e^x$ wurde an der x-Achse gespiegelt und anschließend um eine LE nach rechts und eine LE nach oben verschoben.

c) $f(x) = e^{-(x-1)} + 2$. Asymptote: $x \to \infty$ führt zu $y = 2$ (waagerechte Asymptote).
Das Schaubild der Funktion $g(x) = e^x$ wurde erst an der y-Achse gespiegelt und dann um eine LE nach rechts und zwei LE nach oben verschoben.

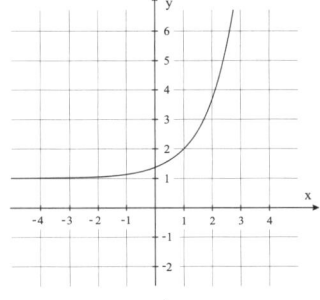

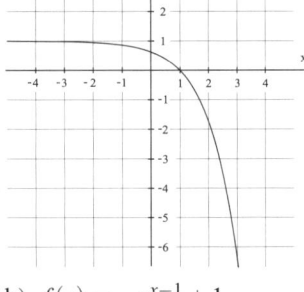

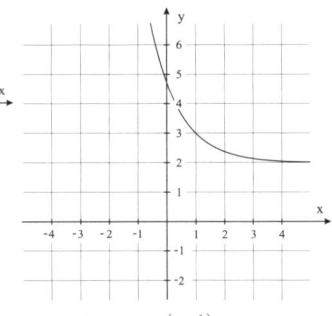

a) $f(x) = e^{x-1} + 1$ \qquad b) $f(x) = -e^{x-1} + 1$ \qquad c) $f(x) = e^{-(x-1)} + 2$

2 Aufstellen von Funktionen mit Randbedingungen

2.1 Ganzrationale Funktionen

a) Ansatz: $f(x) = ax^2 + bx + c$. Die drei Bedingungen ergeben:

$$
\begin{array}{rclcccccccc}
f(0) = 4 & \Rightarrow & a \cdot 0^2 & + & b \cdot 0 & + & c & = & 4 \\
f(1) = 0 & \Rightarrow & a \cdot 1^2 & + & b \cdot 1 & + & c & = & 0 \\
f(2) = 18 & \Rightarrow & a \cdot 2^2 & + & b \cdot 2 & + & c & = & 18
\end{array}
$$

Daraus ergibt sich das folgende Gleichungssystem:

$$
\begin{array}{rcccccccc}
\text{I} & & & & & c & = & 4 \\
\text{II} & a & + & b & + & c & = & 0 \\
\text{III} & 4a & + & 2b & + & c & = & 18
\end{array}
$$

Einsetzen von c und Auflösen von II und III führt auf $a = 11$ und $b = -15$. Damit ergibt sich für die Funktionsgleichung: $f(x) = 11x^2 - 15x + 4$.

b) Ansatz: $f(x) = ax^2 + bx + c$ und $f'(x) = 2ax + b$. Die drei Bedingungen ergeben:

$$
\begin{array}{rclcccccccc}
f(0) = 2 & \Rightarrow & a \cdot 0^2 & + & b \cdot 0 & + & c & = & 2 \\
f(1) = 3 & \Rightarrow & a \cdot 1^2 & + & b \cdot 1 & + & c & = & 3 \\
f'(1) = 0 & \Rightarrow & 2a \cdot 1 & + & b & & & = & 0
\end{array}
$$

Daraus ergibt sich das folgende Gleichungssystem:

$$
\begin{array}{rcccccccc}
\text{I} & & & & & c & = & 2 \\
\text{II} & a & + & b & + & c & = & 3 \\
\text{III} & 2a & + & b & & & = & 0
\end{array}
$$

Einsetzen von c und Auflösen von II und III führt auf $a = -1$ und $b = 2$. Damit ergibt sich für die Funktionsgleichung: $f(x) = -x^2 + 2x + 2$. Da es sich um eine nach unten geöffnete Parabel handelt, muss $M(1 \mid 3)$ ein Hochpunkt sein.

c) Ansatz: $f(x) = ax^3 + bx^2 + cx + d$, $f'(x) = 3ax^2 + 2bx + c$, $f''(x) = 6ax + 2b$. Die vier Bedingungen ergeben:

$$
\begin{array}{rclcccccccc}
f(0) = 0 & \Rightarrow & a \cdot 0^3 & + & b \cdot 0^2 & + & c \cdot 0 & + & d & = & 0 \\
f''(0) = 0 & \Rightarrow & 6a \cdot 0 & + & 2b & & & & & = & 0 \\
f(2) = 2 & \Rightarrow & a \cdot 2^3 & + & b \cdot 2^2 & + & c \cdot 2 & + & d & = & 2 \\
f'(2) = 0 & \Rightarrow & 3a \cdot 2^2 & + & 2b \cdot 2 & + & c & & & = & 0
\end{array}
$$

Daraus ergibt sich das folgende Gleichungssystem:

$$
\begin{array}{cccccccc}
& & & & & d & = & 0 \\
& & 2b & & & & = & 0 \\
8a & + & 4b & + & 2c & + & d & = & 2 \\
12a & + & 4b & + & c & & & = & 0
\end{array}
$$

Es ergeben sich $d = 0$, $b = 0$. Einsetzen in die beiden unteren Gleichungen und Auflösen nach a und c ergibt: $a = -\frac{1}{8}$ und $c = \frac{3}{2} = 1,5$. Damit ergibt sich für die Funktionsgleichung: $f(x) = -\frac{1}{8}x^3 + 1,5x$.

d) Ansatz: $f(x) = ax^3 + bx^2 + cx + d$, $f'(x) = 3ax^2 + 2bx + c$, $f''(x) = 6ax + 2b$. Die vier Bedingungen ergeben:

$$
\begin{array}{llllllllll}
f(0) = 1 & \Rightarrow & a \cdot 0^3 & + & b \cdot 0^2 & + & c \cdot 0 & + & d & = & 1 \\
f'(0) = -1 & \Rightarrow & 3a \cdot 0^2 & + & 2b \cdot 0 & + & c & & & = & -1 \\
f(-1) = 4 & \Rightarrow & a \cdot (-1)^3 & + & b \cdot (-1)^2 & + & c \cdot (-1) & + & d & = & 4 \\
f''(-1) = 0 & \Rightarrow & 6a \cdot (-1) & + & 2b & + & & & & = & 0
\end{array}
$$

Daraus ergibt sich das folgende Gleichungssystem:

$$
\begin{array}{rcrcrcrcl}
& & & & & & d & = & 1 \\
& & & & c & & & = & -1 \\
-a & + & b & - & c & + & d & = & 4 \\
-6a & + & 2b & & & & & = & 0
\end{array}
$$

Es ergeben sich $a = 1$, $b = 3$, $c = -1$, $d = 1$. Damit ergibt sich für die Funktionsgleichung: $f(x) = x^3 + 3x^2 - x + 1$.

2.2   Exponentialfunktionen

a) Die Funktion f mit $f(x) = a \cdot e^{kx}$ hat die 1. Ableitung $f'(x) = k \cdot a \cdot e^{kx}$.
   Zuerst wird a bestimmt: $f(0) = 2 \Rightarrow a \cdot e^{k \cdot 0} = 2 \Rightarrow a = 2$. Anschließend setzt man dies in die zweite Gleichung ein und bestimmt k: $f(4) = 2e^{12} \Rightarrow 2 \cdot e^{k \cdot 4} = 2 \cdot e^{12}$. Teilen durch 2 ergibt: $e^{k \cdot 4} = e^{12}$. Logarithmieren mit ln führt zu $k \cdot 4 = 12 \Rightarrow k = 3$. Damit ist $f(x) = 2 \cdot e^{3x}$.

b) Die Funktion f mit $f(x) = a \cdot e^{kx}$ hat die 1. Ableitung $f'(x) = k \cdot a \cdot e^{kx}$.
   Zuerst wird a bestimmt: $f(0) = 3 \Rightarrow a \cdot e^{k \cdot 0} = 3 \Rightarrow a = 3$. Anschließend setzt man dies in die zweite Gleichung ein und bestimmt k: $f(2) = 3e^8 \Rightarrow 3 \cdot e^{k \cdot 2} = 3 \cdot e^8$. Teilen durch 3 ergibt $e^{k \cdot 2} = e^8$. Logarithmieren mit ln führt zu $k \cdot 2 = 8 \Rightarrow k = 4$. Damit ist $f(x) = 3 \cdot e^{4x}$.

c) Die Funktion f mit $f(x) = a \cdot e^{kx}$ hat die 1. Ableitung $f'(x) = k \cdot a \cdot e^{kx}$.
   Zuerst wird wie in den vorangegangenen Aufgaben a bestimmt: $f(0) - 3 \rightarrow a \cdot e^{k \cdot 0} = 3$ $\Rightarrow a = 3$. Dies setzt man in die zweite Aussage der Ableitung ein, um k zu bestimmen: $f'(0) = 6 \Rightarrow k \cdot 3 \cdot e^{k \cdot 0} = 6 \Rightarrow k \cdot 3 = 6 \Rightarrow k = 2$. Damit ist $f(x) = 3 \cdot e^{2x}$.

d) Da der Graph der Funktion f mit $f(x) = 2 \cdot e^{x+1}$ um 1 LE nach rechts und um 2 LE nach unten verschoben wird, gilt für die Funktion g des verschobenen Graphs:

$$
g(x) = f(x - 1) - 2 = 2 \cdot e^{x-1+1} - 2 = 2 \cdot e^x - 2
$$

3   Von der Kurve zur Gleichung

Zu jeder Aufgabe gibt es verschiedene Lösungswege, diese sind bei den Tipps zu dieser Aufgabe ausführlich beschrieben.

a)   1. Ansatz als allgemeine symmetrische Parabel 2. Grades: $f(x) = ax^2 + b$. Aus der Zeichnung liest man ab: $f(0) = 1$ und $f(1) = 2$. Einsetzen in die allgemeine Funktion ergibt folgende Gleichungen:

$$
\begin{aligned}
b &= 1 \\
a + b &= 2
\end{aligned}
$$

Auflösen der beiden Gleichungen führt zu $a = 1$ und $b = 1 \Rightarrow f(x) = x^2 + 1$.

    2. Linearfaktoransatz ist nicht möglich, da keine Nullstellen existieren.

    3. Ansatz als verschobene Normalparabel: Es handelt sich um eine Normalparabel, die um 1 LE nach oben verschoben wurde. Daher gilt: $f(x) = x^2 + 1$.

b)   1. Ansatz als allgemeine Funktion 2. Grades $f(x) = ax^2 + bx + c$. Aus der Zeichnung liest man ab: $f(-1) = -2$, $f(0) = -1$, $f(1) = 2$. Einsetzen in die allgemeine Funktion ergibt folgende Gleichungen:

$$
\begin{aligned}
a - b + c &= -2 \\
c &= -1 \\
a + b + c &= 2
\end{aligned}
$$

Einsetzen von c und Auflösen der oberen und unteren Gleichung führt zu $a = 1$ und $b = 2$, damit ist $f(x) = x^2 + 2x - 1$.

    2. Ansatz mit Linearfaktoren ist nicht möglich, da sich die Nullstellen nicht genau bestimmen lassen.

    3. Ansatz als verschobene Normalparabel: Es handelt sich um eine Normalparabel, die um 1 LE nach links und um 2 LE nach unten verschoben ist: $f(x) = (x+1)^2 - 2$. Kontrolle für $x = 0$: $f(0) = -1$, d.h. Übereinstimmung. Ausmultiplizieren führt zu $f(x) = x^2 + 2x - 1$.

c)   1. Ansatz als allgemeine Funktion 2. Grades $f(x) = ax^2 + bx + c$. Aus der Zeichnung liest man ab: $f(0) = -3$, $f(1) = 0$, $f(2) = 1$. Einsetzen in die allgemeine Funktion ergibt folgende Gleichungen:

$$
\begin{aligned}
a + b + c &= 0 \\
4a + 2b + c &= 1 \\
c &= -3
\end{aligned}
$$

Einsetzen von c und Auflösen der beiden oberen Gleichungen führt zu $a = -1$ und $b = 4$, damit ist $f(x) = -x^2 + 4x - 3$.

2. Ansatz mit Linearfaktoren: Der Graph hat Nullstellen für $x = 1$ und $x = 3$ und geht durch den Punkt $P(2 \mid 1)$.
   Also ist $f(x) = a \cdot (x-1) \cdot (x-3)$ und es gilt:

   $$f(2) = 1 \Rightarrow 1 = a \cdot (2-1) \cdot (2-3) \Rightarrow a = -1$$

   Damit erhält man: $f(x) = -1 \cdot (x-1) \cdot (x-3) = -x^2 + 4x - 3$.

3. Ansatz als verschobene Normalparabel: Es handelt sich um eine nach unten geöffnete Normalparabel, die um $2\,\mathrm{LE}$ nach rechts und um $1\,\mathrm{LE}$ nach oben verschoben ist. Daher gilt: $f(x) = -(x-2)^2 + 1$. Auch hier Kontrolle für $x = 2$: $f(2) = 1$, es herrscht Übereinstimmung. Ausmultiplizieren führt zu $f(x) = -x^2 + 4x - 3$.

d) 1. Der Ansatz als allgemeine Funktion 3. Grades $f(x) = ax^3 + bx^2 + cx + d$ ist zwar möglich, aber etwas langwierig: Aus der Zeichnung liest man ab:
   $f(-1) = 0$, $f(0) = 3$, $f(1) = 0$ und $f(3) = 0$.
   Einsetzen in die allgemeine Funktion ergibt folgende Gleichungen:

$$
\begin{array}{rcrcrcrcl}
-a & + & b & - & c & + & d & = & 0 \\
   &   &   &   &   &   & d & = & 3 \\
 a & + & b & + & c & + & d & = & 0 \\
27a & + & 9b & + & 3c & + & d & = & 0
\end{array}
$$

   Einsetzen von d und Auflösen der oberen Gleichungen führt zu $a = 1$, $b = -3$ und $c = -1$, damit ist $f(x) = x^3 - 3x^2 - x + 3$.

2. Ansatz mit Linearfaktoren: Der Graph hat Nullstellen für $x = -1$, $x = 1$ und $x = 3$ und geht durch den Punkt $P(2 \mid -3)$.
   Also ist $f(x) = a \cdot (x+1) \cdot (x-1) \cdot (x-3)$ und es gilt:

   $$f(2) = -3 \Rightarrow -3 = a \cdot (2+1) \cdot (2-1) \cdot (2-3) \Rightarrow a = 1$$

   Damit erhält man: $f(x) = x^3 - 3x^2 - x + 3$.

4   Differenzieren

Klammern und das Multiplikationszeichen werden bei den Lösungen verwendet, um die Ausdrücke übersichtlich zu machen.

4.1   Ganzrationale Funktionen

a) $f'(x) = 5 \cdot 4x^4 - 3 \cdot 2x^2 = 20x^4 - 6x^2$

b) $f_a{}'(x) = 2a \cdot 3x^2 - 6a^2 \cdot 2x = 6ax^2 - 12a^2x$

c) $f_t{}'(x) = t^2 \cdot 4x^3 - 3t^3 \cdot 2x + 0 = 4t^2x^3 - 6t^3x$

d) $f'(x) = 3 \cdot (4x+1)^2 \cdot 4 = 12 \cdot (4x+1)^2$

e) $f_a{}'(x) = 4 \cdot (2x^2+a)^3 \cdot 2 \cdot 2x = 16x \cdot (2x^2+a)^3$

4.2   Exponentialfunktionen

a) $f'(x) = 6x \cdot e^{-4x} + 3x^2 \cdot e^{-4x} \cdot (-4) = e^{-4x} (6x - 12x^2) = 6xe^{-4x}(1-2x)$

b) $f'(x) = \frac{3}{2}x^2 \cdot e^{2x} + \frac{1}{2}x^3 \cdot e^{2x} \cdot 2 = e^{2x} \left(\frac{3}{2}x^2 + x^3\right) = x^2 e^{2x} \left(\frac{3}{2} + x\right)$

c) $f'(x) = 2e^{-x} + (2x+5) \cdot e^{-x} \cdot (-1) = e^{-x} (2 - (2x+5)) = e^{-x}(-2x-3)$

d) $f'(x) = 1 \cdot e^{-kx} + (x+k) \cdot e^{-kx} \cdot (-k) = e^{-kx} \left(1 - kx - k^2\right)$

e) Umformen in eine Potenz: $f(x) = \frac{3}{1+e^x} = 3 \cdot (1+e^x)^{-1}$
   $f'(x) = -3 \cdot (1+e^x)^{-2} \cdot e^x = \frac{-3e^x}{(1+e^x)^2}$

f) Umformen in eine Potenz: $f(x) = \frac{4}{1-e^{-x}} = 4 \cdot (1-e^{-x})^{-1}$
   $f'(x) = -4 \cdot (1-e^{-x})^{-2} \cdot (-e^{-x}) \cdot (-1) = \frac{-4e^{-x}}{(1-e^{-x})^2}$

4.3   Potenzfunktionen mit gebrochenen Exponenten

a) Mit $f(x) = \sqrt{x^2+4} = (x^2+4)^{\frac{1}{2}}$ erhält man: $f'(x) = \frac{1}{2} \cdot (x^2+4)^{-\frac{1}{2}} \cdot 2x = \frac{x}{\sqrt{x^2+4}}$

b) Mit $f(x) = \sqrt{4x^2-2x} = (4x^2-2x)^{\frac{1}{2}}$ erhält man:
   $f'(x) = \frac{1}{2} \cdot (4x^2-2x)^{-\frac{1}{2}} \cdot (8x-2) = \frac{8x-2}{2\sqrt{4x^2-2x}} = \frac{4x-1}{\sqrt{4x^2-2x}}$

c) Mit $f(x) = 6 \cdot \sqrt[3]{x} = 6 \cdot x^{\frac{1}{3}}$ erhält man: $f'(x) = 6 \cdot \frac{1}{3} \cdot x^{-\frac{2}{3}} = \frac{2}{x^{\frac{2}{3}}} = \frac{2}{\sqrt[3]{x^2}}$

d) Mit $f(x) = 2x \cdot \sqrt{x^2+1} = 2x \cdot (x^2+1)^{\frac{1}{2}}$ erhält man:
   $f'(x) = 2 \cdot (x^2+1)^{\frac{1}{2}} + 2x \cdot \frac{1}{2} \cdot (x^2+1)^{-\frac{1}{2}} \cdot 2x = 2 \cdot \sqrt{x^2+1} + \frac{2x^2}{\sqrt{x^2+1}}$

4.4 Logarithmusfunktionen

a) $f'(x) = \frac{1}{2+3x^2} \cdot 6x = \frac{6x}{2+3x^2}$

b) $f'(x) = \frac{4x+1}{2x^2+x}$

c) $f'(x) = \frac{8x-2}{4x^2-2x+1}$

d) $f'(x) = 2\ln(4+x) + \frac{2x}{4+x}$

e) $f'(x) = 2x\ln(x^2+1) + x^2 \cdot \frac{2x}{x^2+1} = 2x\ln(x^2+1) + \frac{2x^3}{x^2+1}$

5 Gleichungslehre

5.1 Quadratische, biquadratische und nichtlineare Gleichungen

Die quadratische Gleichung $x^2 + px + q = 0$ lässt sich mit der pq-Formel $x_{1,2} = -\frac{p}{2} \pm \sqrt{\frac{p^2}{4} - q}$,

die quadratische Gleichung $ax^2 + bx + c = 0$ lässt sich mit der abc-Formel $x_{1,2} = \frac{-b \pm \sqrt{b^2 - 4ac}}{2a}$
lösen.

a) Die Gleichung lässt sich mit der pq- bzw. der abc-Formel lösen, z.B. durch

$$x_{1,2} = -\frac{3}{2} \pm \sqrt{\frac{3^2}{4} - (-4)} = -\frac{3}{2} \pm \sqrt{\frac{9}{4} + \frac{16}{4}} = -\frac{3}{2} \pm \sqrt{\frac{25}{4}} = -\frac{3}{2} \pm \frac{5}{2}$$

Damit sind $x_1 = 1$ und $x_2 = -4$.
Die Gleichung hat damit die Lösungsmenge $L = \{1; -4\}$.

b) Die Gleichung lässt sich mit der pq- bzw. der abc-Formel lösen: $x_1 = \frac{3}{5}, x_2 = -1$.
Die Gleichung hat damit die Lösungsmenge $L = \{\frac{3}{5}; -1\}$.

c) $x^2 \cdot (ax - 4a) = 0$ führt zu $x^2 = 0$ mit der Lösung: $x_1 = 0$ und zu $ax - 4a = 0$ bzw. $x - 4 = 0$
mit der Lösung: $x_2 = 4$. $L = \{0; 4\}$.

d) x ausklammern führt zu $x \cdot (x^2 - 4) = 0$. Dies führt zu $x = 0$ mit der Lösung $x_1 = 0$ und zu
$x^2 - 4 = 0$ mit den Lösungen $x_2 = 2$ und $x_3 = -2$. Die Gleichung hat damit die Lösungsmenge $L = \{-2; 0; 2\}$.

e) Substitution $x^2 = v$: Die Gleichung wird zu $v^2 - 4v + 3 = 0$. Lösen mit Hilfe der pq- oder
abc-Formel ergibt $v_1 = 1$ und $v_2 = 3$. Rücksubstitution: $x^2 = 1$ und $x^2 = 3$. Die Lösungen
sind damit $x_{1,2} = \pm 1$ und $x_{3,4} = \pm\sqrt{3}$. Die Gleichung hat damit die Lösungsmenge
$L = \{-\sqrt{3}; -1; 1; \sqrt{3}\}$.

f) Die Substitution $x^2 = v$ führt zu $v^2 - 13v + 36 = 0$. Lösen mit Hilfe der pq- oder abc-
Formel ergibt $v_1 = 9$ und $v_2 = 4$. Rücksubstitution: $x^2 = 9$ und $x^2 = 4$. Für die Lösungen
ergibt sich damit: $x_{1,2} = \pm 3$ und $x_{3,4} = \pm 2$. Die Gleichung hat damit die Lösungsmenge
$L = \{-3; -2; 2; 3\}$.

5.2 Exponentialgleichungen

a) $(2x - 5) \cdot e^{-x} = 0$ führt zu $2x - 5 = 0$ mit der Lösung: $x = \frac{5}{2}$. Der Term $e^{-x} = 0$ besitzt
keine Lösung, also ist $L = \{\frac{5}{2}\}$.

b) $(2x + 4) \cdot (e^{2x} - 4) = 0$ führt zu $2x + 4 = 0$ mit der Lösung: $x_1 = -2$ und zu $e^{2x} - 4 = 0$
mit der Lösung $x_2 = \frac{\ln(4)}{2}$. Also ist $L = \{-2; \frac{\ln(4)}{2}\}$.

c) $(2x^2 - 2) \cdot (e^{-x} - 2) = 0$ führt zu $2x^2 - 2 = 0$ mit den Lösungen: $x_{1,2} = \pm 1$ und zu
$e^{-x} - 2 = 0$ mit der Lösung $x_3 = -\ln(2)$. Also ist $L = \{-1; -\ln(2); 1\}$.

d) Bei der Gleichung $e^{2x} - 6e^x + 5 = 0$ substituiert man $e^x = z$: Wegen $e^{2x} = (e^x)^2$ gilt $e^{2x} = z^2$.
Die Gleichung $e^{2x} - 6e^x + 5 = 0$ wird damit zu $z^2 - 6z + 5 = 0$. Lösen mit pq- oder abc-
Formel ergibt $z_1 = 5$ und $z_2 = 1$. Die Rücksubstitution $e^x = 5$ führt zur Lösung $x_1 = \ln 5$,

die Rücksubstitution $e^x = 1$ führt zur Lösung $x_2 = \ln 1 = 0$. Die Gleichung hat damit die Lösungsmenge $L = \{0\,;\ln 5\}$.

5.3 Lineare Gleichungssysteme

Lineare Gleichungssysteme lassen sich mit Hilfe eines GTR/CAS relativ unaufwändig lösen. Es ist aber wichtig, auch den Lösungsweg ohne Technologie zu kennen, daher sind im Folgenden die Lösungen ausführlich angegeben. Der QR-Code bzw. der Link führt auf Anleitungsvideos für die verschiedenen GTR.

frv.tv/ao

a) Gegeben ist das Gleichungssystem:

$$
\begin{array}{rrrrrrr}
\text{I} & x & + & 2y & - & z & = & 8 \\
\text{II} & -x & + & y & + & 2z & = & 0 \\
\text{III} & -x & - & 5y & - & 4z & = & -12
\end{array}
$$

Addieren von I zu II und I zu III führt zu:

$$
\begin{array}{rrrrrrr}
\text{I} & x & + & 2y & - & z & = & 8 \\
\text{IIa} & & & 3y & + & z & = & 8 \\
\text{IIIa} & & - & 3y & - & 5z & = & -4
\end{array}
$$

Addieren von IIa und IIIa führt zu:

$$
\begin{array}{rrrrrrr}
\text{I} & x & + & 2y & - & z & = & 8 \\
\text{IIa} & & & 3y & + & z & = & 8 \\
\text{IIIb} & & & & - & 4z & = & 4
\end{array}
$$

Aus IIIb folgt: $z = -1$. Einsetzen in IIa ergibt: $3y + (-1) = 8 \Rightarrow y = 3$.
Einsetzen in I ergibt: $x + 2 \cdot 3 - (-1) = 8 \Rightarrow x = 1$.
Die Lösungsmenge ist damit: $L = \{(1\,;3\,;-1)\}$.

b) Gegeben ist das Gleichungssystem:

$$
\begin{array}{rrrrrrr}
\text{I} & x & + & 2y & - & 2z & = & 7 \\
\text{II} & x & - & y & - & 4z & = & -9 \\
\text{III} & x & + & 4y & + & 3z & = & 25
\end{array}
$$

Multiplikation von I mit (-1) und addieren zu II und III führt zu:

$$
\begin{array}{rrrrrrr}
\text{I} & x & + & 2y & - & 2z & = & 7 \\
\text{IIa} & & - & 3y & - & 2z & = & -16 \\
\text{IIIa} & & & 2y & + & 5z & = & 18
\end{array}
$$

Multiplikation von IIa mit 2 und IIIa mit 3 und addieren führt zu:

$$
\begin{array}{rrrrrrr}
\text{I} & x & + & 2y & - & 2z & = & 7 \\
\text{IIb} & & - & 6y & - & 4z & = & -32 \\
\text{IIIb} & & & & & 11z & = & 22
\end{array}
$$

Aus IIIb folgt: $z = 2$. Einsetzen in IIb ergibt: $-6y - 4 \cdot 2 = -32 \Rightarrow y = 4$.

Einsetzen in I ergibt: $x + 2 \cdot 4 - 2 \cdot 2 = 7 \Rightarrow x = 3$. Die Lösungsmenge ist damit:

$L = \{(3; 4; 2)\}$.

c) Gegeben ist das Gleichungssystem:

$$
\begin{array}{rrrrrrr}
\text{I} & x & + & 2y & + & z & = & 4 \\
\text{II} & -x & - & 4y & + & z & = & 7 \\
\text{III} & 2x & + & 8y & - & 2z & = & 18
\end{array}
$$

addieren von I zu II, sowie Multiplikation von I mit (-2) und addieren zu III führt zu:

$$
\begin{array}{rrrrrrr}
\text{I} & x & + & 2y & + & z & = & 4 \\
\text{IIa} & & - & 2y & + & 2z & = & 11 \\
\text{IIIa} & & & 4y & - & 4z & = & 10
\end{array}
$$

Multiplikation von IIa mit 2 und addieren zu IIIa führt zu:

$$
\begin{array}{rrrrrrr}
\text{I} & x & + & 2y & + & z & = & 4 \\
\text{IIb} & & - & 4y & + & 4z & = & 22 \\
\text{IIIb} & & & & & 0 & = & 32
\end{array}
$$

Gleichung IIIb ist widersprüchlich. Damit ist das Gleichungssystem nicht lösbar und die Lösungsmenge ist leer: $L = \{\}$.

d) Gegeben ist das Gleichungssystem

$$
\begin{array}{rrrrrrr}
x & + & 2y & - & z & = & 4 \\
-x & + & 2y & - & 3z & = & 6 \\
2x & + & 4y & - & 2z & = & 8
\end{array}
$$

Der Vergleich der verschiedenen Gleichungen ergibt, dass die erste und die dritte Gleichung Vielfache voneinander sind, da die dritte Gleichung das Doppelte der ersten Gleichung ist. Es bleiben daher folgende Gleichungen übrig:

$$
\begin{array}{rrrrrrr}
\text{I} & x & + & 2y & - & z & = & 4 \\
\text{II} & -x & + & 2y & - & 3z & = & 6
\end{array}
$$

addieren von I zu II führt zu:

$$
\begin{array}{rrrrrrr}
\text{I} & x & + & 2y & - & z & = & 4 \\
\text{IIa} & & & 4y & - & 4z & = & 10
\end{array}
$$

Man wählt nun z.B. $z = t$ und setzt dies in Gleichung IIa ein:

$$
\begin{array}{rrrrrrr}
\text{I} & x & + & 2y & - & z & = & 4 \\
\text{IIb} & & & 4y & - & 4t & = & 10
\end{array}
$$

auflösen von IIb nach y führt zu: $y = t + 2,5$.

Nun wird in I eingesetzt und nach x aufgelöst: $x + 2(t + 2,5) - t = 4 \Rightarrow x = -t - 1$. Damit ist die Lösungsmenge: $L = \{(-t - 1; t + 2,5; t) \mid t \in \mathbb{R}\}$.

6 Graphen von f, f' und F

6.1 Von f zu f'

Es wird zuerst die Tangentensteigung in einigen Punkten näherungsweise bestimmt (z.B. mit Hilfe einer gezeichneten Tangente, deren Steigung dann ermittelt wird).

f_1 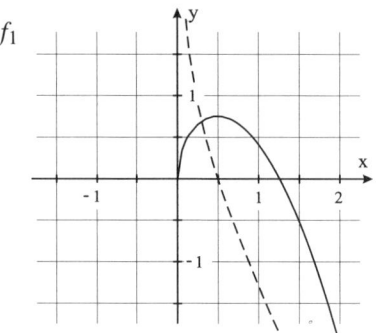 f_2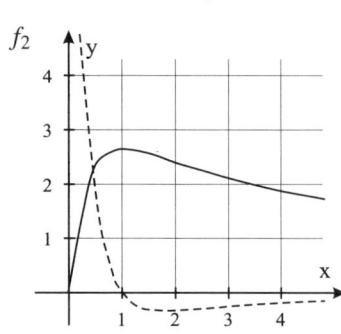

Extremwert:	$x = 0{,}5$	$\Rightarrow f'(0{,}5) = 0$
Punkt 1:	$x = 0{,}75$	$\Rightarrow f'(0{,}75) \approx -\frac{1}{2}$
Punkt 2:	$x = 1{,}5$	$\Rightarrow f'(1{,}5) \approx -2$

Punkt 1:	$x = 0{,}5$	$\Rightarrow f'(0{,}5) \approx 2$
Extremwert:	$x \approx 1$	$\Rightarrow f'(1) = 0$
Wendepunkt:	$x \approx 2{,}2$	$\Rightarrow f'(2{,}2) \approx -\frac{1}{3}$

f_3 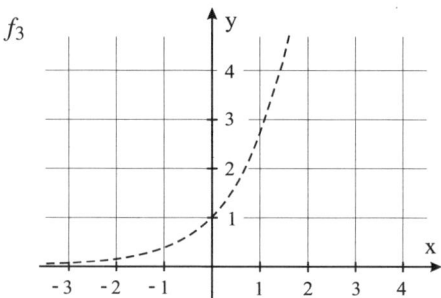 f_4

Punkt 1:	$x = -1$	$\Rightarrow f'(-1) \approx \frac{1}{3}$
Punkt 2:	$x = 0$	$\Rightarrow f'(0) \approx 1$
Punkt 3:	$x = 1$	$\Rightarrow f'(1) \approx 3$

Punkt 1:	$x = -1$	$\Rightarrow f'(-1) \approx 2$
Extremwert:	$x = 0$	$\Rightarrow f'(0) = 0$
Wendepunkt:	$x \approx 1$	$\Rightarrow f'(1) \approx -\frac{1}{3}$

Bemerkung: Bei f_3 handelt es sich um die Funktion $f(x) = e^x$, daher sind Kurve und Ableitungskurve identisch. Bewertung der Aussagen:

f' hat bei $x = 1$ ein relatives Maximum	$\cancel{f_1}$	$\cancel{f_2}$	$\cancel{f_3}$	$\cancel{f_4}$
f' ist für $x > 0$ monoton fallend	f_1	$\cancel{f_2}$	$\cancel{f_3}$	$\cancel{f_4}$
f' ist für $x > 0$ monoton steigend	$\cancel{f_1}$	$\cancel{f_2}$	f_3	$\cancel{f_4}$
f' ist für $x > 1$ negativ	f_1	f_2	$\cancel{f_3}$	f_4

6.2 Von f' zu f

Aufgabe I

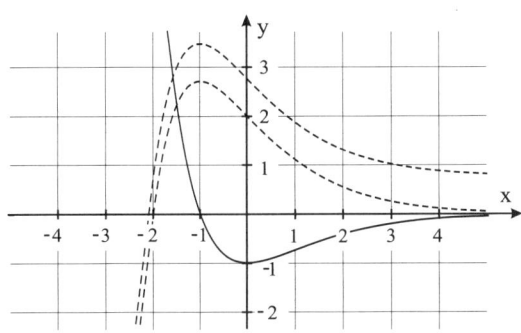

- Ableitung $f'(x)$:   ——

- Mögliche Funktionen $f(x)$: – – –

- Die Funktion ist in Bezug auf Verschiebungen in y-Richtung nicht festgelegt.

a) Antwort: nein, die Ableitungskurve hat an dieser Stelle einen Extrempunkt, daher hat der Graph der Funktion für $x = 0$ einen Wendepunkt.

b) Antwort: ja, die Ableitungskurve hat an dieser Stelle eine Nullstelle und einen Vorzeichenwechsel. Dies bedeutet, dass der Graph der Funktion einen Extrempunkt für $x = -1$ besitzt. Da die Tangenten in Extrempunkten immer waagerecht sind (Steigung $= 0$), ist die Aussage richtig.

c) Antwort: nein, die Kurve der Ableitung hat an der Stelle $x = 0$ einen Tiefpunkt. Das bedeutet, dass der Graph der Funktion f an dieser Stelle einen Wendepunkt besitzt.

d) Antwort: unentscheidbar, die Stammfunktion ist in Bezug auf eine Verschiebung in y-Richtung unbestimmt, da das absolute Glied nicht gegeben ist.

Aufgabe II

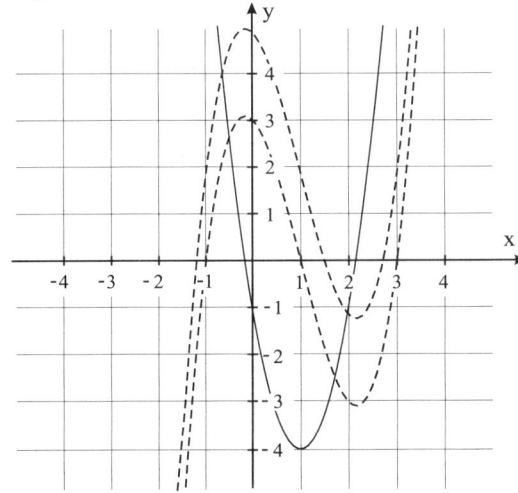

- Ableitung $f'(x)$:   ——

- Mögliche Funktionen $f(x)$: – – –

- Die Funktion ist in Bezug auf Verschiebungen in y-Richtung nicht festgelegt.

a) Antwort: nein, der Graph der angegebenen Ableitungsfunktion f' hat an dieser Stelle einen Tiefpunkt. Das bedeutet, dass der Graph der Funktion f für $x = 1$ einen Wendepunkt besitzt.

b) Antwort: ja, der Graph der Ableitungsfunktion hat für $x \approx -0,2$ eine Nullstelle. Zusätzlich wechselt das Vorzeichen von f' von $+$ nach $-$ (die Steigung war erst positiv und ist nun negativ): Es liegt ein Hochpunkt vor.

c) Antwort: ja, da es sich bei der Ableitungsfunktion um eine Parabel handelt, muss die Funktion f eine ganzrationale Funktion genau 3. Grades sein.

d) Antwort: ja, die Gerade $y = 2x$ hat die Steigung 2. Die Funktionswerte der angegebenen Ableitungsfunktion f' geben in jedem Punkt die Steigung der Funktion f an. Die Ableitungsfunktion hat für $x \approx 2,4$ den Wert $f'(2,4) = 2$. Daher ist die Tangente parallel zur Geraden $y = 2x$.

Aufgabe III

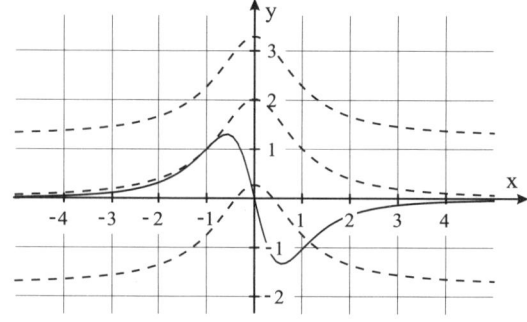

- Ableitung $f'(x)$:   ⎯⎯

- Mögliche Funktionen $f(x)$:   - - -

- Die Funktion ist in Bezug auf Verschiebungen in y-Richtung nicht festgelegt.

a) Antwort: ja, bei $x = 0$ wechselt f' das Vorzeichen von $+$ nach $-$ $\Rightarrow$ Der Graph von f hat bei $x = 0$ einen Hochpunkt. Der gezeichnete Graph der Ableitungsfunktion ist ursprungssymmetrisch, damit unterscheiden sich die Steigungswerte rechts und links der y-Achse nur durch ihr Vorzeichen und der Graph von f ist y-achsensymmetrisch.

b) Antwort: unentscheidbar, die Funktion lässt sich nur bis auf eine Konstante genau bestimmen, daher kann der Graph nach oben oder unten verschoben sein.

c) Antwort: nein, die angegebene Ableitungsfunktion f' hat für $x = 0$ zwar eine Nullstelle, es handelt sich aber um einen Hochpunkt des Graphen von f, da an der Nullstelle ein Vorzeichenwechsel von $+$ nach $-$ stattfindet.

d) Antwort: nein, die gezeichnete Ableitungsfunktion f' hat nur eine Nullstelle mit Vorzeichenwechsel. Daher besitzt der Graph von f genau einen Extrempunkt.

6.3 Von f zu F

Die Stammfunktion F

Aufgabe I

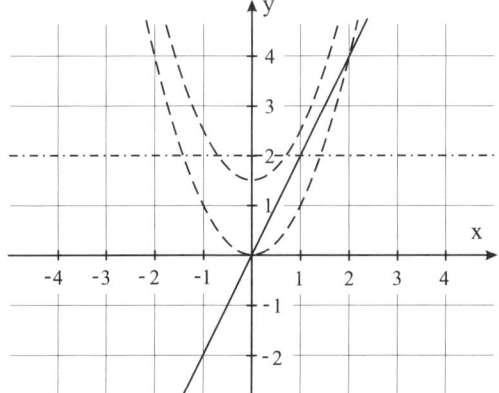

- Funktion $f(x)$:   ——

- Mögliche Stammfunktionen F(x): – – –

- Ableitung $f'(x)$:   – · – ·

- Die eingezeichneten Stammfunktionen sind nur einige von vielen möglichen Stammfunktionen, da diese in Bezug auf eine Verschiebung in y-Richtung nicht festgelegt sind.

a) Antwort: ja, die Ableitung einer Geraden ist immer eine waagerechte Gerade, da die Steigung einer Geraden konstant ist. Daher ist das Schaubild der Ableitungsfunktion parallel zur Geraden $y = 1$.

b) Antwort: unentscheidbar, die Lage einer allgemeinen Stammfunktion ist in Bezug auf Verschiebung in y-Richtung (nach «oben» und «unten») nicht bestimmt.

c) Antwort: nein, streng monoton wachsend bedeutet für das Schaubild, dass die y-Werte für zunehmende x-Werte auch immer größer werden. Mathematisch heißt das: $f'(x) > 0$, die Steigung ist an jedem Punkt des Schaubildes positiv. Dies gilt zwar für f, nicht aber für f'.

d) Antwort: ja, das Schaubild der Ableitungsfunktion ist eine waagerechte Gerade. Diese erfüllt die Bedingung $f'(-x) = f'(x) = 2$.

Aufgabe II

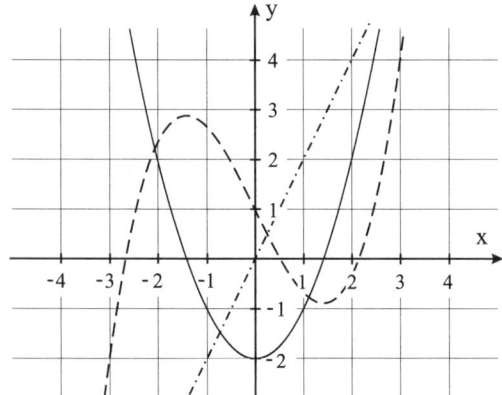

- Funktion $f(x)$:   ——

- Mögliche Stammfunktionen F(x): - - -

- Ableitung $f'(x)$:   - · - ·

- Die eingezeichnete Stammfunktion ist nur eine von vielen möglichen Stammfunktionen, da diese in Bezug auf eine Verschiebung in y-Richtung nicht festgelegt sind.

a) Antwort: ja, die Ableitungskurve einer Parabel ist eine Gerade mit einer Steigung ungleich Null. Diese besitzt genau eine Nullstelle am Extrempunkt der Parabel. Da die Parabel diesen für $x = 0$ hat, liegt die Nullstelle auch im fraglichen Intervall.

b) Antwort: unentscheidbar, die Lage einer allgemeinen Stammfunktion ist in Bezug auf Verschiebung in y-Richtung (nach «oben» und «unten») nicht bestimmt.

c) Antwort: ja, die Extremstellen einer Funktion sind Nullstellen der 1. Ableitung. Da die Funktion f die Ableitung von F ist, besitzt F genau 2 Extremstellen im Intervall. Da die Nullstellen von f an den Stellen $x \approx \pm 1,4$ liegen, befinden sich die Extrempunkte an den Punkten $(1,4 \mid (\mathrm{F}(1,4))$ bzw. $(-1,4 \mid (\mathrm{F}(-1,4))$.

6.4   Zuordnen von Graphen

a) Da das Schaubild von f mit $f(x) = x^2 e^x$ genau eine Nullstelle bei $x = 0$ hat, kann nur Bild 1 das Schaubild der Funktion f sein.

b) Bild 2 ist das Schaubild der Stammfunktion F, da das Schaubild von f bei $x = 0$ einen Extrempunkt, der die x-Achse berührt, hat, so dass das Schaubild von F bei $x = 0$ einen Sattelpunkt mit Steigung Null hat. Alternativ: Das Schaubild von f verläuft nie unterhalb der x-Achse, also ist F monoton steigend.
Bild 3 ist das Schaubild der Funktion g mit $g(x) = \frac{1}{f(x)} = \frac{1}{x^2 e^x}$, da das Schaubild von f bei $x = 0$ eine Nullstelle und damit das Schaubild von g dort eine Polstelle hat.
Bild 4 ist das Schaubild der Funktion f', da das Schaubild von f bei $x_1 = 0$ und $x_2 = -2$ Extremstellen hat, so dass das Schaubild von f' bei $x_1 = 0$ und $x_2 = -2$ Nullstellen mit Vorzeichenwechsel hat.

6.5   Interpretation von Graphen

Aufgabe I

a) Besondere Punkte im Graph sind alle Punkte, an denen sich die Steigung der Kurve stark ändert. Dies ist zuerst am Anfang ($t = 0$), dann nach ca. 10 Tagen der Fall, wenn die Kurve waagerecht wird. Der nächste besondere Punkt ist nach ca. 40 Tagen: die Kurve steigt wieder an. Der letzte wichtige Punkt kommt bei ca. 60 Tagen: Die Anzahl der verkauften Artikel steigt fast nicht mehr an.

b) Keine! Die y-Achse gibt die Absolutanzahl der verkauften Artikel an (und nicht die verkauften Artikel pro Tag). Da die Kurve in der Zeit der 3. Woche waagerecht verläuft, sind keine Artikel verkauft worden.

c) Nach 40 Tagen hat die Firma ca. 150 Artikel verkauft, nach 60 Tagen ca. 680. Um die durchschnittliche Verkaufszahl zu ermitteln, berechnet man den Durchschnitt: $\frac{680-150}{60-40} = \frac{530}{20} = 26,5$. Soweit sich die Zahlen an der Kurve genau ablesen lassen, hat die Firma in der Zeit vom 40. bis zum 60. Tag durchschnittlich 27 Artikel pro Tag verkauft.

d) Man legt eine Hilfsgerade durch die Kurve, die der Steigung des 50. Tages entspricht. Die Steigung dieser Gerade ermittelt man durch «Abzählen»: $m \approx \frac{780}{20} = 39$. Also ist die Verkaufsrate am 50. Tag ca. 39 Artikel pro Tag.

e) Die Zukunftsprognose ist eher schlecht, da die Kurve sich der 800-Artikel-Marke nur sehr langsam annähert. In der Zeit zwischen dem 65. und dem 130. Tag wurden fast keine Artikel mehr verkauft.

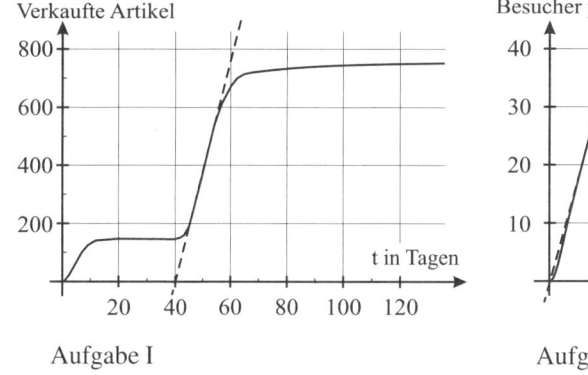

Aufgabe I

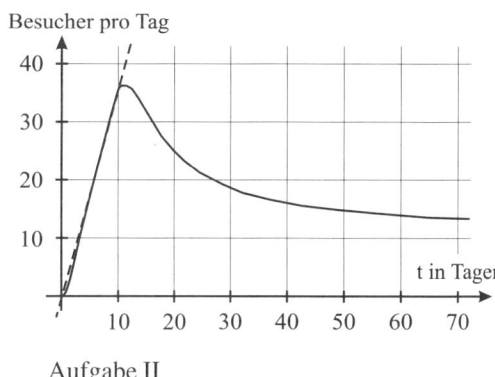

Aufgabe II

Aufgabe II

a) Besondere Punkte im Graph der Funktion sind die Punkte, an denen sich die Steigung der Kurve stark ändert. In dieser Aufgabe betrifft dies vor allem den Bereich zwischen 10 und 12 Tagen, da hier die Anzahl der Besucher pro Tag nicht mehr zunimmt, sondern kurz stagniert, um dann abzunehmen.

Auch die Punkte zwischen 12 und 60 Tagen könnten als «besondere» Punkte bezeichnet werden: Die Steigung verändert sich auch hier, die Abnahme der Besucherzahlen ist nicht mehr so stark wie am Anfang, sondern langsamer.

b) Der Bereich um $t = 11$ sind die Tage, an denen die Ausstellung am besten besucht war.

c) Um genau herauszufinden, wie viele Besucher die Ausstellung in den ersten 10 Tagen besucht haben, müsste man die Kurve integrieren. Ohne eine Kenntnis des Funktionsterms ist dies aber nicht ohne weiteres möglich. Da die Kurve am Anfang aber fast gerade verläuft, kann man sie durch eine Gerade mit der Steigung $m = \frac{35}{10} \approx 3,5$ annähern. Die Gesamtbesucherzahl entspricht der Fläche unter dieser Geraden. Diese Fläche kann man mit der Dreiecksflächenformel ausrechnen: $A = \frac{1}{2} \cdot 10 \cdot 35 = 175$ FE. Das bedeutet, dass in den ersten 10 Tagen ca. 175 Besucher die Ausstellung gesehen haben (alternativ könnte man auch die Gleichung der Gerade aufstellen: $y = 3,5x$ und diese in den Grenzen $t = 0$ und $t = 10$ integrieren).

d) Nach 80 Tagen kann man ca. 12 Besucher pro Tag erwarten. Die tägliche Besucherzahl nähert sich dem Wert 10 asymptotisch an.

7 Kurvendiskussion

7.1 Elemente der Kurvendiskussion

a) $f(x) = x^2 \cdot e^x$, Ableiten (Produktregel) und Ausklammern ergibt $f'(x) = (x^2 + 2x) \cdot e^x$. Erneutes Ableiten (Produktregel) und Ausklammern ergibt $f''(x) = (x^2 + 4x + 2) \cdot e^x$. Einsetzen von $x = 0$: $f'(0) = (0^2 + 2 \cdot 0)e^0 = 0 \Rightarrow$ die Funktion hat einen Extremwert für $x = 0$. Überprüfen in $f''(x)$: $f''(0) = (0^2 + 4 \cdot 0 + 2)e^0 = 2$, es ist $2 > 0 \Rightarrow$ Es handelt sich um ein Minimum.

b) Nein, die Kurve berührt die x-Achse nur, da es sich bei dem Punkt $P(x_0 \mid 0)$ um einen Hochpunkt handelt.

c) $\lim\limits_{x \to \infty} (x^2 \cdot e^{-x} + 1) = \lim\limits_{x \to \infty} x^2 \cdot e^{-x} + \lim\limits_{x \to \infty} 1$.
Es ist $\lim\limits_{x \to \infty} x^2 \cdot e^{-x} = 0$ und $\lim\limits_{x \to \infty} 1 = 1$.
Damit ist $y = 1$ die Asymptote der Funktion für $x \to \infty$.

d) Es ist $f(x) = \frac{1}{4}x^4 - x^3 + 4x - 2$, $f'(x) = x^3 - 3x^2 + 4$, $f''(x) = 3x^2 - 6x$, $f'''(x) = 6x - 6$
Einsetzen von $x = 2$: $f'(2) = 0$, $f''(2) = 0$, $f'''(2) = 6 \neq 0$. Der Punkt $(2 \mid 2)$ ist daher ein Sattelpunkt und kein Tiefpunkt.

e) Es ist $f'(x) = 2xe^{-x} + x^2 \cdot e^{-x} \cdot (-1) = (2x - x^2)e^{-x}$.
Bei Punkten mit waagerechter Tangente ist $f'(x) = 0$, also $(2x - x^2)e^{-x} = 0 \Rightarrow x_1 = 0$ und $x_2 = 2$. Um die y-Werte zu erhalten, setzt man die x-Werte in $f(x)$ ein: $y_1 = 0^2e^{-0} = 0$ und $y_2 = 2^2e^{-2} = 4e^{-2} \Rightarrow P_1(0 \mid 0)$ und $P_2(2 \mid 4e^{-2})$.

f) Es ist $f'(x) = 1e^{-x} + x \cdot e^{-x} \cdot (-1) = (1 - x)e^{-x}$,
$f''(x) = -1e^{-x} + (1 - x)e^{-x} \cdot (-1) = (x - 2)e^{-x}$,
$f'''(x) = 1e^{-x} + (x - 2)e^{-x} \cdot (-1) = (3 - x)e^{-x}$.
Setzt man $f''(x) = 0$, so erhält man $(x - 2)e^{-x} = 0 \Rightarrow x = 2$.
Setzt man $x = 2$ in $f'''(x)$ ein, so ergibt sich $f'''(2) = (3 - 2)e^{-2} \neq 0$, also existiert genau ein Wendepunkt $W(2 \mid 2e^{-2})$.

g) Es ist $f'(x) = (x - 2)^3$. Da $f'(2) = (2 - 2)^3 = 0$, ist die notwendige Bedingung für einen lokalen Tiefpunkt erfüllt. Zur Ermittlung des Vorzeichenwechsels betrachtet man $x-$Werte, die kleiner bzw. größer als 2 sind: $x < 2 \Rightarrow f'(x) < 0$, da der Term in der Klammer kleiner als Null ist und «hoch 3» das Vorzeichen beibehält. $x > 2 \Rightarrow f'(x) > 0$, da der Term in der Klammer größer als Null ist und «hoch 3» das Vorzeichen beibehält.
Somit wechselt f' das Vorzeichen an der Stelle $x = 2$ von $-$ nach $+$.
Also hat das Schaubild von f bei $x = 2$ einen Tiefpunkt.

7.2 Funktionenscharen / Funktionen mit Parameter

a) I) Es handelt sich bei den Graphen von f_t um Geraden, die alle durch den Punkt $(2 \mid 0)$ gehen. Man kann dies an der Funktion sehen, wenn man t ausklammert:
$f_t(x) = tx - 2t = t(x - 2)$. Es handelt sich um eine gegenüber der Geraden $y = t \cdot x$ um 2 LE nach rechts verschobene Gerade (siehe Zeichnung).

II) Der Punkt $P_1(3 \mid 2)$ wird in die Gleichung eingesetzt und liefert $2 = t \cdot 3 - 2 \cdot t$. Umstellen nach t ergibt $t = 2$. Die Funktion ist damit $f_2(x) = 2x - 4$.
Der Punkt $P_2(1 \mid \frac{1}{2})$ wird in die Gleichung eingesetzt und liefert $\frac{1}{2} = t \cdot 1 - 2 \cdot t$. Umstellen nach t ergibt $t = -\frac{1}{2}$. Die Funktion ist damit $f_{-\frac{1}{2}}(x) = -\frac{1}{2}x + 1$.

b)   I) Es handelt sich bei den Graphen von f_t um Parabeln, die symmetrisch zur y-Achse sind. Je nach Wert von t sind die Parabeln «gestreckt» oder «gestaucht». Für positive Werte von t sind die Parabeln nach oben geöffnet, für negative Werte sind sie nach unten geöffnet (siehe Zeichnung).

II) Der Punkt $P_1(2 \mid 2)$ wird in die Gleichung eingesetzt und liefert $2 = t \cdot 2^2$. Umstellen nach t ergibt $t = \frac{1}{2}$. Die Funktion damit $f_{\frac{1}{2}}(x) = \frac{1}{2}x^2$.
Der Punkt $P_2(-1 \mid -2)$ wird in die Gleichung eingesetzt und liefert $-2 = t \cdot (-1)^2$. Umstellen nach t ergibt $t = -2$. Die Funktion ist damit $f_{-2}(x) = -2x^2$.

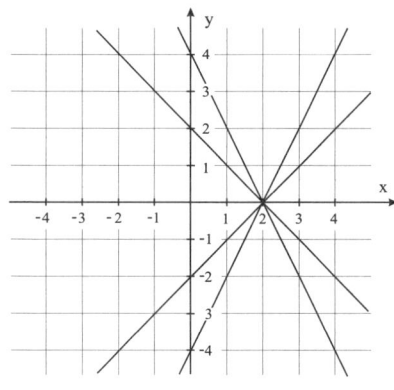
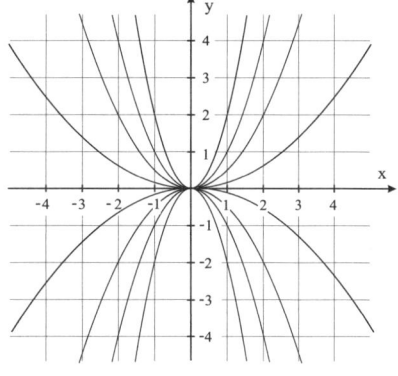

Kurvenschar a)   Kurvenschar b)

c) Die Ableitungen der Funktionen sind:
$$f(x) = -x^2 + 2 \Rightarrow f'(x) = -2x \quad g_t(x) = tx^2 - 1 \Rightarrow g_t{}'(x) = 2tx$$
Damit die Graphen der Funktionen im Schnittpunkt aufeinander senkrecht stehen, müssen folgende Gleichungen gelten:

$$
\begin{aligned}
\text{I} \qquad & f(x) & = & \quad g_t(x) \\
\text{II} \qquad & f'(x) \cdot g_t{}'(x) & = & \quad -1
\end{aligned}
$$

Dabei ist Gleichung I die Gleichung für den Schnittpunkt und Gleichung II die Orthogonalitätsbedingung. Setzt man die Funktionen bzw. die Ableitungen ein, führt dies zu:

$$
\begin{aligned}
\text{Ia} \quad & -x^2 + 2 & = & \quad tx^2 - 1 & \Rightarrow \quad 3 = x^2 \cdot (t+1) & \Rightarrow \quad x^2 = \tfrac{3}{t+1} \\
\text{IIa} \quad & -2x \cdot 2tx & = & \quad -1 & \Rightarrow \quad & \qquad\quad -4tx^2 = -1
\end{aligned}
$$

Nun setzt man Gleichung Ia in Gleichung IIa ein: $-4t \cdot \frac{3}{t+1} = -1$. Auflösen nach t ergibt $t = \frac{1}{11}$. Die beiden Kurven stehen also für $t = \frac{1}{11}$ im Schnittpunkt senkrecht aufeinander.

d) Es ist $f_t(x) = (2x+t) \cdot e^{-x}$; $x \in \mathbb{R}$; $t \geqslant 0$. Um den abgebildeten Graphen der Funktionen-schar f_t den jeweiligen Parameter t zuzuordnen, kann man die Nullstellen der Graphen betrachten. Die Nullstelle von f_t erhält man rechnerisch, indem man die Funktionsglei-chung gleich Null setzt:

$f_t(x) = 0$ führt zu $(2x+t) \cdot e^{-x} = 0$ bzw. $2x+t = 0 \Rightarrow x = -\frac{t}{2}$ ist einzige Nullstelle.

Der Graph G hat als einzige Nullstelle $x = -2$, somit gilt: $-\frac{t}{2} = -2 \Rightarrow t = 4$.

Der Graph G* hat als einzige Nullstelle $x = -1$, somit gilt: $-\frac{t}{2} = -1 \Rightarrow t = 2$.

Der Graph G** hat als einzige Nullstelle $x = 0$, somit gilt: $-\frac{t}{2} = 0 \Rightarrow t = 0$.

Damit gehört zu G der Parameter $t = 4$, zu G* der Parameter $t = 2$ und zu G** der Para-meter $t = 0$.

Alternativ kann man auch den Schnittpunkt mit der y-Achse untersuchen. Für $x = 0$ ergibt sich: $f_t(0) = (2 \cdot 0 + t) \cdot e^{-0} = t \cdot 1 = t$. Anhand der Graphen kommt man zu den gleichen Lösungen wie oben angegeben.

e) Man erhält die Extremstellen von $f_t(x) = x \cdot e^{tx}$; $x \in \mathbb{R}$; $t < 0$, indem man die 1. Ableitung (Produkt- und Kettenregel) gleich Null setzt:

$f_t{}'(x) = 1 \cdot e^{tx} + x \cdot e^{tx} \cdot t = (1+tx) \cdot e^{tx} = 0$ führt zu $1 + tx = 0$ bzw. $x = -\frac{1}{t}$.

Setzt man $x = -\frac{1}{t}$ in die 2. Ableitung $f_t{}''(x) = t \cdot e^{tx} + (1+tx) \cdot e^{tx} \cdot t = \left(2t + t^2 x\right) \cdot e^{tx}$ ein, so erhält man:

$f_t{}'\left(-\frac{1}{t}\right) = \left(2t + t^2 \cdot \left(-\frac{1}{t}\right)\right) \cdot e^{t \cdot \left(-\frac{1}{t}\right)} = t \cdot e^{-1} \neq 0 \Rightarrow x = -\frac{1}{t}$ ist die einzige Extremstelle von $f_t(x)$.

Da $x = 2$ Extremstelle sein soll, muss gelten: $2 = -\frac{1}{t} \Rightarrow t = -\frac{1}{2}$.

Für $t = -\frac{1}{2}$ hat der Graph von f_t bei $x = 2$ eine Extremstelle.

7.3 Krümmungsverhalten von Kurven

a) Es ist $f(x) = \frac{1}{3}x^3 - x$. Zur Bestimmung des Krümmungsverhaltens benötigt man die 2. Ableitung: Es ist $f'(x) = x^2 - 1$ und $f''(x) = 2x$.

Der Graph von f ist linksgekrümmt, wenn $f''(x) > 0$ gilt: $2x > 0 \Rightarrow x > 0$. Also ist f für $x > 0$ linksgekrümmt.

Der Graph von f ist rechtsgekrümmt, wenn $f''(x) < 0$ gilt: $2x < 0 \Rightarrow x < 0$. Also ist f für $x < 0$ rechtsgekrümmt.

b) Es ist $f(x) = (x-1)^5$. Zur Bestimmung des Krümmungsverhaltens benötigt man die 2. Ableitung (Kettenregel): Es ist $f'(x) = 5 \cdot (x-1)^4$ und $f''(x) = 20 \cdot (x-1)^3$.

Der Graph von f ist linksgekrümmt, wenn $f''(x) > 0$ gilt: $20 \cdot (x-1)^3 > 0 \Rightarrow x > 1$. Also ist f für $x > 1$ linksgekrümmt.

Der Graph von f ist rechtsgekrümmt, wenn $f''(x) < 0$ gilt: $20 \cdot (x-1)^3 < 0 \Rightarrow x < 1$. Also ist f für $x < 1$ rechtsgekrümmt.

c) Es ist $f(x) = (2x-3) \cdot e^{-x}$. Zur Bestimmung des Krümmungsverhaltens benötigt man die 2. Ableitung (Produkt- und Kettenregel): Es ist $f'(x) = 2 \cdot e^{-x} + (2x-3) \cdot e^{-x} \cdot (-1)$ $= (-2x+5) \cdot e^{-x}$ und $f''(x) = -2 \cdot e^{-x} + (-2x+5) \cdot e^{-x} \cdot (-1) = (2x-7) \cdot e^{-x}$.

Der Graph von f ist linksgekrümmt, wenn $f''(x) > 0$ gilt: $(2x-7) \cdot e^{-x} > 0 \Rightarrow x > \frac{7}{2}$.
Also ist f für $x > \frac{7}{2}$ linksgekrümmt.
Der Graph von f ist rechtsgekrümmt, wenn $f''(x) < 0$ gilt: $(2x-7) \cdot e^{-x} < 0 \Rightarrow x < \frac{7}{2}$.
Also ist f für $x < \frac{7}{2}$ rechtsgekrümmt.

7.4   Tangenten und Normalen

a) Aus $f(x) = x^2 - 4x + 2$ folgt $f'(x) = 2x - 4$. Für die Steigung m_t der Tangente im Punkt
x_0 gilt $m_t = f'(x_0)$. Damit ist die Tangente in $P(1 \mid -1)$: $m_t = f'(1) = 2 \cdot 1 - 4 = -2$.
Setzt man $P(1 \mid -1)$ und $m_t = -2$ in die Punkt-Steigungsform $y - y_1 = m \cdot (x - x_1)$ einer
Geraden ein, so erhält man $y - (-1) = -2 \cdot (x - 1)$ und damit die Tangentengleichung
$t: y = -2x + 1$. Für die Normalensteigung m_n gilt $m_n = -\frac{1}{m_t} = -\frac{1}{-2} = \frac{1}{2}$. Setzt man P
und m_n in die Punkt-Steigungsform ein, so erhält man $y - (-1) = \frac{1}{2} \cdot (x - 1)$ und damit die
Normalengleichung $n: y = \frac{1}{2}x - \frac{3}{2}$.

b) Aus $f(x) = x^3 + x + 1$ folgt $f'(x) = 3x^2 + 1$, $f''(x) = 6x$ und $f'''(x) = 6$. Um den Wendepunkt zu bestimmen, wird die 2. Ableitung gleich Null gesetzt: $f''(x) = 6x = 0 \Rightarrow x_W = 0$.
Probe in f''' ergibt $f'''(0) = 6 \neq 0$, es handelt sich also um einen Wendepunkt. Der y-Wert
wird bestimmt, indem man $x_W = 0$ in $f(x)$ einsetzt, was zu $W(0 \mid 1)$ führt.
Die Tangentensteigung in W ist $m_t = f'(0) = 1$. Setzt man $W(0 \mid 1)$ und $m_t = 1$ in die
Punkt-Steigungsform ein, so erhält man $y - 1 = 1 \cdot (x - 0)$ und damit die Tangentengleichung $t: y = x + 1$. Für die Normalensteigung m_n gilt $m_n = -\frac{1}{m_t} = -\frac{1}{1} = -1$. Setzt man
$W(0 \mid 1)$ und $m_n = -1$ in die Punkt-Steigungsform ein, so erhält man $y - 1 = -1 \cdot (x - 0)$
und damit die Normalengleichung $n: y = -x + 1$.

c)   I) Da die Steigung der Tangente schon angegeben ist, muss zuerst der Punkt P bestimmt werden, in dem die Tangente die Kurve berührt. In diesem Punkt soll die
Steigung der Kurve nach Aufgabenstellung gleich -2 sein. Daher setzt man die 1.
Ableitung gleich -2. Es ist $f(x) = x^2 + 4x - 3$ und $f'(x) = 2x + 4$. Gleichsetzen
der 1. Ableitung: $f'(x) = 2x + 4 = -2 \Rightarrow x_P = -3$. Durch Einsetzen in $f(x)$ wird
die y-Koordinate des Punktes bestimmt. Damit ist der gesuchte Punkt $P(-3 \mid -6)$.
Setzt man $P(-3 \mid -6)$ und $m_t = -2$ in die Punkt-Steigungsform ein, so erhält man
$y - (-6) = -2 \cdot (x - (-3))$ und damit die Tangentengleichung $t: y = -2x - 12$.

II) Da die Tangente orthogonal zu der angegebenen Geraden g ist, gilt für ihre Steigung
$m_t = -\frac{1}{m_g}$, die Steigung der Tangente ist damit $m_t = -\frac{1}{-\frac{1}{3}} = 3$. Nun muss der Punkt
P bestimmt werden, in dem die Tangente die Kurve berührt: Da in diesem Punkt die
Steigung der Kurve gleich 3 sein muss, setzt man die 1. Ableitung gleich 3 und löst
nach x auf: $f'(x) = 2x + 4 = 3 \Rightarrow x_P = -\frac{1}{2}$. Durch Einsetzen in $f(x)$ wird die y-
Koordinate des Punktes bestimmt. Damit ist der gesuchte Punkt $P\left(-\frac{1}{2} \mid -\frac{19}{4}\right)$. Setzt
man $P\left(-\frac{1}{2} \mid -\frac{19}{4}\right)$ und $m_t = 3$ in die Punkt-Steigungsform ein, so erhält man
$y - \left(-\frac{19}{4}\right) = 3 \cdot \left(x - \left(-\frac{1}{2}\right)\right)$ und damit die Tangentengleichung $t: y = 3x - \frac{13}{4}$.

III) Da die Tangente parallel zur angegebenen Geraden ist und die Tangentensteigung damit gleich groß ist wie die Geradensteigung, muss zuerst der Punkt P bestimmt werden, in dem die Tangente die Kurve berührt: In diesem Punkt ist die Steigung gleich 4. Daher setzt man die 1. Ableitung gleich 4: $f'(x) = 2x + 4 = 4 \Rightarrow x_P = 0$. Durch Einsetzen in $f(x)$ wird der y-Wert des Punktes bestimmt. Damit ist der gesuchte Punkt $P(0 \mid -3)$. Setzt man $P(0 \mid -3)$ und $m_t = 4$ in die Punkt-Steigungsform ein, so erhält man $y - (-3) = 4 \cdot (x - 0)$ und damit die Tangentengleichung $t: y = 4x - 3$.

7.5 Berührpunkte zweier Kurven

Wenn sich zwei Graphen G_f und G_g in einem Punkt $B(x_B \mid y_B)$ berühren, muss gelten:

1. Da B gemeinsamer Punkt ist, gilt $f(x_B) = g(x_B)$.
2. Da in B eine gemeinsame Tangente vorhanden ist, gilt $f'(x_B) = g'(x_B)$.

a) Es genügt zu zeigen, dass im Punkt $B(0 \mid 3)$ die beiden Bedingungen $f(x) = g(x)$ und $f'(x) = g'(x)$ erfüllt sind:
Es ist $f(0) = \frac{1}{5} \cdot 0^3 - 2 \cdot 0^2 + 5 \cdot 0 + 3 = 3$ und $g(0) = -0^2 + 5 \cdot 0 + 3 = 3$, also $f(0) = g(0)$,
d.h. $B(0 \mid 3)$ ist gemeinsamer Punkt.
Ferner gilt $f'(x) = \frac{3}{5}x^2 - 4x + 5$ und $g'(x) = -2x + 5$.
Es ist $f'(0) = \frac{3}{5} \cdot 0^2 - 4 \cdot 0 + 5 = 5$ und $g'(0) = -2 \cdot 0 + 5 = 5$,
also $f'(0) = g'(0)$, d.h. in $B(0 \mid 3)$ existiert eine gemeinsame Tangente. Somit berühren sich die beiden Kurven in $B(0 \mid 3)$.

b) Um mögliche Berührpunkte zu berechnen, kann man entweder die Funktionsgleichungen oder die Tangentensteigungen gleichsetzen. Anschließend muss die jeweils andere Bedingung überprüft werden.
Es ist $f'(x) = x^2 - 4x + 3$ und $g'(x) = -2x + 3$.
Gleichsetzen der Tangentensteigungen führt auf $x^2 - 4x + 3 = -2x + 3$ bzw. $x^2 - 2x = 0$ mit den Lösungen $x_1 = 2$ und $x_2 = 0$.
Setzt man $x_1 = 2$ in $f(x)$ bzw. $g(x)$ ein, so ergibt sich $f(2) = \frac{1}{3} \cdot 2^3 - 2 \cdot 2^2 + 3 \cdot 2 + 4 = 4\frac{2}{3}$ und $g(2) = -2^2 + 3 \cdot 2 + 4 = 6$, d.h. $f(2) \neq g(2)$, also liegt kein gemeinsamer Punkt vor.
Setzt man $x_2 = 0$ in $f(x)$ bzw. $g(x)$ ein, so ergibt sich $f(0) = \frac{1}{3} \cdot 0^3 - 2 \cdot 0^2 + 3 \cdot 0 + 4 = 4$ und $g(0) = -0^2 + 3 \cdot 0 + 4 = 4$, also ist auch $f(0) = g(0)$, d.h. $B(0 \mid 4)$ ist ein Berührpunkt.

7.6 Symmetrie

a) Da die Funktion f mit $f(x) = \frac{1}{x^2} + 3$ nur gerade Exponenten enthält, erfüllt sie das Kriterium für y-Achsensymmetrie: $f(-x) = \frac{1}{(-x)^2} + 3 = \frac{1}{x^2} + 3 = f(x)$.

b) Da die Funktion f mit $f(x) = 3x^5 - 7,2x^3 + x$ nur ungerade Exponenten enthält, erfüllt sie das Kriterium für Punktsymmetrie zum Ursprung: $f(-x) = 3 \cdot (-x)^5 - 7,2 \cdot (-x)^3 + (-x)$ $= -3x^5 + 7,2x^3 - x = - \left(3x^5 - 7,2x^3 + x \right) = -f(x)$.

c) Für die Funktion f mit $f(x) = 4 \cdot e^{-\frac{x^2}{2}}$ gilt: $f(-x) = 4 \cdot e^{-\frac{(-x)^2}{2}} = 4 \cdot e^{-\frac{x^2}{2}} = f(x)$.
Somit ist das Kriterium für y-Achsensymmetrie erfüllt.

7.7 Abschnittsweise bestimmte Funktionen

a) Damit die Funktion keinen Knick an der Stelle $x = 1$ besitzt, müssen die beiden Teile der zusammengesetzten Funktion nicht nur in den Funktionswerten, sondern auch in der Ableitung übereinstimmen. Es ist $f_l(x) = x^3 - 2x + 1$ und $f_l'(x) = 3x^2 - 2$. Entsprechend $f_r(x) = ax^2 + b$ und $f_r'(x) = 2ax$. Es muss gelten:

$$f_l(x) = f_r(x)$$
$$1^3 - 2 \cdot 1 + 1 = a \cdot 1^1 + b$$

und

$$f_l{}'(x) = f_r{}'(x)$$
$$3 \cdot 1^2 - 2 = 2a \cdot 1$$

Löst man die zweite Gleichung nach a auf, ergibt sich $a = \frac{1}{2}$. Eingesetzt in die erste Gleichung folgt daraus $0 = \frac{1}{2} + b$, also $b = -\frac{1}{2}$. Damit ist also $f_r(x) = \frac{1}{2}x^2 - \frac{1}{2}$.

b) Damit der Übergang ohne Krümmungsruck erfolgt, müssen die Kurven an der Stelle $x = 2$ in den Funktionswerten sowie der ersten und zweiten Ableitung übereinstimmen. Es ist $f(x) = e^{-2x} + 3$, $f'(x) = -2e^{-2x}$ und $f''(x) = 4e^{-2x}$, sowie $g(x) = ax^2 + bx + c$, $g'(x) = 2ax + b$ und $g''(x) = 2a$. Es muss nun gelten:

$$f(2) = g(2)$$
$$f'(2) = g'(2)$$
$$f''(2) = g''(2)$$

Eingesetzt ergibt sich:

$$
\begin{array}{rccl}
\text{I} & e^{-4} + 3 & = & a \cdot 2^2 + b \cdot 2 + c \\
\text{II} & -2e^{-4} & = & 2 \cdot a \cdot 2 + b \\
\text{III} & 4e^{-4} & = & 2 \cdot a
\end{array}
$$

Aus Gleichung III ergibt sich $a = 2e^{-4} \approx 0,0366$. Einsetzen in Gleichung II führt auf

$$b = -2e^{-4} - 2 \cdot \left(2e^{-4}\right) \cdot 2 = -10e^{-4} \approx -0,183$$

Nun kann in Gleichung I eingesetzt werden:

$$c = e^{-4} + 3 - \left(2e^{-4}\right) \cdot 2^2 - \left(-10e^{-4}\right) \cdot 2 = e^{-4} - 8e^{-4} + 20e^{-4} + 3 = 13e^{-4} + 3 \approx 3,238$$

Damit ist $g(x) = 2e^{-4} \cdot x^2 - 10e^{-4} \cdot x + 13e^{-4} + 3$.

7.8 Ortskurven

Um die Gleichung der Ortskurve zu erhalten, wird der x-Wert so umgeformt, dass der Parameter alleine steht. Der Parameter wird dann in den y-Wert eingesetzt und man erhält die Gleichung der Ortskurve durch Ausrechnen.

a) Es ist $\mathrm{E}\left(\frac{2}{3}t \mid \frac{2}{9}t^3\right)$; zuerst wird der x-Wert $x = \frac{2}{3}t$ nach t aufgelöst: $t = \frac{3}{2}x$. In den y-Wert $y = \frac{2}{9}t^3$ wird für $t = \frac{3}{2}x$ eingesetzt $y = \frac{2}{9} \cdot \left(\frac{3}{2}x\right)^3$.
Ausrechnen ergibt $y = \frac{2}{9} \cdot \frac{3^3}{2^3}x^3 = \frac{3}{4}x^3$. Die Gleichung der Ortskurve lautet also: $y = \frac{3}{4}x^3$.

b) Es ist H $\left(\frac{2}{3}t \mid \frac{9}{2t}\right)$; zuerst wird der x-Wert $x = \frac{2}{3}t$ nach t aufgelöst: $t = \frac{3}{2}x$.

In den y-Wert $y = \frac{9}{2t}$ wird für $t = \frac{3}{2}x$ eingesetzt $y = \frac{9}{2\cdot\left(\frac{3}{2}x\right)}$.

Ausrechnen ergibt $y = \frac{9}{3x} = \frac{3}{x}$.

Die Gleichung der Ortskurve lautet $y = \frac{3}{x}$.

c) Es ist H $\left(\frac{t}{2} \mid \frac{t^3}{4} - t\right)$; zuerst wird der x-Wert $x = \frac{t}{2}$ nach t aufgelöst: $t = 2x$.

In den y-Wert $y = \frac{t^3}{4} - t$ wird für $t = 2x$ eingesetzt $y = \frac{(2x)^3}{4} - 2x$.

Ausrechnen ergibt $y = \frac{2^3 \cdot x^3}{4} - 2x = 2x^3 - 2x$.

Die Gleichung der Ortskurve lautet $y = 2x^3 - 2x$.

d) Es ist $f_t(x) = x^3 - 3tx^2$; $t > 0$,

Ableiten ergibt $f_t{}'(x) = 3x^2 - 6tx$ und $f_t{}''(x) = 6x - 6t$.

Setzt man $f_t{}'(x) = 0$, so erhält man $3x^2 - 6tx = 0$ bzw. $x \cdot (3x - 6t) = 0 \Rightarrow x_1 = 0$ und $x_2 = 2t$.

Für den Parameter t gilt $t > 0$, also ist t eine beliebige positive Zahl.

Setzt man $x_1 = 0$ in $f_t{}''(x)$ ein, so ergibt sich $f_t{}''(0) = 6 \cdot 0 - 6t = -6t < 0 \Rightarrow$ Hochpunkt.

Setzt man $x_2 = 2t$ in $f_t{}''(x)$ ein, so ergibt sich $f_t{}''(2t) = 6 \cdot 2t - 6t = 6t > 0 \Rightarrow$ Tiefpunkt.

Den y-Wert von T erhält man durch Einsetzen von $x = 2t$ in $f_t(x)$:

$f_t(2t) = (2t)^3 - 3t \cdot (2t)^2 = 8t^3 - 12t^3 = -4t^3$.

Somit haben die Tiefpunkte der Kurvenschar die Koordinaten $T_t\left(2t \mid -4t^3\right)$.

Um die Gleichung der Ortskurve aller Tiefpunkte zu erhalten, wird zuerst wird der x-Wert $x = 2t$ nach t aufgelöst: $t = \frac{x}{2}$.

In den y-Wert $y = -4t^3$ wird für $t = \frac{x}{2}$ eingesetzt: $y = -4\left(\frac{x}{2}\right)^3$.

Ausrechnen ergibt $y = -4 \cdot \frac{x^3}{8} = -\frac{1}{2}x^3$.

Die Gleichung der Ortskurve lautet $y = -\frac{1}{2}x^3$.

e) Es ist $f_a(x) = (x - a) \cdot e^x$, mit der Produktregel erhält man:

$f_a{}'(x) = 1 \cdot e^x + (x - a) \cdot e^x = (x + 1 - a) \cdot e^x$

$f_a{}''(x) = 1 \cdot e^x + (x + 1 - a) \cdot e^x = (x + 2 - a) \cdot e^x$

$f_a{}'''(x) = 1 \cdot e^x + (x + 2 - a) \cdot e^x = (x + 3 - a) \cdot e^x$.

Setzt man $f_a{}''(x) = 0$, so erhält man $(x + 2 - a) \cdot e^x = 0 \Rightarrow x + 2 - a = 0 \Rightarrow x = a - 2$.

Setzt man $x = a - 2$ in $f_a{}'''(x)$ ein, so ergibt sich:

$f_a{}'''(a - 2) = (a - 2 + 3 - a) \cdot e^{a-2} = e^{a-2} \neq 0 \Rightarrow$ Wendepunkt.

Den y-Wert des Wendepunktes erhält man durch Einsetzen von $x = a - 2$ in $f_a(x)$:

$f_a(a - 2) = (a - 2 - a) \cdot e^{a-2} = -2 \cdot e^{a-2}$.

Somit haben die Wendepunkte der Kurvenschar die Koordinaten $W_a\left(a - 2 \mid -2 \cdot e^{a-2}\right)$.

Um die Gleichung der Ortskurve aller Wendepunkte zu erhalten, wird zuerst wird der x-Wert $x = a - 2$ nach a aufgelöst: $a = x + 2$.

In den y-Wert $y = -2 \cdot e^{a-2}$ wird für $a = x + 2$ eingesetzt: $y = -2 \cdot e^{x+2-2}$.

Ausrechnen ergibt $y = -2 \cdot e^x$.

Die Gleichung der Ortskurve lautet damit $y = -2 \cdot e^x$.

8 Integralrechnung

8.1 Stammfunktionen

8.1.1 Ganzrationale Funktionen

a) $F(x) = \frac{2}{4}x^4 - \frac{\frac{4}{3}}{3}x^3 + 2x + c = \frac{1}{2}x^4 - \frac{4}{9}x^3 + 2x + c$

b) $F(x) = \frac{a}{5}x^5 + \frac{2a}{4}x^4 - \frac{1}{2}x^2 + c = \frac{a}{5}x^5 + \frac{a}{2}x^4 - \frac{1}{2}x^2 + c$

c) $F(x) = \frac{t^2}{4}x^4 - \frac{t}{3}x^3 + c$

d) $F(x) = \frac{4}{5}x^5 - \frac{2t}{3}x^3 + \frac{t}{2}x^2 + c$

8.1.2 Exponentialfunktionen

a) $F(x) = 3e^x + c$

b) Lineare Substitution: $F(x) = 4 \cdot \frac{e^{-x}}{-1} + c = -4e^{-x} + c$

c) Lineare Substitution: $F(x) = t \cdot \frac{e^{-tx}}{-t} + c = -e^{-tx} + c$

d) Lineare Substitution: $F(x) = a \cdot \frac{e^{3x+2}}{3} + c = \frac{a}{3}e^{3x+2} + c$

e) Zuerst wird die Klammer aufgelöst: $f(x) = 2x^2 - 12e^{3x}$, daraus folgt:
$F(x) = 2 \cdot \frac{1}{3} \cdot x^3 - 12 \cdot \frac{1}{3} \cdot e^{3x} + c = \frac{2}{3}x^3 - 4e^{3x} + c$

8.1.3 Rationale Funktionen

a) Umschreiben der Wurzel in eine Potenz mit negativem Exponenten: $f(x) = 3 \cdot x^{-\frac{1}{2}}$
Daraus folgt: $F(x) = \frac{3}{\frac{1}{2}} \cdot x^{\frac{1}{2}} + c = 6 \cdot \sqrt{x} + c$

b) $F(x) = \frac{4}{3} \cdot \ln(3x) + c$

c) $F(x) = \frac{5}{2} \cdot \ln(2x + 1) + c$

8.2 Flächeninhalt zwischen zwei Kurven

a) Schnittstellen bestimmen durch Gleichsetzen und Ausrechnen: $x_1 = -2, x_2 = 2$.
Obere Kurve: $f(x)$ (nach unten geöffnete Parabel)

$$A = \int_{-2}^{2} \left(4 - x^2 - \left(x^2 - 4\right)\right) dx = \int_{-2}^{2} \left(-2x^2 + 8\right) dx = \left[-\frac{2}{3}x^3 + 8x\right]_{-2}^{2}$$

$$= -\frac{16}{3} + 16 - \left(+\frac{16}{3} - 16\right) = 32 - \frac{32}{3} = \frac{64}{3} = 21,33\,\text{FE}.$$

b) Schnittstellen bestimmen durch Gleichsetzen und Ausklammern: $x_1 = 0, x_2 = 1$.
Obere Kurve: $g(x)$ (z.B. durch Einsetzen für $x = \frac{1}{2}$).

$$A = \int_{0}^{1} \left(x + 1 - \left(x^2 + 1\right)\right) dx = \int_{0}^{1} \left(-x^2 + x\right) dx = \left[-\frac{1}{3}x^3 + \frac{1}{2}x^2\right]_{0}^{1} = -\frac{1}{3} + \frac{1}{2} - 0 = \frac{1}{6}\,\text{FE}$$

8.3   Angewandte Integrale

a) Es ist $r(t) = 23 - 0,02 \cdot e^t$ mit $t \geqslant 0$.

   I) Um den Zeitpunkt zu bestimmen, an dem der Regen aufhört, wird die Funktion r
   gleich Null gesetzt: $r(t) = 23 - 0,02 \cdot e^t = 0 \Rightarrow 23 = 0,02 \cdot e^t \Rightarrow t \approx 7,048$.
   Nach 7 Tagen hört es also auf zu regnen.

   II) Die Wassermenge, die im Laufe dieser Zeit auf jeden Quadratmeter niedergegangen
   ist, wird ermittelt, indem die Niederschlagsratenfunktion in den Grenzen von 0 bis 7
   integriert wird.

   $$\int_0^7 r(t)dt = \int_0^7 (23 - 0,02 \cdot e^t)\,dt = \left[23t - 0,02 \cdot e^t\right]_0^7$$
   $$= 23 \cdot 7 - 0,02 \cdot e^7 - (0 - 0,02 \cdot e^0) \approx 139,09$$

   Auf jeden Quadratmeter sind also rund $139,1$ Liter Wasser niedergegangen.

   III) Die mittlere Regenmenge erhält man, indem man die Gesamtmenge des Regens
   durch die Anzahl der Tage teilt: $\frac{139,1}{7} = 19,87$. Also sind im Mittel $19,87$ Liter Regen
   pro Tag auf jeden Quadratmeter niedergegangen.

b) Da $f(t) = -0,5t + 3$; $t \geqslant 0$ die Zu- und Abflussrate beschreibt, muss man eine Stammfunktion F bestimmen, die die Menge des im Becken vorhandenen Wassers beschreibt:

$F(t) = -0,25t^2 + 3t + c$.

Die Konstante c wird mit Hilfe des Anfangswerts bestimmt. Am Anfang befinden sich 10
Liter Wasser im Becken, daher gilt: $F(0) = -0,25 \cdot 0^2 + 3 \cdot 0 + c = 10 \Rightarrow c = 10$.
Also ist $F(t) = -0,25 \cdot t^2 + 3t + 10$.
Um zu berechnen, wieviel Wasser das Becken nach 9 Stunden enthält, wird $t = 9$ in $F(t)$
eingesetzt: $F(9) = -0,25 \cdot 9^2 + 3 \cdot 9 + 10 = 16,75$.
Das Becken enthält nach 9 Stunden $16,75$ Liter Wasser.

8.4   Ins Unendliche reichende Flächen

a)   I) Gesucht ist die Fläche zwischen der x-Achse, y-Achse und der Kurve mit der unteren
   Grenze $x = 0$. Für $z > 0$ ist:
   $$A(z) = \int_0^z e^{-x}dx = \left[-e^{-x}\right]_0^z = -e^{-z} - (-1) = 1 - e^{-z}.$$
   Geht nun $z \to \infty$, so geht $A(z) = 1 - e^{-z} \to 1$.

   Es ist also $\lim_{z \to \infty} A(z) = 1$, damit ist der Flächeninhalt 1 FE.

   II) Gesucht ist die Fläche zwischen der x-Achse, y-Achse und der Kurve mit der unteren
   Grenze $x = 0$. Für $z > 0$ ist:
   $$A(z) = \int_0^z e^{-3x+1}dx = \left[-\tfrac{1}{3}e^{-3x+1}\right]_0^z = -\tfrac{1}{3}e^{-3z+1} + \tfrac{1}{3}e.$$
   Für $z \to \infty$ geht $A(z) = -\tfrac{1}{3}e^{-3z+1} + \tfrac{1}{3}e \to \tfrac{1}{3}e$.

   Es ist also $\lim_{z \to \infty} A(z) = \tfrac{1}{3}e$, damit ist der Flächeninhalt $\tfrac{1}{3}e$ FE.

III) Gesucht ist die Fläche zwischen der x-Achse, y-Achse und der Kurve mit der unteren Grenze $x = 0$. Für $z > 0$ ist:

$$A(z) = \int_0^z 2e^{-4x-2}\,dx = \left[-\tfrac{1}{4} \cdot 2e^{-4x-2}\right]_0^z = -\tfrac{1}{2}e^{-4z-2} + \tfrac{1}{2}e^{-2}.$$

Für $z \to \infty$ geht $A(z) = -\tfrac{1}{2}e^{-4z-2} + \tfrac{1}{2}e^{-2} \to \tfrac{1}{2}e^{-2}$.

Es ist also $\lim\limits_{z\to\infty} A(z) = \tfrac{1}{2}e^{-2}$, damit ist der Flächeninhalt $\tfrac{1}{2}e^{-2}$ FE.

b) I) Um die obere Grenze zu bestimmen, wird zuerst die Nullstelle der Funktion bestimmt: $e - e^x = 0 \Rightarrow e = e^x \Rightarrow x = 1$. Der Inhalt des gesuchten Flächenstücks wird also durch eine Integration in den Grenzen von 0 bis 1 berechnet:

$$\int_0^1 (e - e^x)\,dx = \left[e \cdot x - e^x\right]_0^1 = e - e - (-1) = 1\,\text{FE}.$$

II) Um die Asymptote zu bestimmen, betrachtet man den Grenzwert für $x \to -\infty$. Es ist $\lim\limits_{x\to-\infty} f(x) = e$, da der zweite Term für kleine Werte von x gegen Null geht. Die Asymptote ist daher die Gerade mit der Gleichung $y = e$.

III) Um die ins Unendliche reichende Fläche zwischen der Asymptoten und der Kurve zu berechnen, muss man die Differenz zwischen der Geradengleichung und der Funktion integrieren:

$$A(z) = \int_z^0 (e - (e - e^x))\,dx = \left[e^x\right]_z^0 = 1 - e^z.$$

Für den Grenzwert gilt: $\lim\limits_{z\to-\infty} A(z) = 1\,\text{FE}$.

Also sind beide Flächenstücke gleich groß.

8.5   Rotationskörper

a) Es ist $f(x) = \tfrac{1}{4}e^{2x}$ über dem Intervall $[0;1]$. Für das Volumen des Rotationskörpers gilt:

$$V_{rot} = \pi \cdot \int_0^1 \left(\tfrac{1}{4}e^{2x}\right)^2 dx = \pi \cdot \int_0^1 \tfrac{1}{16}e^{4x}\,dx = \pi \cdot \left[\tfrac{1}{4\cdot16}e^{4x}\right]_0^1 = \pi \cdot \left(\tfrac{1}{64}e^4 - \tfrac{1}{64}e^0\right) = 2{,}63$$

Das Volumen des Rotationskörpers beträgt 2,63 VE.

b) Es ist $f(x) = x^2 + 1$ über dem Intervall $[1;2]$. Für das Volumen des Rotationskörpers gilt:

$$V_{rot} = \pi \cdot \int_1^2 \left(x^2 + 1\right)^2 dx = \pi \cdot \int_1^2 \left(x^4 + 2x^2 + 1\right) dx = \pi \cdot \left[\tfrac{1}{5}x^5 + \tfrac{2}{3}x^3 + x\right]_1^2$$
$$= \pi \cdot \left(\tfrac{1}{5}2^5 + \tfrac{2}{3} \cdot 2^3 + 2^1 - \left(\tfrac{1}{5} + \tfrac{2}{3} + 1\right)\right) = 37{,}28$$

Das Volumen des Rotationskörpers beträgt 37,28 VE.

c) Es ist $f(x) = e^x$ und $y = e$ (Parallele zur x-Achse). Die linke Integrationsgrenze ist die y-Achse: $x_1 = 0$.

Die rechte Integrationsgrenze erhält man durch Schneiden von $f(x) = e^x$ und $y = e$:
$e^x = e \Rightarrow x_2 = 1$. Um das Volumen des Rotationskörpers zu bestimmen, berechnet man zuerst die Volumenintegrale der jeweiligen Kurven und bildet anschließend die Differenz:

$$V_{1rot} = \pi \cdot \int_0^1 e^2 dx = \pi \cdot \left[e^2 \cdot x \right]_0^1 = \pi \cdot \left(e^2 - 0 \right) = \pi \cdot e^2$$

$$V_{2rot} = \pi \cdot \int_0^1 (e^x)^2 \, dx = \pi \cdot \int_0^1 e^{2x} dx = \pi \cdot \left[\tfrac{1}{2} e^{2x} \right]_0^1 = \pi \cdot \left(\tfrac{1}{2} e^2 - \tfrac{1}{2} e^0 \right) = \pi \cdot \left(\tfrac{1}{2} e^2 - \tfrac{1}{2} \right)$$

$$V_{rot} = V_{1rot} - V_{2rot} = \pi \cdot e^2 - \pi \cdot \left(\tfrac{1}{2} e^2 - \tfrac{1}{2} \right) = \pi \cdot \left(\tfrac{1}{2} e^2 + \tfrac{1}{2} \right) = 13,18$$

Das Volumen des Rotationskörpers beträgt 13,18 VE.

d) Der entstandene Rotationskörper wird in unendlich viele unendlich kleine Teilzylinder zerlegt. Die Grundfläche eines Teilzylinders ist $G = \pi \cdot r^2$, wobei $r = f(x)$ ist. Die Höhe eines Zylinders ist das Differential $h = dx$ (unendlich kleine Länge). Das Volumen eines Teilzylinders ist $dV = G \cdot h = \pi \cdot r^2 \cdot h = \pi \cdot f(x)^2 \cdot dx$. Das gesamte Volumen des Rotationskörpers erhält man durch Summieren (= Integrieren) aller Teilzylinder:

$$V_{rot} = \int_a^b dV = \int_a^b \pi \cdot \left(f(x)^2 \right) dx = \pi \cdot \int_a^b \left(f(x)^2 \right) dx$$

9 Extremwertaufgaben

a) I)

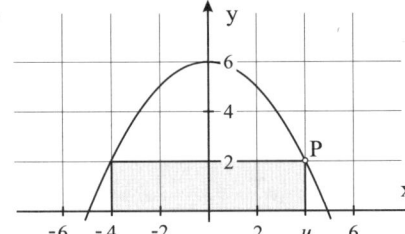

Es ist $f(x) = 6 - \frac{1}{4}x^2$. Gesucht ist ein Rechteck mit maximalem Umfang, das der Kurve einbeschrieben werden soll. Nebenbedingung: Zwei Eckpunkte des Rechtecks müssen auf der Kurve, die anderen beiden auf der x-Achse liegen.

Der Punkt auf der Kurve im 1. Quadranten sei $P(u \mid f(u))$. Damit gilt für die Höhe h des Rechtecks: $h = f(u)$. Für die Grundseite g des Rechtecks gilt: $g = 2u$, mit $0 \leqslant u \leqslant \sqrt{24}$ ($x = \pm\sqrt{24}$ sind die Nullstellen von f). Den Umfang U des Rechtecks erhält man durch $U = 2 \cdot g + 2 \cdot h$. Damit ergibt sich für die Zielfunktion:

$$U(u) = 2 \cdot 2u + 2 \cdot f(u) = 4u + 2 \cdot \left(6 - \frac{1}{4}u^2\right) = 4u + 12 - \frac{1}{2}u^2$$

Die Extremstelle von $U(u)$ erhält man mit der 1. und 2. Ableitung:

$$U'(u) = 4 - u$$
$$U''(u) = -1$$

Als notwendige Bedingung löst man die Gleichung $U'(u) = 0$ nach u auf: $4 - u = 0 \Rightarrow u = 4$. Setzt man $u = 4$ in $U''(u)$ ein, ergibt sich: $U''(4) = -1 < 0$. Also handelt es sich um ein globales Maximum. Die Randstellen müssen daher nicht mehr überprüft werden. Durch Einsetzen von $u = 4$ in die Zielfunktion ergibt sich für den gesuchten Umfang: $U(4) = 4 \cdot 4 + 2 \cdot f(4) = 16 + 2 \cdot 2 = 20 \, \text{LE}$

II)

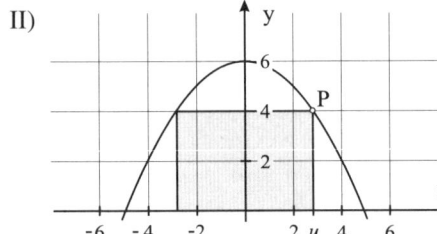

Gesucht ist ein Rechteck mit maximaler Fläche, das der angegebenen Kurve einbeschrieben werden soll. Nebenbedingung: Zwei Eckpunkte des Rechtecks müssen auf der Kurve, die anderen beiden auf der x-Achse liegen. Der Punkt auf der Kurve im 1. Quadranten sei $P(u \mid f(u))$.

Damit gilt für die Höhe h des Rechtecks: $h = f(u)$. Für die Grundseite g des Rechtecks gilt: $g = 2u$, mit $0 \leqslant u \leqslant \sqrt{24}$ ($x = \pm\sqrt{24}$ sind die Nullstellen von f). Den Flächeninhalt A des Rechtecks erhält man durch $A = g \cdot h$. Damit ergibt sich für die Zielfunktion:

$$A(u) = 2u \cdot f(u) = 2u \cdot \left(6 - \frac{1}{4}u^2\right) = 12u - \frac{1}{2}u^3$$

Die Extremstelle von A(u) erhält man mit der 1. und 2. Ableitung:

$$A'(u) = 12 - \frac{3}{2}u^2$$

$$A''(u) = -3u$$

Als notwendige Bedingung löst man die Gleichung A$'(u) = 0$ nach u auf: $12 - \frac{3}{2}u^2 = 0 \Rightarrow u_{1,2} = \pm\sqrt{8} = \pm 2,83$. Der Wert $-\sqrt{8}$ scheidet aus, da es sich bei u um eine Länge handelt und diese immer positiv sind. Also ist $u = \sqrt{8} \approx 2,83$. Setzt man $u = \sqrt{8}$ in A$''(u)$ ein, ergibt sich: A$''(\sqrt{8}) = -3\sqrt{8} < 0$. Also handelt es sich um ein lokales Maximum. Es muss noch überprüft werden, ob die Randstellen eventuell größere Funktionswerte liefern. Es ist A$(0) = 0$ und A$(\sqrt{24}) = 0$, damit existieren keine Randextremwerte und für $u = \sqrt{8}$ liegt ein globales Maximum vor. Setzt man $u = \sqrt{8}$ in die Zielfunktion ein, ergibt sich für die gesuchte Fläche: A $= 12 \cdot \sqrt{8} - \frac{1}{2} \cdot (\sqrt{8})^3 \approx 22,63$ FE.

b)

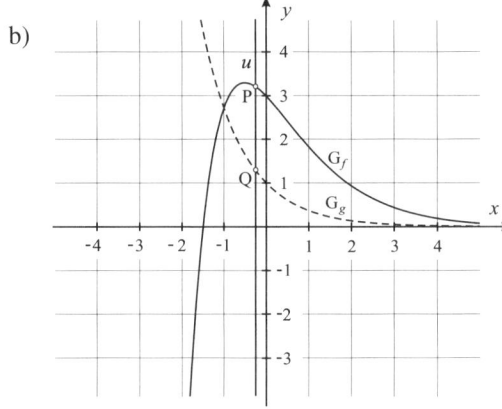

Es sind $f(x) = (2x+3) \cdot e^{-x}$ und $g(x) = e^{-x}$.
Der Punkt P liegt auf G$_f$ und hat somit die Koordinaten: P$(u \mid (2u+3) \cdot e^{-u})$.

Der Punkt Q liegt auf G$_g$ und hat somit die Koordinaten: Q$(u \mid e^{-u})$.

Die Länge l der Strecke PQ erhält man als Differenz der y-Werte von P und Q:
$l(u) = (2u+3) \cdot e^{-u} - e^{-u} = (2u+2) \cdot e^{-u}$

Zur Bestimmung des Maximums benötigt man die 1. und 2. Ableitung (Produkt- und Kettenregel):

$$l'(u) = 2 \cdot e^{-u} + (2u+2) \cdot e^{-u} \cdot (-1) = -2u \cdot e^{-u}$$

$$l''(x) = -2 \cdot e^{-u} + \left(-2u \cdot e^{-u}\right) \cdot (-1) = (2u-2) \cdot e^{-u}$$

Die 1. Ableitung wird Null gesetzt: $-2u \cdot e^{-u} = 0 \Rightarrow u_E = 0$. Setzt man $u_E = 0$ in $l''(u)$ ein, so erhält man: $l''(0) = (2 \cdot 0 - 2) \cdot e^{-0} = -2 < 0 \Rightarrow$ globales Maximum.
Für $u = 0$ ist die Länge der Strecke PQ maximal.
Setzt man $u = 0$ in $l(u)$ ein, so erhält man: $l(0) = (2 \cdot 0 + 2) \cdot e^{-0} = 2$.
Die maximale Länge der Strecke PQ beträgt 2 LE.

Analytische Geometrie

Für alle Parameter bei Geraden und Ebenen gilt $r, s, t, u, \ldots \in \mathbb{R}$, falls nicht anders angegeben.

Für alle Parameter bei Geraden und Ebenen gilt $r, s, t, \ldots \in \mathbb{R}$, falls nicht anders angegeben.

10 Rechnen mit Vektoren

10.1 Addition und Subtraktion von Vektoren

Gegeben sind die Vektoren $\vec{a} = \begin{pmatrix} -1 \\ 2 \\ 4 \end{pmatrix}$ und $\vec{b} = \begin{pmatrix} 3 \\ 1 \\ 2 \end{pmatrix}$.

a) $\vec{a} + \vec{b} = \begin{pmatrix} 2 \\ 3 \\ 6 \end{pmatrix}$ b) $\vec{a} - \vec{b} = \begin{pmatrix} -4 \\ 1 \\ 2 \end{pmatrix}$ c) $2 \cdot \vec{a} = \begin{pmatrix} -2 \\ 4 \\ 8 \end{pmatrix}$

d) $-\vec{a} = \begin{pmatrix} 1 \\ -2 \\ -4 \end{pmatrix}$ e) $2\vec{a} + 3\vec{b} = \begin{pmatrix} 7 \\ 7 \\ 14 \end{pmatrix}$

f) $\vec{a} \cdot \vec{b} = (-1) \cdot 3 + 2 \cdot 1 + 4 \cdot 2 = 7$

g) $|\vec{a}| = \sqrt{(-1)^2 + 2^2 + 4^2} = \sqrt{1 + 4 + 16} = \sqrt{21}$

h) $|\vec{b}| = \sqrt{3^2 + 1^2 + 2^2} = \sqrt{14}$

i) $|\vec{a} + \vec{b}| = \left| \begin{pmatrix} 2 \\ 3 \\ 6 \end{pmatrix} \right| = \sqrt{2^2 + 3^2 + 6^2} = \sqrt{49} = 7$

10.2 Orthogonalität von Vektoren

a) $\vec{a} \cdot \vec{b} = \begin{pmatrix} -1 \\ 0 \\ 1 \end{pmatrix} \cdot \begin{pmatrix} 2 \\ 2 \\ 0 \end{pmatrix} = (-1) \cdot 2 + 0 \cdot 2 + 1 \cdot 0 = -2 \Rightarrow \vec{a}$ steht nicht orthogonal auf $\vec{b}$.

b) $\vec{r} \cdot \vec{n} = \begin{pmatrix} 5 \\ -1 \\ 3 \end{pmatrix} \cdot \begin{pmatrix} 2 \\ 1 \\ -3 \end{pmatrix} = 5 \cdot 2 + (-1) \cdot 1 + 3 \cdot (-3) = 0 \Rightarrow \vec{r}$ steht orthogonal auf $\vec{n}$.

10.3   Verschiedene Aufgaben

a)   I) $\overrightarrow{AB} = \begin{pmatrix} -4 \\ -2 \\ -1 \end{pmatrix}$, $\overrightarrow{AC} = \begin{pmatrix} -1 \\ -4 \\ -2 \end{pmatrix}$, $\overrightarrow{BC} = \begin{pmatrix} 3 \\ -2 \\ -1 \end{pmatrix}$, es ist $\overline{AB} = \overline{AC} = \sqrt{21}$,

damit ist das Dreieck gleichschenklig.

II) $\overrightarrow{AB} = \begin{pmatrix} 5 \\ 3 \\ -2 \end{pmatrix}$, $\overrightarrow{AC} = \begin{pmatrix} 4 \\ 4 \\ -2 \end{pmatrix}$, $\overrightarrow{BC} = \begin{pmatrix} -1 \\ 1 \\ 0 \end{pmatrix}$, es ist $\overline{AB} = \sqrt{38}$, $\overline{AC} = 6$

und $\overline{BC} = \sqrt{2}$, damit ist das Dreieck nicht gleichschenklig.

b) $\overrightarrow{AB} = \begin{pmatrix} -4 \\ 4 \\ 2 \end{pmatrix}$, $\overrightarrow{AC} = \begin{pmatrix} -6 \\ 0 \\ 6 \end{pmatrix}$, $\overrightarrow{BC} = \begin{pmatrix} -2 \\ -4 \\ 4 \end{pmatrix}$

$\overrightarrow{AB} \cdot \overrightarrow{AC} = \begin{pmatrix} -4 \\ 4 \\ 2 \end{pmatrix} \cdot \begin{pmatrix} -6 \\ 0 \\ 6 \end{pmatrix} = 24 + 0 + 12 = 36$

$\overrightarrow{AB} \cdot \overrightarrow{BC} = \begin{pmatrix} -4 \\ 4 \\ 2 \end{pmatrix} \cdot \begin{pmatrix} -2 \\ -4 \\ 4 \end{pmatrix} = 8 - 16 + 8 = 0$

$\overrightarrow{AC} \cdot \overrightarrow{BC} = \begin{pmatrix} -6 \\ 0 \\ 6 \end{pmatrix} \cdot \begin{pmatrix} -2 \\ -4 \\ 4 \end{pmatrix} = 12 + 0 + 24 = 36$

Da das Skalarprodukt von $\overrightarrow{AB}$ und $\overrightarrow{BC}$ gleich Null ist, stehen diese beiden Vektoren senkrecht aufeinander, d.h. das Dreieck ABC hat bei B einen rechten Winkel.

c)   I)

$\vec{m} = \vec{a} + \frac{1}{2}\overrightarrow{AB} = \begin{pmatrix} 4 \\ 1 \\ 3 \end{pmatrix} + \frac{1}{2} \cdot \begin{pmatrix} -6 \\ 4 \\ -8 \end{pmatrix} = \begin{pmatrix} 1 \\ 3 \\ -1 \end{pmatrix}$

$\Rightarrow M(1 \mid 3 \mid -1)$

II)

$\vec{p} = \vec{a} + 2 \cdot \overrightarrow{AB} = \begin{pmatrix} 3 \\ -1 \\ -4 \end{pmatrix} + 2 \cdot \begin{pmatrix} 1 \\ 3 \\ 9 \end{pmatrix} = \begin{pmatrix} 5 \\ 5 \\ 14 \end{pmatrix}$

$\Rightarrow P(5 \mid 5 \mid 14)$

d)   I)

$$\overrightarrow{OD} = \overrightarrow{OA} + \overrightarrow{BC} = \begin{pmatrix} 4 \\ 2 \\ 3 \end{pmatrix} + \begin{pmatrix} -3 \\ -7 \\ -8 \end{pmatrix} = \begin{pmatrix} 1 \\ -5 \\ -5 \end{pmatrix}$$

$$\Rightarrow D(1 \mid -5 \mid -5)$$

II)

$$\overrightarrow{OD^*} = \overrightarrow{OB} + \overrightarrow{AC} = \begin{pmatrix} 1 \\ 8 \\ 5 \end{pmatrix} + \begin{pmatrix} -6 \\ -1 \\ -6 \end{pmatrix} = \begin{pmatrix} -5 \\ 7 \\ -1 \end{pmatrix}$$

$$\Rightarrow D^*(-5 \mid 7 \mid -1)$$

e)   I) Es ergeben sich folgende mögliche Vektorketten:

$$\overrightarrow{OD} = \overrightarrow{OA} + \overrightarrow{BC} = \begin{pmatrix} 3 \\ 1 \\ 4 \end{pmatrix} + \begin{pmatrix} 7 \\ -3 \\ 6 \end{pmatrix} = \begin{pmatrix} 10 \\ -2 \\ 10 \end{pmatrix} \Rightarrow D(10 \mid -2 \mid 10)$$

$$\overrightarrow{OE} = \overrightarrow{OA} + \overrightarrow{BF} = \begin{pmatrix} 3 \\ 1 \\ 4 \end{pmatrix} + \begin{pmatrix} 11 \\ 1 \\ 9 \end{pmatrix} = \begin{pmatrix} 14 \\ 2 \\ 13 \end{pmatrix} \Rightarrow E(14 \mid 2 \mid 13)$$

$$\overrightarrow{OG} = \overrightarrow{OC} + \overrightarrow{BF} = \begin{pmatrix} 5 \\ -2 \\ 3 \end{pmatrix} + \begin{pmatrix} 11 \\ 1 \\ 9 \end{pmatrix} = \begin{pmatrix} 16 \\ -1 \\ 12 \end{pmatrix} \Rightarrow G(16 \mid -1 \mid 12)$$

$$\overrightarrow{OH} = \overrightarrow{OD} + \overrightarrow{BF} = \begin{pmatrix} 10 \\ -2 \\ 10 \end{pmatrix} + \begin{pmatrix} 11 \\ 1 \\ 9 \end{pmatrix} = \begin{pmatrix} 21 \\ -1 \\ 19 \end{pmatrix} \Rightarrow H(21 \mid -1 \mid 19)$$

II) Die Länge der Raumdiagonalen AG ist die Länge des Verbindungsvektors $\overrightarrow{AG}$:

$$AG = |\overrightarrow{AG}| = \left| \begin{pmatrix} 13 \\ -2 \\ 8 \end{pmatrix} \right| = \sqrt{169 + 4 + 64} = \sqrt{237}$$

10.4   Vektorprodukt

a) I) $\begin{pmatrix} 2 \\ -1 \\ 3 \end{pmatrix} \times \begin{pmatrix} 4 \\ 2 \\ -1 \end{pmatrix} = \begin{pmatrix} -5 \\ 14 \\ 8 \end{pmatrix}$ II) $\begin{pmatrix} -1 \\ 2 \\ 0 \end{pmatrix} \times \begin{pmatrix} 3 \\ 0 \\ 1 \end{pmatrix} = \begin{pmatrix} 2 \\ 1 \\ -6 \end{pmatrix}$

b) Es ist $\overrightarrow{AB} = \begin{pmatrix} 2 \\ 1 \\ 2 \end{pmatrix}$ und $\overrightarrow{AD} = \begin{pmatrix} -7 \\ -3 \\ 2 \end{pmatrix}$

Für den Flächeninhalt des Parallelogramms benötigt man das Vektorprodukt:

$$\overrightarrow{AB} \times \overrightarrow{AD} = \begin{pmatrix} 2 \\ 1 \\ 2 \end{pmatrix} \times \begin{pmatrix} -7 \\ -3 \\ 2 \end{pmatrix} = \begin{pmatrix} 8 \\ -18 \\ 1 \end{pmatrix}.$$

Somit gilt für den Flächeninhalt:

$$A = \left| \overrightarrow{AB} \times \overrightarrow{AD} \right| = \left| \begin{pmatrix} 8 \\ -18 \\ 1 \end{pmatrix} \right| = \sqrt{8^2 + (-18)^2 + 1^2} = \sqrt{389} \approx 19,72.$$

Der Flächeninhalt des Parallelogramms beträgt 19,72 FE.

c) Es ist $\overrightarrow{AB} = \begin{pmatrix} -2 \\ 3 \\ 4 \end{pmatrix}$ und $\overrightarrow{AC} = \begin{pmatrix} -3 \\ 1 \\ 5 \end{pmatrix}$

Für den Flächeninhalt des Dreiecks benötigt man das Vektorprodukt:

$$\overrightarrow{AB} \times \overrightarrow{AC} = \begin{pmatrix} -2 \\ 3 \\ 4 \end{pmatrix} \times \begin{pmatrix} -3 \\ 1 \\ 5 \end{pmatrix} = \begin{pmatrix} 11 \\ -2 \\ 7 \end{pmatrix}.$$

Somit gilt für den Flächeninhalt:

$$A = \tfrac{1}{2} \cdot \left| \overrightarrow{AB} \times \overrightarrow{AC} \right| = \tfrac{1}{2} \cdot \left| \begin{pmatrix} 11 \\ -2 \\ 7 \end{pmatrix} \right| = \tfrac{1}{2} \cdot \sqrt{(11)^2 + (-2)^2 + 7^2} = \tfrac{1}{2} \cdot \sqrt{174} \approx 6,60.$$

Der Flächeninhalt des Dreiecks beträgt 6,60 FE.

11 Geraden

11.1 Aufstellen von Geradengleichungen

Der Ortsvektor des einen Punktes wird als Stützvektor für die Gerade benutzt. Einen Richtungsvektor erhält man, indem man einen Verbindungsvektor zwischen den beiden Punkten aufstellt.
Da es beliebig ist, welcher Punkt als «Stützpunkt» genommen wird, bzw. in welche Richtung
man den Richtungsvektor aufstellt, gibt es mehrere Lösungen. Für Aufgabe a) sind alle vier Lösungen dargestellt, für die Aufgaben b) und c) ist eine mögliche Lösung aufgeführt.

a) I) $g: \vec{x} = \begin{pmatrix} 1 \\ 0 \\ 2 \end{pmatrix} + t \cdot \begin{pmatrix} 2 \\ 1 \\ 1 \end{pmatrix}$ II) $g: \vec{x} = \begin{pmatrix} 3 \\ 1 \\ 3 \end{pmatrix} + t \cdot \begin{pmatrix} 2 \\ 1 \\ 1 \end{pmatrix}$

III) $g: \vec{x} = \begin{pmatrix} 1 \\ 0 \\ 2 \end{pmatrix} + t \cdot \begin{pmatrix} -2 \\ -1 \\ -1 \end{pmatrix}$ IV) $g: \vec{x} = \begin{pmatrix} 3 \\ 1 \\ 3 \end{pmatrix} + t \cdot \begin{pmatrix} -2 \\ -1 \\ -1 \end{pmatrix}$

b) $g: \vec{x} = \begin{pmatrix} 2 \\ 1 \\ -4 \end{pmatrix} + t \cdot \begin{pmatrix} 2 \\ -1 \\ 5 \end{pmatrix}$ c) $g: \vec{x} = \begin{pmatrix} 1 \\ 1 \\ 0 \end{pmatrix} + t \cdot \begin{pmatrix} 1 \\ 1 \\ -1 \end{pmatrix}$

11.2 Punktprobe

Die Ortsvektoren der Punkte werden in die Geradengleichung eingesetzt. Dann ermittelt man
den Parameter mit Hilfe der Gleichungen des dazugehörigen Gleichungssystems. Es muss sich
für alle drei Gleichungen der gleiche Parameter ergeben.

a) Einsetzen ergibt:

$$
\begin{array}{rrrrr}
\text{I} & 2 & = & 1 & + & t \\
\text{II} & 7 & = & 3 & + & 4t \\
\text{III} & 0 & = & -2 & + & 2t
\end{array}
$$

Lösen von Gleichung I, II und III führt zu $t = 1$. Also liegt der Punkt A auf der Geraden.

b) Einsetzen ergibt:

$$
\begin{array}{rrrrr}
\text{I} & 3 & = & 1 & + & t \\
\text{II} & 11 & = & 3 & + & 4t \\
\text{III} & 3 & = & -2 & + & 2t
\end{array}
$$

Lösen von Gleichung I und II führt zu $t = 2$. Lösen von Gleichung III ergibt $t = 2,5$. Dies
ist ein Widerspruch. Der Punkt B liegt also nicht auf der Geraden.

c) Lösen von Gleichung I, II und III führt zu $t = -3$. Also liegt der Punkt C auf der Geraden.

11.3 Gegenseitige Lage von Geraden

Für einige Aufgaben ist die Lösung ausführlich dargestellt, ansonsten sind Zwischenergebnisse und das Endergebnis angegeben.

a) Die Richtungsvektoren der Geraden sind kein Vielfaches voneinander, da es kein k gibt, so

dass gilt: $k \cdot \begin{pmatrix} 1 \\ 1 \\ 2 \end{pmatrix} = \begin{pmatrix} 2 \\ 0 \\ 1 \end{pmatrix}$, also können sich die Geraden schneiden oder windschief

sein.

Gleichsetzen der Geraden führt zu:

$$
\begin{array}{rrclcl}
\text{I} & 4 & + & s & = & 2t \\
\text{II} & 2 & + & s & = & 0 \\
\text{III} & 5 & + & 2s & = & t
\end{array}
$$

Gleichung II ergibt: $s = -2$. Eingesetzt in I ergibt sich $t = 1$. Setzt man $s = -2$ und $t = 1$ in Gleichung III ein, ergibt sich: $5 + 2 \cdot (-2) = 1$. Setzt man $t = 1$ in g_2 ein, ergibt sich der Schnittpunkt S mit $S(2 \mid 0 \mid 1)$.

b) Die Richtungsvektoren der Geraden sind kein Vielfaches voneinander, da es kein k gibt, so

dass gilt: $k \cdot \begin{pmatrix} 1 \\ 1 \\ 1 \end{pmatrix} = \begin{pmatrix} 3 \\ 4 \\ 5 \end{pmatrix}$, also können sich die Geraden schneiden oder windschief

sein.

Gleichsetzen der Geraden führt zu:

$$
\begin{array}{rrclcll}
\text{I} & 2 & + & s & = & 3 & + & 3t \\
\text{II} & & & s & = & 2 & + & 4t \\
\text{III} & & & s & = & 3 & + & 5t
\end{array}
$$

Subtrahiert man Gleichung II von Gleichung I, ergibt sich : $t = -1$. Eingesetzt in Gleichung II ergibt sich $s = -2$. Setzt man t und s in Gleichung III ein, ergibt sich: $-2 = 3 + 5 \cdot (-1)$. Einsetzen von $s = -2$ in g_1 ergibt den Schnittpunkt S mit $S(0 \mid -2 \mid -2)$.

c) Die Richtungsvektoren der Geraden sind kein Vielfaches voneinander, da es kein k gibt, so

dass gilt: $k \cdot \begin{pmatrix} 2 \\ 1 \\ -3 \end{pmatrix} = \begin{pmatrix} 4 \\ -5 \\ -1 \end{pmatrix}$.

Gleichsetzen der Geraden führt zu:

$$
\begin{array}{rrclcll}
\text{I} & 1 & + & 2s & = & 5 & + & 4t \\
\text{II} & -3 & + & s & = & 1 & - & 5t \\
\text{III} & 5 & - & 3s & = & -3 & - & t
\end{array}
$$

Gleichung I $-$ 2$\cdot$ Gl. II ergibt: $t = \frac{2}{7}$. Eingesetzt in Gleichung II ergibt sich $s = \frac{18}{7}$. Es müssen s und t noch in Gleichung III überprüft werden, es ergibt sich: $\frac{4}{7} = 0$. Dies ist ein Widerspruch, also sind die Geraden windschief.

d) Prüfung der Richtungsvektoren:

$$k \cdot \begin{pmatrix} 2 \\ -1 \\ 3 \end{pmatrix} = \begin{pmatrix} -2 \\ 1 \\ -3 \end{pmatrix} \Rightarrow k = -1,$$ d.h. die Richtungsvektoren sind ein Vielfaches von-

einander (linear abhängig), also können die Geraden parallel oder identisch sein.

Man prüft nun, ob $P(4\,|\,0\,|\,1)$ der Geraden g auch auf der Geraden h liegt:

$$\begin{pmatrix} 4 \\ 0 \\ 1 \end{pmatrix} = \begin{pmatrix} 6 \\ -1 \\ 4 \end{pmatrix} + t \cdot \begin{pmatrix} -2 \\ 1 \\ -3 \end{pmatrix}$$

Damit ergibt sich:

$$4 = 6 - 2t \Rightarrow t = 1$$
$$0 = -1 + t \Rightarrow t = 1$$
$$1 = 4 - 3t \Rightarrow t = 1$$

Die Punktprobe ist positiv, also sind die Geraden identisch.

e) Prüfung der Richtungsvektoren:

$$k \cdot \begin{pmatrix} -2 \\ -1 \\ 3 \end{pmatrix} = \begin{pmatrix} 4 \\ 2 \\ -6 \end{pmatrix} \Rightarrow k = -2,$$ d.h. die Richtungsvektoren sind ein Vielfaches von-

einander (linear abhängig), also können die Geraden parallel oder identisch sein.

Man prüft nun, ob $P(1\,|\,4\,|\,-2)$ der Geraden g auch auf der Geraden h liegt:

$$\begin{pmatrix} 1 \\ 4 \\ -2 \end{pmatrix} = \begin{pmatrix} -1 \\ 3 \\ -1 \end{pmatrix} + t \cdot \begin{pmatrix} 4 \\ 2 \\ -6 \end{pmatrix}$$

Damit ergibt sich:

$$1 = -1 + 4t \Rightarrow t = \frac{1}{2}$$
$$4 = 3 + 2t \Rightarrow t = \frac{1}{2}$$
$$-2 = -1 - 6t \Rightarrow t = \frac{1}{6}$$

Dies ist ein Widerspruch, d.h. die Punktprobe ist negativ, also sind die Geraden parallel.

12 Ebenen

12.1 Parameterform der Ebenengleichung

a) Einer der angegebenen Punkte, z.B. A, wird als «Stützpunkt» genommen; die Verbindungsvektoren $\overrightarrow{AB}$ und $\overrightarrow{AC}$ sind dann die Spannvektoren der Ebene. Konkret ergibt sich damit:

$$E: \vec{x} = \begin{pmatrix} 1 \\ 4 \\ 3 \end{pmatrix} + s \cdot \begin{pmatrix} 1 \\ 3 \\ -6 \end{pmatrix} + t \cdot \begin{pmatrix} 2 \\ 1 \\ -2 \end{pmatrix}$$

b) Der «Stützpunkt» und der erste Spannvektor können direkt von der Geraden g übernommen werden. Den zweiten Spannvektor erhält man, indem man den Verbindungsvektor zwischen dem Stützpunkt und dem angegebenen Punkt aufstellt. Damit gilt:

$$E: \vec{x} = \begin{pmatrix} -1 \\ 2 \\ 4 \end{pmatrix} + s \cdot \begin{pmatrix} 3 \\ 6 \\ -1 \end{pmatrix} + t \cdot \begin{pmatrix} 2 \\ 1 \\ 2 \end{pmatrix}$$

12.2 Koordinatengleichung einer Ebene

Es gibt verschiedene Wege, die Koordinatenform der Ebenengleichung zu bestimmen. In der Lösung ist der Weg über die Punkt-Normalenform gewählt $\vec{n} \cdot \vec{x} = \vec{n} \cdot \vec{a}$ (wnn A ein Punkt der Ebene ist), weil er der direkteste ist. Es ist aber z.B. auch möglich, die Koordinatenform zu bestimmen, indem man ein Gleichungssystem bildet und dieses ausrechnet.

a) Zuerst legt man fest, welcher Ortsvektor als Stützvektor benutzt wird, dann bildet man zwei Spannvektoren und errechnet mit diesen den Normalenvektor $\vec{n}$. Dieser wird in die Punkt-Normalenform eingesetzt und ausgerechnet:

Als Stützvektor wird $\vec{a}$ gewählt, damit ergibt sich für die Spannvektoren $\overrightarrow{AB} = \begin{pmatrix} 2 \\ -1 \\ 1 \end{pmatrix}$

und $\overrightarrow{AC} = \begin{pmatrix} 6 \\ 2 \\ 3 \end{pmatrix}$. Das Vektorprodukt (siehe Seite 39) der Spannvektoren ergibt $\begin{pmatrix} -5 \\ 0 \\ 10 \end{pmatrix}$.

Ausklammern von 5 führt zu $\vec{n} = \begin{pmatrix} -1 \\ 0 \\ 2 \end{pmatrix}$. Einsetzen in die Punkt-Normalenform und

Ausrechnen ergibt

$$\begin{pmatrix} -1 \\ 0 \\ 2 \end{pmatrix} \cdot \begin{pmatrix} x_1 \\ x_2 \\ x_3 \end{pmatrix} = \begin{pmatrix} -1 \\ 0 \\ 2 \end{pmatrix} \cdot \begin{pmatrix} 2 \\ 2 \\ 2 \end{pmatrix} \Rightarrow -x_1 + 2x_3 = 2$$

b) Der Stützvektor der Geraden wird als Punkt der Ebene in der Punkt-Normalenform benutzt. Der erste Spannvektor ist der Richtungsvektor der Geraden, der zweite Spannvektor ergibt sich als Verbindungsvektor des «Stützpunktes» der Geraden zu dem gegebenen Punkt. Mit den beiden Spannvektoren wird $\vec{n}$ berechnet und über die Punkt-Normalenform die Koordinatengleichung ausgerechnet.

Stützvektor: $\vec{s} = \begin{pmatrix} 3 \\ 5 \\ 7 \end{pmatrix}$, Spannvektoren $\begin{pmatrix} 1 \\ 1 \\ 1 \end{pmatrix}$ und $\begin{pmatrix} 1 \\ -4 \\ -5 \end{pmatrix}$. Das Vektorprodukt (siehe

Seite 39) der Spannvektoren und Ausklammern von (-1) führt zu $\vec{n} = \begin{pmatrix} 1 \\ -6 \\ 5 \end{pmatrix}$. Einsetzen von $\vec{s}$ und $\vec{n}$ in die Punkt-Normalenform und Ausrechnen führt zu $x_1 - 6x_2 + 5x_3 = 8$.

c) Zuerst wird der Schnittpunkt der Geraden ermittelt. Bevor man die Gleichungen gleichsetzt, überprüft man, ob sie den gleichen Stützvektor besitzen. Der eine Richtungsvektor bildet einen Spannvektor, der andere Richtungsvektor den anderen. Mit den beiden Spannvektoren wird $\vec{n}$ berechnet und über die Punkt-Normalenform die Koordinatengleichung ausgerechnet.

Beide Geraden besitzen den gleichen Stützvektor $\vec{s} = \begin{pmatrix} 1 \\ 2 \\ 3 \end{pmatrix}$, die Spannvektoren sind

$\begin{pmatrix} 1 \\ 3 \\ 4 \end{pmatrix}$ und $\begin{pmatrix} 2 \\ -1 \\ 3 \end{pmatrix}$. Damit ist $\vec{n} = \begin{pmatrix} 13 \\ 5 \\ -7 \end{pmatrix}$. Einsetzen von $\vec{s}$ und $\vec{n}$ in die Punkt-

Normalenform und Ausrechnen führt zu $13x_1 + 5x_2 - 7x_3 = 2$.

d) Zuerst wird der Schnittpunkt durch Gleichsetzen der dazugehörigen Gleichungen bestimmt:

$$\begin{array}{rrcrcr}
\text{I} & 1 + 3s & = & 4 & + & 6t \\
\text{II} & s & = & 1 & + & 2t \\
\text{III} & 2 + 2s & = & 1 & + & 4t
\end{array}$$

Die Gleichung II wird mit -2 multipliziert zu III addiert. Es ergibt sich der Ausdruck $3 = 0$. Dies ist ein Widerspruch. Die Gleichung hat damit keine Lösung, d.h. die Geraden schneiden sich nicht. Da die Richtungsvektoren linear abhängig sind, sind die Geraden parallel. Der «Stützpunkt» der einen Geraden wird als Punkt in der Punkt-Normalenform benutzt.

Der erste Spannvektor der Ebene ist der Richtungsvektor der Geraden, der zweite Spannvektor ergibt sich aus dem Verbindungsvektor zwischen dem «Stützpunkt» der ersten Geraden und dem des «Stützpunktes» der zweiten Geraden. Mit den beiden Spannvektoren wird $\vec{n}$ berechnet und über die Punkt-Normalenform die Koordinatengleichung ausgerechnet. Stützvektor $\vec{s} = \begin{pmatrix} 1 \\ 0 \\ 2 \end{pmatrix}$, die Spannvektoren sind $\begin{pmatrix} 3 \\ 1 \\ 2 \end{pmatrix}$ und $\begin{pmatrix} 3 \\ 1 \\ -1 \end{pmatrix}$. Das

Vektorprodukt (siehe Seite 39) der Spannvektoren und Ausklammern von (-3) führt zu

$\vec{n} = \begin{pmatrix} 1 \\ -3 \\ 0 \end{pmatrix}$. Einsetzen von $\vec{s}$ und $\vec{n}$ in die Punkt-Normalenform und Ausrechnen führt

zu $x_1 - 3x_2 = 1$.

e) Der Verbindungsvektor $\overrightarrow{AA^*}$ ist orthogonal zur Spiegelebene. Damit kann man ihn als Normalenvektor der Ebene benutzen. Dann wird der Punkt P in der Mitte der beiden Punkte ausgerechnet.

Es ist $\overrightarrow{AA^*} = \begin{pmatrix} 2 \\ -2 \\ -4 \end{pmatrix}$. Ausklammern von 2 ergibt $\vec{n} = \begin{pmatrix} 1 \\ -1 \\ -2 \end{pmatrix}$. Für $\vec{p}$ ergibt sich

$\vec{p} = \vec{a} + \frac{1}{2} \cdot \overrightarrow{AA^*} = \begin{pmatrix} 2 \\ 3 \\ 5 \end{pmatrix}$. Einsetzen in die Punkt-Normalenform ergibt die Koordinatengleichung $x_1 - x_2 - 2x_3 = -11$.

f) Da E die Gerade g enthalten soll, muss der Normalenvektor $\vec{n}$ senkrecht auf dem Richtungsvektor der Geraden stehen: $\begin{pmatrix} n_1 \\ n_2 \\ n_3 \end{pmatrix} \cdot \begin{pmatrix} 2 \\ 0 \\ -1 \end{pmatrix} = 0$. Außerdem soll die Ebene auch

auf der angegebenen Ebene F mit $\overrightarrow{n_F} = \begin{pmatrix} -1 \\ 1 \\ 2 \end{pmatrix}$ senkrecht stehen. Damit gilt

$\begin{pmatrix} n_1 \\ n_2 \\ n_3 \end{pmatrix} \cdot \begin{pmatrix} -1 \\ 1 \\ 2 \end{pmatrix} = 0$. Die beiden Skalarprodukte werden ausgerechnet, es ergibt sich

das folgende Gleichungssystem:

$$
\begin{array}{rrrrrr}
\text{I} & 2n_1 & & - & n_3 & = & 0 \\
\text{II} & -n_1 & + & n_2 & + & 2n_3 & = & 0
\end{array}
$$

Aus I ergibt sich $n_3 = 2n_1$. Da es sich um zwei Gleichungen mit drei Unbekannten handelt, wählt man eine Unbekannte und setzt ein: $n_1 = 1$, damit ist $n_3 = 2$ und $n_2 = -3$. Der so bestimmte Normalenvektor und der Stützvektor von g werden in die Punkt-Normalenform eingesetzt und diese ausgerechnet. Damit ist die Koordinatenform: $x_1 - 3x_2 + 2x_3 = 4$.

g) Mit drei Punkten wird eine Ebene aufgestellt. Anschließend prüft man, ob der 4. Punkt in der Ebene liegt. Da eine Punktprobe in der Parameterform relativ aufwändig ist, lohnt es sich, die Koordinatenform aufzustellen.

Als Stützvektor wird $\vec{a}$ gewählt, damit ergibt sich für die Spannvektoren $\overrightarrow{AB} = \begin{pmatrix} 2 \\ 2 \\ 2 \end{pmatrix}$

und $\overrightarrow{AC} = \begin{pmatrix} 5 \\ 1 \\ 1 \end{pmatrix}$. Das Vektorprodukt (siehe Seite 39) der Spannvektoren und Ausklam-

mern von 8 führt zu $\vec{n} = \begin{pmatrix} 0 \\ 1 \\ -1 \end{pmatrix}$. Einsetzen in die Punkt-Normalenform und Ausrechnen

ergibt: $x_2 - x_3 = -1$. Einsetzen von $D(8 \mid -1 \mid 0)$ ergibt $-1 = -1$, damit liegen alle vier Punkte in einer Ebene.

12.3   Ebenen im Koordinatensystem

Den Schnittpunkt einer Ebene mit der x_1-Achse erhält man, indem man die x_2- und die x_3-Komponente des Punktes gleich Null setzt, in die Koordinatengleichung einsetzt und x_1 berechnet. Entsprechend erhält man die Schnittpunkte einer Ebene mit den anderen Koordinatenachsen.

a) Koordinatengleichung E: $3x_1 + 4x_2 + 3x_3 = 12$. Schnittpunkt mit der x_1-Achse: Für x_2 und x_3 wird 0 eingesetzt, man erhält: $3x_1 = 12 \Rightarrow x_1 = 4 \Rightarrow S_1(4 \mid 0 \mid 0)$. Entsprechend verfährt man für die anderen Schnittpunkte: $4x_2 = 12 \Rightarrow x_2 = 3 \Rightarrow S_2(0 \mid 3 \mid 0)$ und $3x_3 = 12 \Rightarrow x_3 = 4 \Rightarrow S_3(0 \mid 0 \mid 4)$.

b) $E: 4x_1 - 8x_2 + 4x_3 = 16$. Schnittpunkte mit den Koordinatenachsen: $4x_1 = 16, \Rightarrow S_1(4 \mid 0 \mid 0)$, $-8x_2 = 16 \Rightarrow S_2(0 \mid -2 \mid 0)$ und $4x_3 = 16 \Rightarrow S_3(0 \mid 0 \mid 4)$.

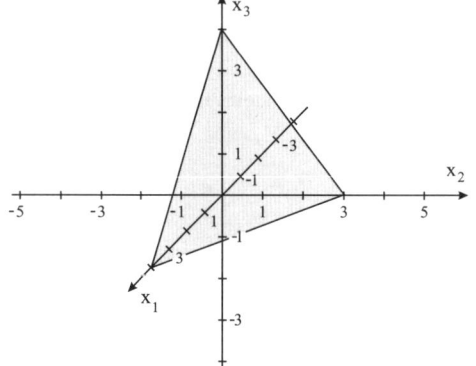 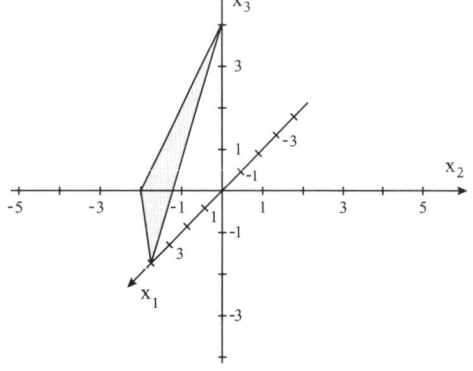

Aufgabe a)   Aufgabe b)

c) $E: 2x_1 + 4x_2 = 8$. Schnittpunkte mit den Koordinatenachsen: $2x_1 = 8 \Rightarrow S_1(4 \mid 0 \mid 0)$ und $4x_2 = 8 \Rightarrow S_2(0 \mid 2 \mid 0)$. Da es keinen Schnittpunkt mit der x_3-Achse gibt, bedeutet dies, dass die Ebene parallel zur x_3-Achse ist.

d) $E : x_1 + 2x_3 = 4$. Schnittpunkte mit den Koordinatenachsen: $x_1 = 4 \Rightarrow S_1(4\,|\,0\,|\,0)$ und $2x_3 = 4 \Rightarrow S_3(0\,|\,0\,|\,2)$. Da es keinen Schnittpunkt mit der x_2-Achse gibt, bedeutet dies, dass die Ebene parallel zur x_2-Achse ist.

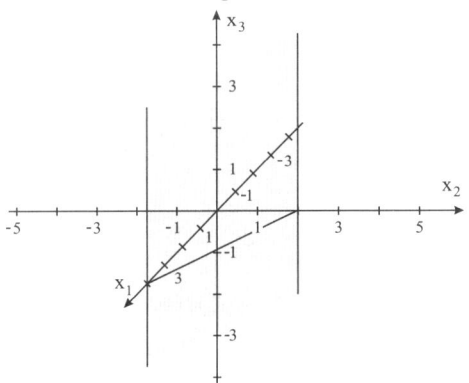 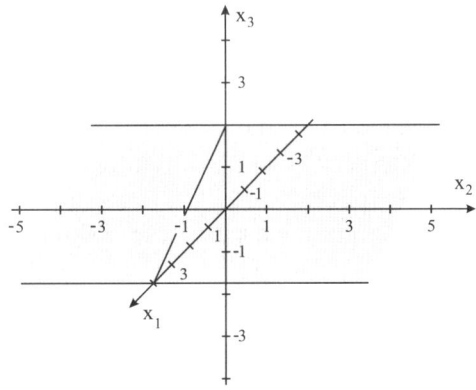

Aufgabe c)   Aufgabe d)

e) $E : 3x_2 + x_3 = 3$. Schnittpunkte mit den Koordinatenachsen: $3x_2 = 3 \Rightarrow S_2(0\,|\,1\,|\,0)$ und $x_3 = 3 \Rightarrow S_3(0\,|\,0\,|\,3)$. Da es keinen Schnittpunkt mit der x_1-Achse gibt, bedeutet dies, dass die Ebene parallel zur x_1-Achse ist.

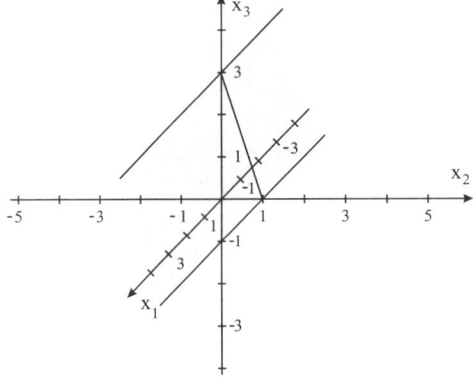 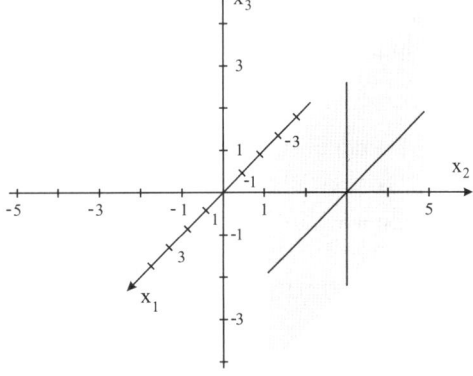

Aufgabe e)   Aufgabe f)

f) $E : x_2 = 3$. Schnittpunkt mit den Koordinatenachsen: $x_2 = 3 \Rightarrow S_2(0\,|\,3\,|\,0)$. Da es keine Schnittpunkte mit der x_1- und der x_3-Achse gibt, bedeutet dies, dass die Ebene parallel zur x_1x_3-Ebene ist.

12.4   Bestimmen von Geraden und Ebenen in einem Quader

a) $\overrightarrow{OB} = \overrightarrow{OA} + \overrightarrow{OC} \Rightarrow \overrightarrow{OB} = \begin{pmatrix} 4 \\ 6 \\ 0 \end{pmatrix} \Rightarrow B(4\,|\,6\,|\,0)$

$\overrightarrow{OD} = \overrightarrow{OA} + \overrightarrow{OG} \Rightarrow D(4\,|\,0\,|\,5)$ $\overrightarrow{OE} = \overrightarrow{OB} + \overrightarrow{OG} \Rightarrow E(4\,|\,6\,|\,5)$

$\overrightarrow{OF} = \overrightarrow{OC} + \overrightarrow{OG} \Rightarrow F(0\,|\,6\,|\,5)$ $\overrightarrow{OM} = \overrightarrow{OB} + \frac{1}{2} \cdot \overrightarrow{G} \Rightarrow M(4\,|\,6\,|\,2{,}5)$

$\overrightarrow{ON} = \overrightarrow{OC} + \frac{1}{2} \cdot \overrightarrow{G} \Rightarrow N(0\,|\,6\,|\,2{,}5)$

b) Wenn man ein kartesisches Koordinatensystem zugrundelegt, ergibt sich aus der Zeich-

nung für den Normalenvektor $\vec{n} = \begin{pmatrix} 0 \\ 1 \\ 0 \end{pmatrix}$. Einsetzen von $\vec{b}$ in die Punkt-Normalenform

ergibt

für die Koordinatengleichung $x_2 = 6$.

c) Der Ortsvektor von A wird als Stützvektor genommen, der Verbindungsvektor von A zu N

ist der Richtungsvektor. Die Gerade ist damit: $g : \vec{x} = \begin{pmatrix} 4 \\ 0 \\ 0 \end{pmatrix} + s \cdot \begin{pmatrix} -4 \\ 6 \\ 2{,}5 \end{pmatrix}$.

Für die zweite Gerade verfährt man analog: $h : \vec{x} = \begin{pmatrix} 0 \\ 0 \\ 5 \end{pmatrix} + t \cdot \begin{pmatrix} 4 \\ 6 \\ -2{,}5 \end{pmatrix}$.

d) Da die Ebene durch den Nullpunkt geht, muss man nur den Normalenvektor bestimmen: $\overrightarrow{OE}$ und $\overrightarrow{OF}$ dienen als Spannvektoren. Damit ergibt sich für die Ebene: $-5x_2 + 6x_3 = 0$. Zum Schluss wird noch eine Punktprobe mit A gemacht.

12.5   Bestimmen von Geraden und Ebenen in einer Pyramide

a) Da der Mittelpunkt der Pyramide der Koordinatenursprung ist, lassen sich die Punkte durch Symmetriebetrachtungen bestimmen: $Q(2\,|\,2\,|\,0)$, $R(-2\,|\,2\,|\,0)$, $S(-2\,|\,-2\,|\,0)$.

b) Der Ortsvektor von P wird als Stützvektor der Geraden genommen, der Verbindungsvektor von P nach T als Richtungsvektor: Die Gerade ist damit:

$$g : \vec{x} = \begin{pmatrix} 2 \\ -2 \\ 0 \end{pmatrix} + r \cdot \begin{pmatrix} -2 \\ 2 \\ 6 \end{pmatrix}.$$

c) Der Ortsvektor von T dient als Stützvektor der Ebene, die Vektoren $\overrightarrow{TQ}$ und $\overrightarrow{TR}$ sind die Spannvektoren. Bestimmen des Normalenvektors und Einsetzen in die Punkt-Normalenform führt zu: $3x_2 + x_3 = 6$.

13 Gegenseitige Lage von Geraden und Ebenen

13.1 Gegenseitige Lage

a) Für die Gerade gilt:

$$\begin{aligned} x_1 &= 4 + t \\ x_2 &= 6 + 2t \\ x_3 &= 2 + 3t \end{aligned}$$

Die Werte für x_1, x_2 und x_3 setzt man in die Ebenengleichung ein und löst nach t auf (die Gerade wird als «allgemeiner Punkt» $P_t\,(4+t \mid 6+2t \mid 2+3t)$ in die Ebenengleichung eingesetzt):

$2 \cdot (4+t) + 4 \cdot (6+2t) + 6 \cdot (2+3t) + 12 = 0$. Auflösen der Klammern führt zu: $28t + 56 = 0$ bzw. zu $t = -2$. Dies wird in die Geradengleichung eingesetzt, damit ist der Schnittpunkt $S\,(2 \mid 2 \mid -4)$.

b) Die Gerade wird als «allgemeiner Punkt» geschrieben und in die Ebenengleichung eingesetzt: $2 \cdot (3+2s) + 1 \cdot (2+5s) - 3 \cdot (2+7s) = 4$. Auflösen der Klammern führt zu: $s = -\frac{1}{6}$. In die Geradengleichung eingesetzt ergibt sich der Schnittpunkt $S\left(\frac{8}{3} \mid \frac{7}{6} \mid \frac{5}{6}\right)$.

c) Die Gerade und die Ebene werden gleichgesetzt:

$$\begin{pmatrix} 1 \\ -2 \\ -2 \end{pmatrix} + r \cdot \begin{pmatrix} 3 \\ 6 \\ -3 \end{pmatrix} + s \cdot \begin{pmatrix} 8 \\ -4 \\ 4 \end{pmatrix} = \begin{pmatrix} 4 \\ 1 \\ 3 \end{pmatrix} + t \cdot \begin{pmatrix} 2 \\ -1 \\ 1 \end{pmatrix}$$

daraus ergibt sich folgendes Gleichungssystem:

$$\begin{aligned} 3r &+ 8s &- 2t &= 3 \\ 6r &- 4s &+ t &= 3 \\ -3r &+ 4s &- t &= 5 \end{aligned}$$

Löst man dieses Gleichungssystem mit dem Gaußschen Lösungsverfahren, ergibt sich ein Widerspruch, d.h. es gibt keine Lösung. Das bedeutet, dass sich Gerade und Ebene nicht schneiden, die Gerade liegt also parallel zur Ebene.

d) Die Gerade und die Ebene werden gleichgesetzt:

$$\begin{pmatrix} 4 \\ 6 \\ 8 \end{pmatrix} + r \cdot \begin{pmatrix} 3 \\ 8 \\ 9 \end{pmatrix} + s \cdot \begin{pmatrix} 10 \\ 5 \\ 4 \end{pmatrix} = \begin{pmatrix} 3 \\ 4 \\ 7 \end{pmatrix} + t \cdot \begin{pmatrix} 1 \\ 0 \\ 1 \end{pmatrix}$$

daraus ergibt sich folgendes Gleichungssystem:

$$\begin{aligned} 3r &+ 10s &- t &= -1 \\ 8r &+ 5s & &= -2 \\ 9r &+ 4s &- t &= -1 \end{aligned}$$

Löst man dieses Gleichungssystem mit dem Gaußschen Lösungsverfahren, ergibt sich: $r = -\frac{2}{13}$, $s = -\frac{2}{13}$ und $t = -1$. Einsetzen von $t = -1$ in die Geradengleichung führt zum Schnittpunkt S $(2 \mid 4 \mid 6)$.

e) Die Gerade wird als «allgemeiner Punkt» geschrieben und in die Ebenengleichung eingesetzt: $1 \cdot (1 + 2s) - 1 \cdot (3 + 2s) = 0$. Auflösen der Klammern führt zu: $-2 = 0$. Dies ist ein Widerspruch, die Gleichung hat keine Lösung, also ist die Gerade parallel zur Ebene.

13.2   Gerade und Ebene parallel

a) Damit die Gerade g_t und die Ebene E parallel sind, muss der Normalenvektor $\vec{n}$ von E orthogonal zum Richtungsvektor $\vec{r}$ der Geraden sein: $\vec{n} \cdot \vec{r} = 0$. Ausrechnen des Skalarproduktes ergibt:

$$\begin{pmatrix} 2 \\ 1 \\ t \end{pmatrix} \cdot \begin{pmatrix} 1 \\ 2 \\ 4 \end{pmatrix} = 2 \cdot 1 + 1 \cdot 2 + t \cdot 4 = 0 \quad \Rightarrow \quad t = -1.$$

Für $t = -1$ ist g_t parallel zu E. Zum Nachweis, dass die Gerade echt parallel ist, setzt man noch den «Stützpunkt» der Gerade in die Ebenengleichung ein (Punktprobe). Dies führt auf einen Widerspruch, also ist die Gerade echt parallel.

b) Damit die Gerade g_t und die Ebene E_t parallel sind, muss der Normalenvektor $\vec{n}$ der Ebene orthogonal zum Richtungsvektor $\vec{r}$ der Geraden sein: $\vec{n} \cdot \vec{r} = 0$. Ausrechnen des Skalarproduktes ergibt: $1 \cdot t + t \cdot 2 + 2 \cdot (-1) = 0 \Rightarrow t = \frac{2}{3}$. Für $t = \frac{2}{3}$ ist g_t parallel zu E_t. Zum Schluss wird eine Punktprobe mit dem «Stützpunkt» der Geraden gemacht, welche die echte Parallelität zeigt.

13.3   Vermischte Aufgaben

a) Als Stützvektor der Geraden wählt man $\vec{p} = \begin{pmatrix} 4 \\ 9 \\ 7 \end{pmatrix}$, der Normalenvektor der Ebene ist

$\vec{n} = \begin{pmatrix} 2 \\ 1 \\ -2 \end{pmatrix}$. Nun ist ein Richtungsvektor $\vec{r_g}$ so zu wählen, dass $\vec{r_g} \cdot \vec{n} = 0$. Beispiel:

$$\vec{r_g} = \begin{pmatrix} 1 \\ -2 \\ 0 \end{pmatrix} \text{ oder } \vec{r_g} = \begin{pmatrix} 1 \\ 0 \\ 1 \end{pmatrix}$$

Eine mögliche Geradengleichung ist

$$g: \ \vec{x} = \begin{pmatrix} 4 \\ 9 \\ 7 \end{pmatrix} + t \cdot \begin{pmatrix} 1 \\ -2 \\ 0 \end{pmatrix} ; t \in \mathbb{R}$$

b) Als Stützvektor der Geraden wählt man $\vec{q} = \begin{pmatrix} 4 \\ -1 \\ 3 \end{pmatrix}$, der Normalenvektor der Ebene ist

$\vec{n} = \begin{pmatrix} 4 \\ -3 \\ 5 \end{pmatrix}$. Da $g \perp E$ ist, kann man $\overrightarrow{r_g} = 1 \cdot \vec{n}$ wählen (oder ein anderes Vielfaches).

Eine mögliche Geradengleichung ist

$$g:\ \vec{x} = \begin{pmatrix} 4 \\ -1 \\ 3 \end{pmatrix} + t \cdot \begin{pmatrix} 4 \\ -3 \\ 5 \end{pmatrix} ; t \in \mathbb{R}$$

c) Der Punkt $S\,(0 \mid 10 \mid 0)$ ist ein Punkt der Ebene, der Normalenvektor ist $\vec{n} = \begin{pmatrix} -2 \\ 1 \\ 2 \end{pmatrix}$.

Den Normaleneinheitsvektor $\overrightarrow{n_0}$ mit Länge 1 LE erhält man durch

$$\overrightarrow{n_0} = \frac{1}{|\vec{n}|} \cdot \vec{n} = \frac{1}{3} \cdot \begin{pmatrix} -2 \\ 1 \\ 2 \end{pmatrix}$$

Den Ortsvektor eines Punktes außerhalb der Ebene mit Abstand 3 LE erhält man durch

$$\vec{p} = \vec{s} + 3 \cdot \overrightarrow{n_0} = \begin{pmatrix} 0 \\ 10 \\ 0 \end{pmatrix} + 3 \cdot \frac{1}{3} \cdot \begin{pmatrix} -2 \\ 1 \\ 2 \end{pmatrix} = \begin{pmatrix} -2 \\ 11 \\ 2 \end{pmatrix}$$

dies ist der Stützvektor der Geraden. Der Richtungsvektor $\overrightarrow{r_g}$ der Geraden ist so zu wählen, dass gilt $\overrightarrow{r_g} \cdot \vec{n} = 0$ (weil g parallel zu E), z.B.

$$\overrightarrow{r_g} = \begin{pmatrix} 1 \\ 0 \\ 1 \end{pmatrix} \text{ oder } \overrightarrow{r_g} = \begin{pmatrix} 1 \\ 2 \\ 0 \end{pmatrix}$$

Eine mögliche Geradengleichung ist

$$g:\ \vec{x} = \begin{pmatrix} -2 \\ 11 \\ 2 \end{pmatrix} + t \cdot \begin{pmatrix} 1 \\ 0 \\ 1 \end{pmatrix} ; t \in \mathbb{R}$$

Eine weitere Geradengleichung ergibt sich mit Hilfe von $\vec{p} = \vec{s} - 3 \cdot \overrightarrow{n_0}$.

14 Gegenseitige Lage zweier Ebenen

14.1 Schnitt von zwei Ebenen

a) Gleichung II wird von Gleichung I subtrahiert, es ergibt sich $-x_2 + 4x_3 = 7$. Es wird x_3 als t festgelegt und eingesetzt: $-x_2 + 4 \cdot t = 7 \Rightarrow x_2 = 4t - 7$. Einsetzen in I ergibt $x_1 + 5 \cdot t = 8$ $\Rightarrow x_1 = 8 - 5t$. Umschreiben zu einer Geradengleichung wie in Aufgabe ergibt:

$$g : \vec{x} = \begin{pmatrix} 8 \\ -7 \\ 0 \end{pmatrix} + t \cdot \begin{pmatrix} -5 \\ 4 \\ 1 \end{pmatrix}$$

b) Die beiden Gleichungen werden addiert, es ergibt sich $7x_1 + x_3 = 0 \Rightarrow 7x_1 = -x_3$. Nun wird x_1 als t festgelegt und eingesetzt $7 \cdot t = -x_3 \Rightarrow x_3 = -7t$. Einsetzen in die Gleichung von E_1 ergibt: $t - x_2 + 2 \cdot (-7t) = 7 \Rightarrow -x_2 - 13t = 7$ bzw. $x_2 = -7 - 13t$. Nun hat man je eine Gleichung für x_1, x_2 und x_3:

$$\begin{aligned} x_1 &= & t \\ x_2 &= -7 & - & 13t \\ x_3 &= & - & 7t \end{aligned}$$

Daraus ergibt sich als Geradengleichung

$$g : \vec{x} = \begin{pmatrix} 0 \\ -7 \\ 0 \end{pmatrix} + t \cdot \begin{pmatrix} 1 \\ -13 \\ -7 \end{pmatrix}$$

c) Aus Gleichung I ergibt sich direkt: $4x_2 = 5 \Rightarrow x_2 = \frac{5}{4}$. In Gleichung II setzt man $x_1 = t$, damit ist $6 \cdot t = -5x_3 \Rightarrow x_3 = -\frac{6}{5}t$. Umschreiben zu einer Geradengleichung ergibt

$$g : \vec{x} = \begin{pmatrix} 0 \\ \frac{5}{4} \\ 0 \end{pmatrix} + t \cdot \begin{pmatrix} 1 \\ 0 \\ -\frac{6}{5} \end{pmatrix} \quad \text{bzw. } g : \vec{x} = \begin{pmatrix} 0 \\ 1,25 \\ 0 \end{pmatrix} + t \cdot \begin{pmatrix} 5 \\ 0 \\ -6 \end{pmatrix}$$

d) Die Ebene E_1 wird als drei Gleichungen geschrieben:

$$\begin{aligned} x_1 &= 5 & & & + & 2s \\ x_2 &= 6 & - & 4r & - & 3s \\ x_3 &= -4 & + & 7r & + & 4s \end{aligned}$$

Nun werden x_1, x_2 und x_3 in E_2 eingesetzt:

$$2(5 + 2s) - (6 - 4r - 3s) + (-4 + 7r + 4s) = 0$$

Nach dem Auflösen der Klammern ergibt sich $11s + 11r = 0$. Auflösen der Gleichung nach s führt zu $s = -r$. Dies wird in E_1 eingesetzt:

$$\vec{x} = \begin{pmatrix} 5 \\ 6 \\ -4 \end{pmatrix} + r \cdot \begin{pmatrix} 0 \\ -4 \\ 7 \end{pmatrix} - r \cdot \begin{pmatrix} 2 \\ -3 \\ 4 \end{pmatrix}$$

Zusammenfassen der Vektoren ergibt die Schnittgerade:

$$g: \vec{x} = \begin{pmatrix} 5 \\ 6 \\ -4 \end{pmatrix} + r \cdot \begin{pmatrix} -2 \\ -1 \\ 3 \end{pmatrix}$$

e) Die Ebene E_1 wird als drei Gleichungen geschrieben:

$$\begin{array}{ccccccc}
x_1 & = & 2 & - & r & + & s \\
x_2 & = & 2 & + & 2r & - & s \\
x_3 & = & 2 & + & r & + & 2s
\end{array}$$

Nun werden x_1, x_2 und x_3 in E_2 eingesetzt:

$$(2 - r + s) + (2 + 2r - s) - 2(2 + r + 2s) = -4$$

Nach dem Auflösen der Klammern ergibt sich $-r - 4s = -4$. Auflösen der Gleichung nach r führt zu $r = 4 - 4s$. Dies wird in E_1 eingesetzt:

$$\vec{x} = \begin{pmatrix} 2 \\ 2 \\ 2 \end{pmatrix} + (4 - 4s) \cdot \begin{pmatrix} -1 \\ 2 \\ 1 \end{pmatrix} + s \cdot \begin{pmatrix} 1 \\ -1 \\ 2 \end{pmatrix}$$

Auflösen der Klammern ergibt:

$$\vec{x} = \begin{pmatrix} 2 \\ 2 \\ 2 \end{pmatrix} + \begin{pmatrix} -4 \\ 8 \\ 4 \end{pmatrix} + s \cdot \begin{pmatrix} 4 \\ -8 \\ -4 \end{pmatrix} + s \cdot \begin{pmatrix} 1 \\ -1 \\ 2 \end{pmatrix}$$

Die Schnittgerade ist damit

$$g: \vec{x} = \begin{pmatrix} -2 \\ 10 \\ 6 \end{pmatrix} + s \cdot \begin{pmatrix} 5 \\ -9 \\ -2 \end{pmatrix}$$

f) Die Ebenengleichungen werden gleichgesetzt:

$$\begin{pmatrix} -4 \\ 1 \\ 6 \end{pmatrix} + r \cdot \begin{pmatrix} 5 \\ -3 \\ -2 \end{pmatrix} + s \cdot \begin{pmatrix} 2 \\ 2 \\ -1 \end{pmatrix} = \begin{pmatrix} 4 \\ 5 \\ -3 \end{pmatrix} + t \cdot \begin{pmatrix} 0 \\ -2 \\ 1 \end{pmatrix} + u \cdot \begin{pmatrix} -3 \\ 1 \\ 3 \end{pmatrix}$$

daraus ergibt sich folgendes Gleichungssystem:

$$\begin{array}{lrcrcrcrcrcr}
\text{I} & 5r & + & 2s & & & & + & 3u & = & 8 \\
\text{II} & -3r & + & 2s & + & 2t & - & u & & & = & 4 \\
\text{III} & -2r & - & s & - & t & - & 3u & & & = & -9
\end{array}$$

Vereinfachen mit dem Gauß-Verfahren führt zu:

$$\begin{array}{lrcrcrcrcr}
\text{I} & 5r & + & 2s & & & + & 3u & = & 8 \\
\text{II}a & & & 16s & + & 10t & + & 4u & = & 44 \\
\text{III}b & & & & & t & + & 2u & = & 6
\end{array}$$

Es ergibt sich für die unterste Zeile: $t + 2u = 6$. Nun stellt man nach einem Parameter um, es bietet sich t an, da sonst Brüche auftreten: $t = 6 - 2u$. Anschließend setzt man diesen Ausdruck für t in E_2 ein:

$$\vec{x} = \begin{pmatrix} 4 \\ 5 \\ -3 \end{pmatrix} + (6 - 2u) \cdot \begin{pmatrix} 0 \\ -2 \\ 1 \end{pmatrix} + u \cdot \begin{pmatrix} -3 \\ 1 \\ 3 \end{pmatrix}$$

Ausmultiplizieren ergibt:

$$\vec{x} = \begin{pmatrix} 4 \\ 5 \\ -3 \end{pmatrix} + \begin{pmatrix} 0 \\ -12 \\ 6 \end{pmatrix} + u \cdot \begin{pmatrix} 0 \\ 4 \\ -2 \end{pmatrix} + u \cdot \begin{pmatrix} -3 \\ 1 \\ 3 \end{pmatrix}$$

D.. Schnittgerade ist damit:

$$g: \ \vec{x} = \begin{pmatrix} 4 \\ -7 \\ 3 \end{pmatrix} + u \cdot \begin{pmatrix} -3 \\ 5 \\ 1 \end{pmatrix}$$

g) Die Ebenengleichungen werden gleichgesetzt:

$$\begin{pmatrix} 4 \\ 5 \\ 7 \end{pmatrix} + r \cdot \begin{pmatrix} 1 \\ 1 \\ 2 \end{pmatrix} + s \cdot \begin{pmatrix} 2 \\ 3 \\ 6 \end{pmatrix} = \begin{pmatrix} 3 \\ 2 \\ 11 \end{pmatrix} + t \cdot \begin{pmatrix} 1 \\ -1 \\ 2 \end{pmatrix} + u \cdot \begin{pmatrix} 2 \\ -5 \\ 8 \end{pmatrix}$$

Daraus ergibt sich folgendes Gleichungssystem:

$$
\begin{array}{rrrrrrrrrrr}
\text{I} & r & + & 2s & - & t & & - & 2u & = & -1 \\
\text{II} & r & + & 3s & + & t & & + & 5u & = & -3 \\
\text{III} & 2r & + & 6s & - & 2t & & - & 8u & = & 4
\end{array}
$$

Vereinfachen mit dem Gauß-Verfahren führt zu:

$$
\begin{array}{rrrrrrrrr}
\text{I} & r & + & 2s & - & t & - & 2u & = & -1 \\
\text{IIa} & & & -s & - & 2t & - & 7u & = & 2 \\
\text{IIIb} & & & & - & 4t & - & 18u & = & 10
\end{array}
$$

Aus der letzten Zeile ergibt sich $t + 4,5u = -2,5$. Dieser Ausdruck wird nach t umgestellt: $t = -2,5 - 4,5u$ und für t in E_2 eingesetzt:

$$\vec{x} = \begin{pmatrix} 3 \\ 2 \\ 11 \end{pmatrix} + (-2,5 - 4,5u) \cdot \begin{pmatrix} 1 \\ -1 \\ 2 \end{pmatrix} + u \cdot \begin{pmatrix} 2 \\ -5 \\ 8 \end{pmatrix}$$

Ausmultiplizieren ergibt:

$$\vec{x} = \begin{pmatrix} 3 \\ 2 \\ 11 \end{pmatrix} + \begin{pmatrix} -2,5 \\ 2,5 \\ -5 \end{pmatrix} + u \cdot \begin{pmatrix} -4,5 \\ 4,5 \\ -9 \end{pmatrix} + u \cdot \begin{pmatrix} 2 \\ -5 \\ 8 \end{pmatrix}$$

Die Schnittgerade ist damit:

$$g: \ \vec{x} = \begin{pmatrix} 0,5 \\ 4,5 \\ 6 \end{pmatrix} + u \cdot \begin{pmatrix} -2,5 \\ -0,5 \\ -1 \end{pmatrix} \ \text{bzw.} \ g: \ \vec{x} = \begin{pmatrix} 0,5 \\ 4,5 \\ 6 \end{pmatrix} + u \cdot \begin{pmatrix} 5 \\ 1 \\ 2 \end{pmatrix}$$

14.2 Parallele Ebenen

a) Damit die beiden Ebenen parallel sind, müssen die Normalenvektoren von E_t und F linear abhängig sein. Es muss also gelten: $\vec{n_E} = k \cdot \vec{n_F}$ mit $k \in \mathrm{IR}$. Gesucht ist ein k, so dass gilt:

$$\begin{pmatrix} t \\ -2t \\ -4 \end{pmatrix} = k \cdot \begin{pmatrix} -2 \\ 4 \\ -4 \end{pmatrix}$$

Dies führt zu folgendem Gleichungssystem:

$$\begin{array}{rrcr} \mathrm{I} & t & = & -2k \\ \mathrm{II} & -2t & = & 4k \\ \mathrm{III} & -4 & = & -4k \end{array}$$

Die Gleichung III führt auf $k = 1$. Einsetzen in Gl. I führt zu: $t = -2$. Prüfen in II bestätigt diese Lösung. Zur Kontrolle, ob die Ebenen echt parallel sind, subtrahiert man noch die Gleichungen der Ebenen, es ergibt sich $0 = -1$, dies ist ein Widerspruch, die Ebenen sind also echt parallel.

b) Man geht vor wie in der vorangegangenen Aufgabe, es ergibt sich das Gleichungssystem:

$$\begin{array}{rrcr} \mathrm{I} & 2t & = & 8k \\ \mathrm{II} & 1 & = & -2k \\ \mathrm{III} & 3 & = & -6k \end{array}$$

Die Gleichungen II und III führen auf $k = -\frac{1}{2}$. Eingesetzt in I ergibt sich $t = -2$. Zur Kontrolle, ob die Ebenen echt parallel sind, addiert man noch die Gleichungen der Ebenen: $2 \cdot \mathrm{I} + \mathrm{II}$, es ergibt sich $0 = 23$. Dies ist ein Widerspruch; die Ebenen sind also echt parallel.

14.3 Verschiedene Aufgaben zur Lage zweier Ebenen

a) Damit die Ebenen identisch sind, muss sich bei der Addition der Ebenengleichungen $0 = 0$ ergeben. Aus den Faktoren vor x_1, x_2 und x_3 liest man ab, dass man Gleichung I mit 2 multiplizieren muss. Es wird also $2 \cdot \mathrm{I}$ zu II addiert, damit ergibt sich $0 = 2d + 9$ $\Rightarrow d = -4,5$.

b) Wenn die Ebenen orthogonal zueinander sind, muss das Skalarprodukt der beiden Normalenvektoren gleich Null sein. Es ist

$$\begin{pmatrix} 3 \\ 4 \\ -2 \end{pmatrix} \cdot \begin{pmatrix} 2 \\ 1 \\ 5 \end{pmatrix} = 6 + 4 - 10 = 0.$$

Also sind die beiden Ebenen orthogonal.

c) Damit die Ebenen orthogonal zueinander sind, muss das Skalarprodukt der beiden Normalenvektoren gleich Null sein:

$$\begin{pmatrix} 2 \\ -1 \\ 3 \end{pmatrix} \cdot \begin{pmatrix} t \\ -2t \\ -4 \end{pmatrix} = 2t + 2t - 12 = 0.$$

Daraus ergibt sich $4t = 12 \Rightarrow t = 3$. Für $t = 3$ sind die Ebenen orthogonal zueinander.

15 Abstandsberechnungen

15.1 Abstand Punkt – Ebene

a) Die Koordinaten des Punktes werden in die Abstandsformel eingesetzt:

$$d = \frac{|2 \cdot 2 - 1 \cdot 4 + 2 \cdot (-1) - 1|}{\sqrt{2^2 + (-1)^2 + 2^2}} = \frac{|-3|}{\sqrt{9}} = 1 \, \text{LE}$$

b) Die Koordinaten des Punktes werden in die Abstandsformel eingesetzt:

$$d = \frac{|1 \cdot 9 + 2 \cdot 4 + 2 \cdot (-3) + 3|}{\sqrt{1^2 + 2^2 + 2^2}} = \frac{|14|}{\sqrt{9}} = \frac{14}{3} \, \text{LE}$$

c) Die Ebene wird zuerst in die Koordinatenform umgerechnet: $E: \; 2x_1 + 2x_2 + x_3 = 26$. Anschließend werden die Koordinaten des Punktes in die Abstandsformel eingesetzt:

$$d = \frac{|2 \cdot 6 + 2 \cdot 9 + 4 - 26|}{\sqrt{2^2 + 2^2 + 1^2}} = \frac{|8|}{\sqrt{9}} = \frac{8}{3} \, \text{LE}$$

15.2 Abstand Punkt – Gerade

a) Einsetzen des Richtungsvektors von g und des Punktes T in die Punkt-Normalenform liefert die Hilfsebene $E_H: \; -2x_1 + x_2 + x_3 = -9$. Schneiden mit g ergibt den Schnittpunkt $L(8 \mid 3 \mid 4)$. Der Verbindungsvektor ist $\overrightarrow{LT} = \begin{pmatrix} -2 \\ -9 \\ 5 \end{pmatrix}$. Für den Betrag des Verbindungsvektors ergibt sich $|\overrightarrow{LT}| = \sqrt{(-2)^2 + (-9)^2 + 5^2} = \sqrt{110}$. Also ist der Punkt T $\sqrt{110}$ LE von der Geraden entfernt.

b) Einsetzen des Richtungsvektors von g und des Punktes P in die Punkt-Normalenform liefert die Hilfsebene $E_H: \; 3x_1 - 2x_3 = 3$. Schneiden mit g ergibt den Schnittpunkt $L(1 \mid -4 \mid 0)$. Betrag des Verbindungsvektors: $|\overrightarrow{LP}| = 7$. Der Punkt P ist 7 LE von der Geraden entfernt.

15.3 Abstand paralleler Geraden

Die Fragestellung lässt sich auf den Abstand eines Punktes zu einer Geraden zurückführen: Wenn bewiesen ist, dass die Geraden parallel sind, berechnet man den Abstand des «Stützpunktes» der einen Geraden zur anderen Geraden.

a) Wenn die Geraden parallel oder identisch sind, müssen die Richtungsvektoren linear abhängig sein. Dies lässt sich unmittelbar an den beiden Vektoren ablesen:

$$\begin{pmatrix} 3 \\ 0 \\ 3 \end{pmatrix} = 3 \cdot \begin{pmatrix} 1 \\ 0 \\ 1 \end{pmatrix}$$

Nun wird der Abstand des «Stützpunktes» $S(2\,|\,3\,|\,4)$ der Geraden h zu g berechnet: Einsetzen des Richtungsvektors von g und des Punktes S in die Punkt-Normalenform liefert die Hilfsebene E_H : $x_1 + x_3 = 6$. Schneiden mit g ergibt den Schnittpunkt $L(3\,|\,1\,|\,3)$. Für die Länge bzw. den Betrag des Verbindungsvektors ergibt sich $|\overrightarrow{LS}| = \sqrt{6}$, damit sind die beiden Geraden $\sqrt{6}$ LE voneinander entfernt.

b) Die Richtungsvektoren sind linear abhängig, daher sind die Geraden parallel oder identisch. Nun wird der Abstand des «Stützpunktes» S der Geraden h zu g berechnet: Einsetzen des Richtungsvektors von g und des Punktes S in die Punkt-Normalenform liefert die Hilfsebene E_H : $x_1 + 3x_2 + 4x_3 = 14$. Schneiden mit g ergibt $t = 0$ und damit den Schnittpunkt $L(5\,|\,-1\,|\,3)$. Für die Länge bzw. den Betrag des Verbindungsvektors ergibt sich $|\overrightarrow{LS}| = \sqrt{56}$, damit sind die beiden Geraden $\sqrt{56}$ LE voneinander entfernt.

15.4   Abstand windschiefer Geraden

a) Um den Abstand von zwei windschiefen Geraden $g : \vec{x} = \vec{a} + s \cdot \vec{r}$ und $h : \vec{x} = \vec{b} + t \cdot \vec{v}$ zu berechnen, benötigt man einen Vektor $\vec{n}$, der auf den beiden Richtungsvektoren senkrecht steht. Für den Abstand d gilt dann

$$d(g;h) = \frac{\left|\left(\vec{a} - \vec{b}\right) \cdot \vec{n}\right|}{|\vec{n}|}$$

Den Vektor $\vec{n}$ bestimmt man mit Hilfe des Vektorproduktes $\vec{n} = \vec{r} \times \vec{v}$.

$$\vec{n} = \begin{pmatrix} 4 \\ 1 \\ -1 \end{pmatrix} \times \begin{pmatrix} 2 \\ 0 \\ -1 \end{pmatrix} = \begin{pmatrix} -1 \\ 2 \\ -2 \end{pmatrix}. \text{ Der Vektor } \vec{a} - \vec{b} \text{ ist } \begin{pmatrix} -1 \\ 1 \\ -3 \end{pmatrix}.$$

In die Gleichung eingesetzt ergibt sich

$$d(g;h) = \frac{\left| \begin{pmatrix} -1 \\ 1 \\ -3 \end{pmatrix} \cdot \begin{pmatrix} -1 \\ 2 \\ -2 \end{pmatrix} \right|}{\sqrt{1+4+4}} = \frac{|1+2+6|}{3} = \frac{|9|}{3} = 3 \text{ LE.}$$

Der Abstand der beiden Geraden ist 3 LE.

b) $\vec{n} = \begin{pmatrix} 2 \\ 1 \\ -2 \end{pmatrix} \times \begin{pmatrix} 0 \\ 1 \\ 2 \end{pmatrix} = \begin{pmatrix} 4 \\ -4 \\ 2 \end{pmatrix}. \text{ Der Vektor } \vec{a} - \vec{b} \text{ ist } \begin{pmatrix} 2 \\ -4 \\ 6 \end{pmatrix}.$

In die Gleichung eingesetzt ergibt sich

$$d(g;h) = \frac{\left| \begin{pmatrix} 2 \\ -4 \\ 6 \end{pmatrix} \cdot \begin{pmatrix} 4 \\ -4 \\ 2 \end{pmatrix} \right|}{\sqrt{16+16+4}} = \frac{|8+16+12|}{6} = \frac{36}{6} = 6 \text{ LE.}$$

Der Abstand der beiden Geraden ist 6 LE.

c) Man schreibt die Geraden g bzw. h als «parameterisierte Punkte» G bzw. H mit jeweils

einem Parameter $t \in \mathbb{R}$ (z.B. $g: \vec{x} = \begin{pmatrix} 2 \\ 1 \\ 3 \end{pmatrix} + t \cdot \begin{pmatrix} 4 \\ 2 \\ 5 \end{pmatrix} \Rightarrow G(2+4t \mid 1+2t \mid 3+5t))$.

- Der Verbindungsvektor $\overrightarrow{GH}$ wird ermittelt. (Er hat *zwei* Parameter).
- Der Vektor $\overrightarrow{GH}$ steht senkrecht auf g bzw. h, also ist jeweils das Skalarprodukt mit den Richtungsvektoren $\vec{r_g}$ bzw. $\vec{r_h}$ Null. Damit ergeben sich folgende zwei Gleichungen:

  I $\overrightarrow{GH} \cdot \vec{r_g} = 0$,   II $\overrightarrow{GH} \cdot \vec{r_h} = 0$

- Man löst das Gleichungssystem bestehend aus den Gleichungen I und II und ermittelt die Punkte G und H durch Einsetzen der Parameter.
- Der Abstand der windschiefen Geraden ist dann $|\overrightarrow{GH}|$.

16 Winkelberechnungen

16.1 Winkel zwischen Vektoren bzw. Geraden

Zuerst stellt man die Verbindungsvektoren auf. Anschließend setzt man in die Formel für den Winkel ein.

a)

$$\cos\beta = \overrightarrow{BA}\cdot\overrightarrow{BC} = \frac{\begin{pmatrix}2\\-4\\4\end{pmatrix}\cdot\begin{pmatrix}-4\\2\\4\end{pmatrix}}{\sqrt{2^2+(-4)^2+4^2}\cdot\sqrt{(-4)^2+2^2+4^2}} = 0 \Rightarrow \beta = 90°$$

$$\cos\gamma = \overrightarrow{CA}\cdot\overrightarrow{CB} = \frac{\begin{pmatrix}6\\-6\\0\end{pmatrix}\cdot\begin{pmatrix}4\\-2\\-4\end{pmatrix}}{\sqrt{72}\cdot 6} = \frac{36}{\sqrt{72}\cdot 6} = \frac{6}{\sqrt{72}} = \frac{6}{\sqrt{36}\cdot\sqrt{2}} = \frac{6}{6\cdot\sqrt{2}} = \frac{1}{\sqrt{2}} \Rightarrow \gamma = 45°$$

$$\cos\alpha = \overrightarrow{AB}\cdot\overrightarrow{AC} = \frac{\begin{pmatrix}-2\\4\\-4\end{pmatrix}\cdot\begin{pmatrix}-6\\6\\0\end{pmatrix}}{6\cdot\sqrt{72}} = \frac{36}{6\cdot\sqrt{72}} = \frac{6}{\sqrt{72}} = \frac{1}{\sqrt{2}} \Rightarrow \gamma = 45°$$

b) I) Durch die Aufgabenstellung ist vorausgesetzt, dass sich die beiden Geraden tatsächlich schneiden, dies hätte sonst geprüft werden müssen. Der Winkel zwischen den beiden Geraden wird berechnet, indem man den Winkel zwischen den Richtungsvektoren berechnet:

$$\cos\alpha = \frac{\left|\begin{pmatrix}-1\\3\\5\end{pmatrix}\cdot\begin{pmatrix}7\\-1\\2\end{pmatrix}\right|}{\sqrt{35}\cdot\sqrt{54}} = \frac{|-7-3+10|}{\sqrt{35}\cdot\sqrt{54}} = \frac{|0|}{\sqrt{35}\cdot\sqrt{54}} = 0 \Rightarrow \alpha = 90°$$

II) Auch hier wird der Winkel α zwischen den Richtungsvektoren bestimmt:

$$\cos\alpha = \frac{\left|\begin{pmatrix}2\\-6\\10\end{pmatrix}\cdot\begin{pmatrix}2\\3\\5\end{pmatrix}\right|}{\sqrt{140}\cdot\sqrt{38}} = \frac{|4-18+50|}{\sqrt{140}\cdot\sqrt{38}} = \frac{36}{\sqrt{140}\cdot\sqrt{38}} \Rightarrow \alpha \approx 60,42°$$

16.2   Winkel zwischen Ebenen

a) Der Winkel zwischen zwei Ebenen wird berechnet, indem man den Winkel zwischen den Normalenvektoren berechnet:

$$\cos\alpha = \frac{\left|\begin{pmatrix}1\\-1\\2\end{pmatrix}\cdot\begin{pmatrix}6\\1\\-1\end{pmatrix}\right|}{\sqrt{1^2+(-1)^2+2^2}\cdot\sqrt{6^2+1^2+(-1)^2}} = \frac{|6-1-2|}{\sqrt{6}\cdot\sqrt{38}} = \frac{3}{\sqrt{6}\cdot\sqrt{38}} \Rightarrow \alpha \approx 78,54^\circ$$

b) Auch hier wird der Winkel zwischen den Normalenvektoren bestimmt:

$$\cos\alpha = \frac{\left|\begin{pmatrix}0\\4\\0\end{pmatrix}\cdot\begin{pmatrix}6\\0\\5\end{pmatrix}\right|}{4\cdot\sqrt{6^2+5^2}} = \frac{0}{4\cdot\sqrt{61}} = 0 \Rightarrow \alpha = 90^\circ$$

16.3   Winkel zwischen Gerade und Ebene

a) Der Winkel zwischen einer Gerade und einer Ebene wird berechnet, indem man den Winkel zwischen dem Richtungsvektor der Geraden und dem Normalenvektor der Ebene berechnet. Dabei wird im Unterschied zum Winkel zwischen zwei Geraden oder zwischen zwei Ebenen der *Sinus* des Winkels bestimmt:

$$\sin\alpha = \frac{\left|\begin{pmatrix}1\\2\\-1\end{pmatrix}\cdot\begin{pmatrix}3\\5\\-2\end{pmatrix}\right|}{\sqrt{6}\cdot\sqrt{38}} = \frac{|3+10+2|}{\sqrt{6}\cdot\sqrt{38}} = \frac{15}{\sqrt{6}\cdot\sqrt{38}} \Rightarrow \alpha \approx 83,41^\circ$$

b) Es ist:

$$\sin\alpha = \frac{\left|\begin{pmatrix}0\\1\\0\end{pmatrix}\cdot\begin{pmatrix}6\\10\\-4\end{pmatrix}\right|}{\sqrt{1}\cdot\sqrt{152}} = \frac{|0+10+0|}{\sqrt{152}} = \frac{10}{\sqrt{4\cdot38}} = \frac{10}{\sqrt{4}\cdot\sqrt{38}} = \frac{5}{\sqrt{38}} \Rightarrow \alpha \approx 54,20^\circ$$

c) Es ist:

$$\sin\alpha = \frac{\left|\begin{pmatrix}1\\2\\3\end{pmatrix}\cdot\begin{pmatrix}0\\0\\1\end{pmatrix}\right|}{\sqrt{14}\cdot1} = \frac{3}{\sqrt{14}} \Rightarrow \alpha \approx 53,30^\circ$$

17   Spiegelungen

Alle Spiegelpunkte sind im Folgenden mit einem Sternchen * versehen.

17.1   Punkt an Punkt

Um den Punkt P an Q zu spiegeln, wird der Vektor $\overrightarrow{PQ}$ an den Ortsvektor von Q einmal ange-
hängt. (Alternativ kann man auch an den Ortsvektor von P den Vektor $\overrightarrow{PQ}$ zweimal anhängen).
Damit ist:

a) $\overrightarrow{OP^*} = \overrightarrow{OQ} + \overrightarrow{PQ} = \begin{pmatrix} 2 \\ 1 \\ 2 \end{pmatrix} + \begin{pmatrix} -1 \\ -3 \\ -3 \end{pmatrix} = \begin{pmatrix} 1 \\ -2 \\ -1 \end{pmatrix}$, also ist $P^*(1 \mid -2 \mid -1)$.

b) $\overrightarrow{OP^*} = \overrightarrow{OR} + \overrightarrow{PR} = \begin{pmatrix} 0 \\ 3 \\ -2 \end{pmatrix} + \begin{pmatrix} -3 \\ -1 \\ -7 \end{pmatrix} = \begin{pmatrix} -3 \\ 2 \\ -9 \end{pmatrix}$, also ist $P^*(-3 \mid 2 \mid -9)$.

c) $\overrightarrow{OP^*} = \overrightarrow{OS} + \overrightarrow{PS} = \begin{pmatrix} -3 \\ 1 \\ 4 \end{pmatrix} + \begin{pmatrix} -6 \\ -3 \\ -1 \end{pmatrix} = \begin{pmatrix} -9 \\ -2 \\ 3 \end{pmatrix}$, also ist $P^*(-9 \mid -2 \mid 3)$.

17.2   Punkt an Ebene

Um einen Punkt P an einer Ebene zu spiegeln, braucht man zuerst den sog. Lotfußpunkt L, das
ist der Punkt der Ebene, der den kürzesten Abstand zu P besitzt (es wird «das Lot von P auf die
Ebene gefällt»). An diesem Punkt wird P gespiegelt. L bestimmt man, indem man eine Lotgerade
durch den Punkt P aufstellt und als Richtungsvektor den Normalenvektor $\vec{n}$ der Ebene benutzt.

a) Lotgerade $g_l: \vec{x} = \begin{pmatrix} 1 \\ 4 \\ 7 \end{pmatrix} + t \cdot \begin{pmatrix} 1 \\ -1 \\ -2 \end{pmatrix}$, diese wird geschnitten mit

E: $x_1 - x_2 - 2x_3 + 11 = 0 \Rightarrow 1 + t - (4 - t) - 2(7 - 2t) + 11 = 0 \Rightarrow 6t = 6 \Rightarrow t = 1$.

Es wird t in g_l eingesetzt, damit ergibt sich für den Lotfußpunkt $L(2 \mid 3 \mid 5)$.

Nun wird A an L gespiegelt: $\overrightarrow{OA^*} = \overrightarrow{OL} + \overrightarrow{AL}$, damit ist $A^*(3 \mid 2 \mid 3)$.

b) Lotgerade $g_l: \vec{x} = \begin{pmatrix} -1 \\ -4 \\ -9 \end{pmatrix} + t \cdot \begin{pmatrix} 2 \\ -2 \\ 1 \end{pmatrix}$, Schnitt mit E ergibt $t = 1$, damit ist $L(1 \mid -6 \mid -8)$.

Nun wird S an L gespiegelt, es ist $S^*(3 \mid -8 \mid -7)$.

c) Lotgerade $g_l: \vec{x} = \begin{pmatrix} 2 \\ 3 \\ 4 \end{pmatrix} + t \cdot \begin{pmatrix} 4 \\ 1 \\ -1 \end{pmatrix}$, Schnitt mit E ergibt $t = -\frac{2}{9}$, damit ist

$L\left(\frac{10}{9} \mid \frac{25}{9} \mid \frac{38}{9}\right)$. Nun wird P an L gespiegelt, es ist $P^*\left(\frac{2}{9} \mid \frac{23}{9} \mid \frac{40}{9}\right)$.

17.3   Punkt an Gerade

Ein Punkt wird an einer Geraden gespiegelt, indem man eine Hilfsebene durch den Punkt und senkrecht zur Geraden aufstellt (ähnlich wie bei der Abstandsberechnung eines Punktes von einer Geraden wird der Richtungsvektor $\vec{r}$ der Geraden als Normalenvektor $\vec{n}$ benutzt). Anschließend wird die Hilfsebene mit der Geraden geschnitten und der Punkt am Schnittpunkt S von Gerade und Ebene gespiegelt.

a) Einsetzen von P und $\vec{r}$ in die Punkt-Normalenform:

$$\begin{pmatrix} 1 \\ 0 \\ 1 \end{pmatrix} \cdot \left(\begin{pmatrix} x_1 \\ x_2 \\ x_3 \end{pmatrix} - \begin{pmatrix} 2 \\ 3 \\ 4 \end{pmatrix} \right) = 0$$

ist die Hilfsebene E_H : $x_1 + x_3 = 6$. Schneiden mit g führt zu $2 + t + 2 + t = 6$ $\Rightarrow t = 1$. Einsetzen in die Geradengleichung führt auf den Schnittpunkt $S(3 \mid 1 \mid 3)$. Spiegeln von P an S ergibt $P^*(4 \mid -1 \mid 2)$.

b) Einsetzen von B und $\vec{r}$ in die Punkt-Normalenform ergibt die Hilfsebene E_H : $4x_1 - x_2 - x_3 = 21$. Schneiden mit g führt zu $t = 2$. Einsetzen in die Geradengleichung führt auf den Schnittpunkt $S(7 \mid 4 \mid 3)$. Spiegeln von B an S ergibt $B^*(9 \mid 10 \mid 5)$.

Stochastik

18 Wahrscheinlichkeitsrechnung

18.1 Baumdiagramme und Pfadregeln

18.1.1 Ziehen mit Zurücklegen

a) I)

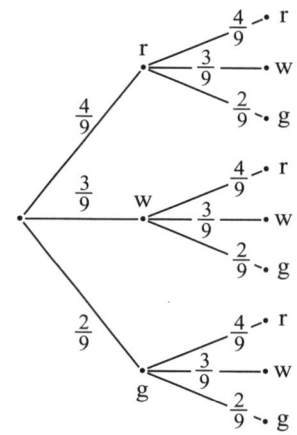

Da 4 rote, 3 weiße und 2 gelbe, also insgesamt 9 Kugeln in der Urne sind, betragen die Wahrscheinlichkeiten bei jedem Ziehen für rot (r), weiß (w) bzw. gelb (g): $\frac{4}{9}, \frac{3}{9}$ bzw. $\frac{2}{9}$.

Die Wahrscheinlichkeit, eine weiße und eine gelbe Kugel zu ziehen, erhält man mit Hilfe der 1. und 2. Pfadregel (Produkt- und Summenregel):

$$P(\text{«eine weiße und eine gelbe Kugel»}) = P(wg) + P(gw) = \frac{3}{9} \cdot \frac{2}{9} + \frac{2}{9} \cdot \frac{3}{9} = \frac{4}{27}$$

II)

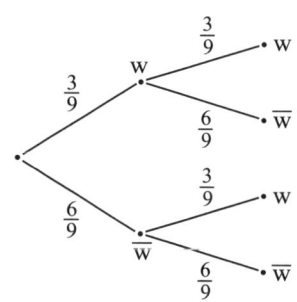

Da 3 weiße und 6 nicht weiße, also insgesamt 9 Kugeln in der Urne sind, beträgt die Wahrscheinlichkeit bei jedem Ziehen für weiß (w): $\frac{3}{9}$ und für nicht weiß ($\bar{w}$): $\frac{6}{9}$.

Die Wahrscheinlichkeit, keine weiße Kugel zu ziehen, erhält man mit Hilfe der 1. Pfadregel (Produktregel):

$$P(\text{«keine weiße Kugel»}) = P(\bar{w}\bar{w}) = \frac{6}{9} \cdot \frac{6}{9} = \frac{4}{9}$$

b)   I)

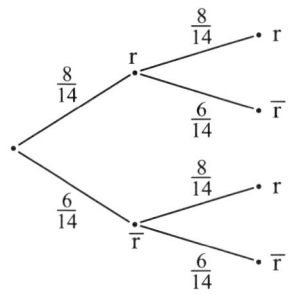

Da 8 rote und 6 nicht rote, also insgesamt 14 Kugeln in der Urne sind, beträgt die Wahrscheinlichkeit bei jedem Ziehen für rot (r): $\frac{8}{14}$ und für nicht rot ($\bar{r}$): $\frac{6}{14}$.

Die Wahrscheinlichkeit, keine rote Kugel zu ziehen, erhält man mit Hilfe der 1. Pfadregel (Produktregel):

$$P(\text{«keine rote Kugel»}) = P(\bar{r}\bar{r}) = \frac{6}{14} \cdot \frac{6}{14} = \frac{3}{7} \cdot \frac{3}{7} = \frac{9}{49}$$

II) Die Wahrscheinlichkeit, höchstens eine rote Kugel zu ziehen, erhält man mit Hilfe der 1. und 2. Pfadregel (Produkt- und Summenregel):

$$P(\text{«höchstens eine rote Kugel»}) = P(\bar{r}\bar{r}) + P(\bar{r}r) + P(r\bar{r})$$

$$= \frac{6}{14} \cdot \frac{6}{14} + \frac{6}{14} \cdot \frac{8}{14} + \frac{8}{14} \cdot \frac{6}{14}$$

$$= \frac{3}{7} \cdot \frac{3}{7} + \frac{3}{7} \cdot \frac{4}{7} + \frac{4}{7} \cdot \frac{3}{7}$$

$$= \frac{9}{49} + \frac{12}{49} + \frac{12}{49}$$

$$= \frac{33}{49}$$

Alternativ kann man auch mit dem Gegenereignis rechnen:

$$P(\text{«höchstens eine rote Kugel»}) = 1 - P(\text{«zwei rote Kugeln»})$$

$$= 1 - P(rr)$$

$$= 1 - \frac{8}{14} \cdot \frac{8}{14}$$

$$= 1 - \frac{4}{7} \cdot \frac{4}{7}$$

$$= \frac{49}{49} - \frac{16}{49}$$

$$= \frac{33}{49}$$

c)   I)

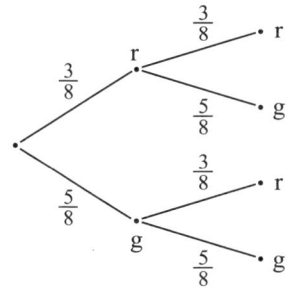

Da 5 gelbe und 3 rote, also insgesamt 8 Kugeln im Behälter sind, beträgt die Wahrscheinlichkeit bei jedem Ziehen für gelb (g): $\frac{5}{8}$ und für rot (r): $\frac{3}{8}$.

Die Wahrscheinlichkeit, mindestens eine gelbe Kugel zu ziehen, erhält man mit Hilfe der 1. und 2. Pfadregel (Produkt- und Summenregel):

$$P(\text{«mindestens eine gelbe Kugel»}) = P(rg) + P(gr) + P(gg)$$
$$= \frac{3}{8} \cdot \frac{5}{8} + \frac{5}{8} \cdot \frac{3}{8} + \frac{5}{8} \cdot \frac{5}{8}$$
$$= \frac{15}{64} + \frac{15}{64} + \frac{25}{64} = \frac{55}{64}$$

Alternativ kann man auch mit dem Gegenereignis rechnen:

$$P(\text{«mindestens eine gelbe Kugel»}) = 1 - P(\text{«keine gelbe Kugel»})$$
$$= 1 - P(rr)$$
$$= 1 - \frac{3}{8} \cdot \frac{3}{8}$$
$$= \frac{64}{64} - \frac{9}{64} = \frac{55}{64}$$

II)

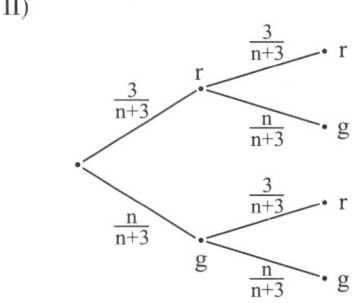

Wenn im Behälter 3 rote und n gelbe Kugeln sind, gibt es insgesamt $n+3$ Kugeln. Damit beträgt die Wahrscheinlichkeit bei jedem Ziehen für gelb (g): $\frac{n}{n+3}$ und für rot (r): $\frac{3}{n+3}$.

Da die Wahrscheinlichkeit, mindestens eine gelbe Kugel zu ziehen, $0,91$ betragen soll, erhält man (am geschicktesten) mit Hilfe des Gegenereignisses folgende Gleichung:

$$P(\text{«mindestens eine gelbe Kugel»}) = 1 - P(\text{«keine gelbe Kugel»})$$
$$0,91 = 1 - P(rr)$$
$$0,91 = 1 - \frac{3}{n+3} \cdot \frac{3}{n+3}$$
$$\frac{3}{n+3} \cdot \frac{3}{n+3} = 1 - 0,91$$
$$\frac{9}{(n+3)^2} = 0,09$$
$$\frac{9}{0,09} = (n+3)^2$$
$$\frac{9}{\frac{9}{100}} = (n+3)^2$$
$$100 = (n+3)^2 \,\big|\, \pm\sqrt{}$$
$$\pm 10 = n+3$$

Durch Fallunterscheidung ergibt sich:

I) $n+3 = 10 \Rightarrow n_1 = 7$ bzw. II) $n+3 = -10 \Rightarrow n_2 = -13$

Alternativ kann man die Gleichung auch mit Hilfe des GTR lösen.

Man erhält $n_1 = 7$ und $n_2 = -13$.

Wegen $n > 0$ kommt nur $n_1 = 7$ als Lösung in Frage.

Also hätten sich im Behälter 7 gelbe Kugeln befinden müssen.

d) I)

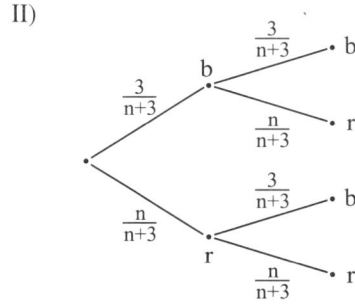

Da 4 blaue und 6 rote, also insgesamt 10 Kugeln in der Urne sind, beträgt die Wahrscheinlichkeit bei jedem Ziehen für blau (b): $\frac{4}{10}$ und für rot (r): $\frac{6}{10}$.

Die Wahrscheinlichkeit, dass höchstens eine Kugel blau ist, erhält man mit Hilfe der 1. und 2. Pfadregel (Produkt- und Summenregel):

$$P(\text{«höchstens eine blaue Kugel»}) = P(rr) + P(br) + P(rb)$$
$$= \frac{6}{10} \cdot \frac{6}{10} + \frac{4}{10} \cdot \frac{6}{10} + \frac{6}{10} \cdot \frac{4}{10}$$
$$= \frac{36}{100} + \frac{24}{100} + \frac{24}{100}$$
$$= \frac{84}{100} = 0,84$$

Alternativ kann man auch mit dem Gegenereignis rechnen:

$$P(\text{«höchstens eine blaue Kugel»}) = 1 - P(\text{«zwei blaue Kugeln»})$$
$$= 1 - P(bb)$$
$$= 1 - \frac{4}{10} \cdot \frac{4}{10}$$
$$= \frac{100}{100} - \frac{16}{100} = \frac{84}{100} = 0,84$$

II)

Wenn im Behälter 6 rote und n blaue Kugeln sind, gibt es insgesamt $n + 6$ Kugeln. Damit beträgt die Wahrscheinlichkeit bei jedem Ziehen für blau (b): $\frac{n}{n+6}$ und für rot (r): $\frac{6}{n+6}$.

Die Wahrscheinlichkeit, höchstens eine blaue Kugel zu ziehen, soll $0,64$ betragen.

Man erhält am geschicktesten)mit Hilfe des Gegenereignisses folgende Gleichung:

$$P(\text{«höchstens eine blaue Kugel»}) = 1 - P(\text{«zwei blaue Kugeln»})$$

$$0,64 = 1 - P(bb)$$

$$0,64 = 1 - \frac{n}{n+6} \cdot \frac{n}{n+6}$$

$$\frac{n}{n+6} \cdot \frac{n}{n+6} = 0,36$$

$$\frac{n^2}{(n+6)^2} = 0,36 \mid \pm\sqrt{}$$

$$\frac{n}{n+6} = \pm 0,6$$

Durch Fallunterscheidung erhält man:

$$\frac{n}{n+6} = 0,6 \qquad\qquad \frac{n}{n+6} = -0,6$$

$$n = 0,6 \cdot n + 3,6 \qquad\qquad n = -0,6 \cdot n - 3,6$$

$$0,4 \cdot n = 3,6 \qquad\qquad 1,6 \cdot n = -3,6$$

$$\Rightarrow n_1 = 9 \qquad\qquad \Rightarrow n_2 = -\frac{9}{4}$$

Alternativ kann man die Gleichung auch mit Hilfe des GTR lösen.
Man erhält $n_1 = 9$ und $n_2 = -\frac{9}{4}$.
Wegen $n > 0$ kommt nur $n_1 = 9$ als Lösung in Frage.
Also hätten sich im Behälter 9 blaue Kugeln befinden müssen.

e) I)

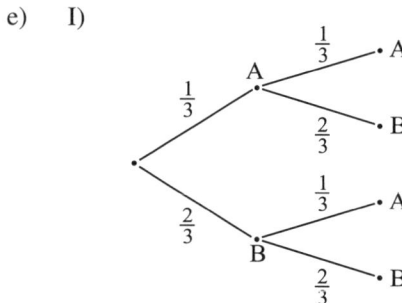

Da 4-mal der Buchstabe A und 8-mal der Buchstabe B, also insgesamt 12 Buchstaben im Hut sind, beträgt die Wahrscheinlichkeit bei jedem Ziehen für A: $\frac{4}{12} = \frac{1}{3}$ und für B: $\frac{8}{12} = \frac{2}{3}$.

Die Wahrscheinlichkeit, mindestens einmal B zu ziehen, erhält man mit Hilfe der 1. und 2. Pfadregel (Produkt- und Summenregel):

$$P(\text{«mindestens einmal B»}) = P(AB) + P(BA) + P(BB)$$

$$= \frac{1}{3} \cdot \frac{2}{3} + \frac{2}{3} \cdot \frac{1}{3} + \frac{2}{3} \cdot \frac{2}{3}$$

$$= \frac{2}{9} + \frac{2}{9} + \frac{4}{9} = \frac{8}{9}$$

Alternativ kann man auch mit dem Gegenereignis rechnen:

$$P(\text{«mindestens einmal B»}) = 1 - P(\text{«kein B»})$$
$$= 1 - P(AA)$$
$$= 1 - \frac{1}{3} \cdot \frac{1}{3}$$
$$= \frac{9}{9} - \frac{1}{9} = \frac{8}{9}$$

II)

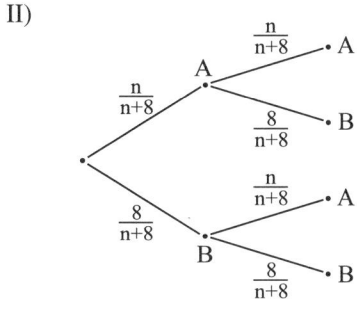

Wenn im Hut n-mal der Buchstabe A und 8-mal der Buchstabe B sind, gibt es insgesamt $n + 8$ Buchstaben. Damit beträgt die Wahrscheinlichkeit bei jedem Ziehen für A: $\frac{n}{n+8}$ und für B: $\frac{8}{n+8}$. Da die Wahrscheinlichkeit, höchstens einmal den Buchstaben B zu ziehen, $0,96$ betragen soll, erhält man (am geschicktesten) mit Hilfe des Gegenereignisses folgende Gleichung:

$$P(\text{«höchstens einmal B»}) = 1 - P(\text{«zweimal B»})$$
$$0,96 = 1 - P(BB)$$
$$0,96 = 1 - \frac{8}{n+8} \cdot \frac{8}{n+8}$$
$$\frac{8}{n+8} \cdot \frac{8}{n+8} = 1 - 0,96$$
$$\frac{64}{(n+8)^2} = 0,04$$
$$\frac{64}{0,04} = (n+8)^2$$
$$\frac{64}{\frac{4}{100}} = (n+8)^2$$
$$1600 = (n+8)^2 \mid \pm\sqrt{}$$
$$\pm 40 = n+8$$
$$\Rightarrow n_1 = 32 \text{ bzw. } n_2 = -48$$

Alternativ kann man die Gleichung auch mit Hilfe des GTR lösen.
Man erhält $n_1 = 32$ und $n_2 = -48$.
Wegen $n > 0$ kommt nur $n_1 = 32$ als Lösung in Frage.
Also hätten sich im Hut 32 Buchstaben A befinden müssen.

18.1.2   Ziehen ohne Zurücklegen

a)   I)

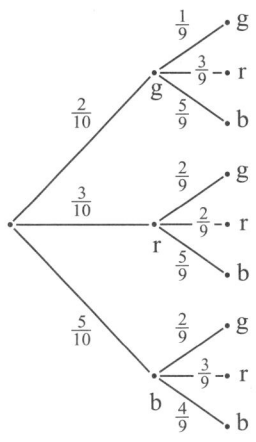

Da 2 grüne, 3 rote und 5 blaue, also insgesamt 10 Kugeln in der Urne sind, betragen die Wahrscheinlichkeiten beim 1. Ziehen für grün (g): $\frac{2}{10}$, für rot (r): $\frac{3}{10}$ und für blau (b): $\frac{5}{10}$.

Danach sind nur noch 9 Kugeln in der Urne und die Wahrscheinlichkeiten bei der 2. Ziehung hängen jeweils davon ab, welche Farbe beim 1. Mal gezogen wurde.

Die Wahrscheinlichkeit, dass eine grüne und eine rote Kugel gezogen wird, erhält man mit Hilfe der 1. und 2. Pfadregel (Produkt- und Summenregel):

$$P(\text{«rote und grüne Kugel»}) = P(\text{gr}) + P(\text{rg})$$
$$= \frac{2}{10} \cdot \frac{3}{9} + \frac{3}{10} \cdot \frac{2}{9}$$
$$= \frac{12}{90} = \frac{2}{15}$$

II)

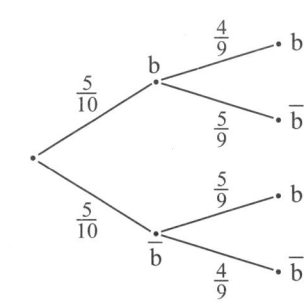

Da 5 blaue und 5 nicht blaue, also insgesamt 10 Kugeln in der Urne sind, betragen die Wahrscheinlichkeiten beim 1. Ziehen für blau (b): $\frac{5}{10}$ und für nicht blau ($\bar{b}$): $\frac{5}{10}$.

Danach sind nur noch 9 Kugeln in der Urne und die Wahrscheinlichkeiten bei der 2. Ziehung hängen jeweils davon ab, welche Farbe beim 1. Mal gezogen wurde.

Die Wahrscheinlichkeit, dass keine blaue Kugel gezogen wird, erhält man mit Hilfe der 1. Pfadregel (Produktregel):

$$P(\text{«keine blaue Kugel»}) = P(\bar{b}\bar{b}) = \frac{5}{10} \cdot \frac{4}{9} = \frac{20}{90} = \frac{2}{9}$$

b)   I)

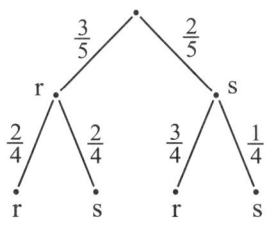

Zum Baumdiagramm passt z.B. folgende Situation:

In einer Urne befinden sich 3 rote und 2 schwarze Kugeln. Es werden zwei Kugeln ohne Zurücklegen gezogen, da die Wahrscheinlichkeiten beim 2. Zug anders sind als beim 1. Zug.

II) Die Wahrscheinlichkeit beträgt beim 1. Ziehen für rot (r): $\frac{3}{5}$ und für schwarz (s): $\frac{2}{5}$. Danach sind nur noch 4 Kugeln in der Urne und die Wahrscheinlichkeiten bei der 2. Ziehung hängen jeweils davon ab, welche Farbe beim 1. Mal gezogen wurde. Die Wahrscheinlichkeit, dass beide Kugeln gleichfarbig sind, erhält man mit Hilfe der 1. und 2. Pfadregel (Produkt- und Summenregel):

$$P(\text{«beide Kugeln gleichfarbig»}) = P(\text{rr}) + P(\text{ss})$$
$$= \frac{3}{5} \cdot \frac{2}{4} + \frac{2}{5} \cdot \frac{1}{4}$$
$$= \frac{6}{20} + \frac{2}{20} = \frac{8}{20} = \frac{2}{5}$$

c) I) Das gleichzeitige Ziehen von Kugeln entspricht einem Ziehen ohne Zurücklegen. Da 7 weiße, 5 schwarze und 3 rote, also insgesamt 15 Kugeln in der Urne sind, betragen die Wahrscheinlichkeiten beim 1. Ziehen für weiß (w): $\frac{7}{15}$, für schwarz (s): $\frac{5}{15}$ und für rot (r): $\frac{3}{15}$.
Danach sind nur noch 14 Kugeln in der Urne und die Wahrscheinlichkeiten bei der 2. Ziehung hängen jeweils davon ab, welche Farbe beim 1. Mal gezogen wurde. Schließlich sind nur noch 13 Kugeln in der Urne.

Die Wahrscheinlichkeit, dass eine weiße und zwei schwarze Kugeln gezogen werden, erhält man mit Hilfe der 1. und 2. Pfadregel (Produkt- und Summenregel):

$$P(\text{« 1 weiße und 2 schwarze Kugeln»}) = P(\text{wss}) + P(\text{sws}) + P(\text{ssw})$$
$$= \frac{7}{15} \cdot \frac{5}{14} \cdot \frac{4}{13} + \frac{5}{15} \cdot \frac{7}{14} \cdot \frac{4}{13} + \frac{5}{15} \cdot \frac{4}{14} \cdot \frac{7}{13}$$
$$= 3 \cdot \frac{7}{15} \cdot \frac{5}{14} \cdot \frac{4}{13} = \frac{2}{13}$$

II)

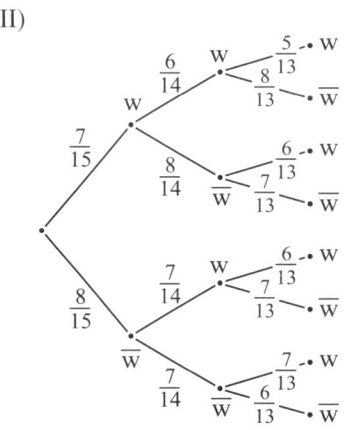

Da 7 weiße und 8 nicht weiße, also insgesamt 15 Kugeln in der Urne sind, betragen die Wahrscheinlichkeiten beim 1. Ziehen für weiß (w): $\frac{7}{15}$ und für nicht weiß $\bar{w}$: $\frac{8}{15}$.

Danach sind nur noch 14 Kugeln in der Urne und die Wahrscheinlichkeiten bei der 2. Ziehung hängen jeweils davon ab, welche Farbe beim 1. Mal gezogen wurde. Schließlich sind nur noch 13 Kugeln in der Urne.

Die Wahrscheinlichkeit, dass mindestens eine weiße Kugel gezogen wird, erhält man am geschicktesten

mit Hilfe des Gegenereignisses:

$$P(\text{«mindestens eine weiße Kugel»}) = 1 - P(\text{«keine weiße Kugel»})$$
$$= 1 - P(\bar{w}\bar{w}\bar{w})$$
$$= 1 - \frac{8}{15} \cdot \frac{7}{14} \cdot \frac{6}{13}$$
$$= 1 - \frac{8}{65} = \frac{57}{65}$$

d)   I)

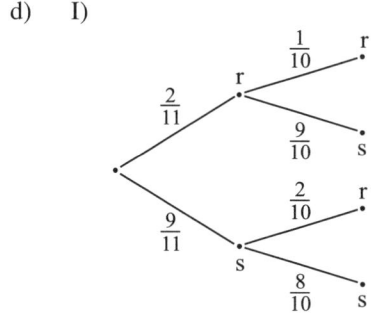

Da 2 rote und 9 schwarze, also insgesamt 11 Kugeln in der Urne sind, beträgt die Wahrscheinlichkeit beim 1. Ziehen für rot (r): $\frac{2}{11}$ und für schwarz (s): $\frac{9}{11}$.

Beim 2. Ziehen sind nur noch 10 Kugeln vorhanden und die Wahrscheinlichkeiten hängen davon ab, welche Farbe schon gezogen wurde.

Die Wahrscheinlichkeit, dass höchstens eine Kugel rot ist, erhält man mit Hilfe der 1. und 2. Pfadregel (Produkt- und Summenregel):

$$P(\text{«höchstens eine rote Kugel»}) = P(rs) + P(sr) + P(ss)$$
$$= \frac{2}{11} \cdot \frac{9}{10} + \frac{9}{11} \cdot \frac{2}{10} + \frac{9}{11} \cdot \frac{8}{10}$$
$$= \frac{9}{55} + \frac{9}{55} + \frac{36}{55}$$
$$= \frac{54}{55}$$

Alternativ kann man auch mit dem Gegenereignis rechnen:

$$P(\text{«höchstens eine rote Kugel»}) = 1 - P(\text{«zwei rote Kugeln»})$$
$$= 1 - P(rr)$$
$$= 1 - \frac{2}{11} \cdot \frac{1}{10}$$
$$= \frac{55}{55} - \frac{1}{55} = \frac{54}{55}$$

II)

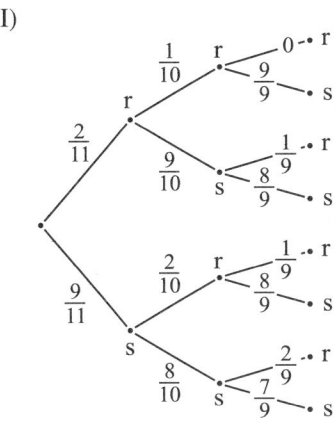

Da 2 rote und 9 schwarze, also insgesamt 11 Kugeln in der Urne sind, beträgt die Wahrscheinlichkeit beim 1. Ziehen für rot (r): $\frac{2}{11}$ und für schwarz (s): $\frac{9}{11}$.

Bei jeder weiteren Ziehung ist eine Kugel weniger vorhanden, so dass die Wahrscheinlichkeiten bei den weiteren Ziehungen davon abhängen, welche Farben schon gezogen wurden.

Die Wahrscheinlichkeit, höchstens zwei schwarze Kugeln zu ziehen, berechnet man am geschicktesten mit Hilfe des Gegenereignisses:

$$P(\text{«höchstens zwei schwarze Kugeln»}) = 1 - P(\text{«drei schwarze Kugeln»})$$
$$= 1 - P(\text{sss})$$
$$= 1 - \frac{9}{11} \cdot \frac{8}{10} \cdot \frac{7}{9}$$
$$= 1 - \frac{28}{55} = \frac{27}{55}$$

18.1.3 Verschiedene Aufgaben

a)   I)

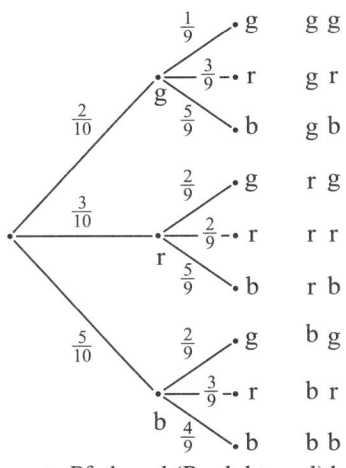

Da insgesamt 10 Kugeln in der Urne sind, betragen die Wahrscheinlichkeiten beim 1. Ziehen für grün, rot bzw. blau: $\frac{2}{10}, \frac{3}{10}$ bzw. $\frac{5}{10}$.

Danach sind nur noch 9 Kugeln in der Urne und die Wahrscheinlichkeiten bzgl. der 2. Ziehung hängen jeweils davon ab, welche Farbe beim 1. Mal gezogen wurde.

II) Die erste Pfadregel (Produktregel) besagt, dass sich die Wahrscheinlichkeit für einen Pfad aus dem Produkt der Wahrscheinlichkeiten längs des Pfades ergibt. Damit gilt:

$P(A) = P(gg) = \frac{2}{10} \cdot \frac{1}{9} = \frac{1}{45}$.

$P(B) = P(rb) = \frac{3}{10} \cdot \frac{5}{9} = \frac{1}{6}$.

Die zweite Pfadregel (Summenregel) besagt, dass sich die Wahrscheinlichkeit eines Ereignisses aus der Summe der Wahrscheinlichkeiten aller Pfade, die zu diesem Ereignis gehören, ergibt. Damit gilt:

$P(C) = P(rg) + P(gr) = \frac{3}{10} \cdot \frac{2}{9} + \frac{2}{10} \cdot \frac{3}{9} = \frac{2}{15}.$

$P(D) = P(gg) + P(rr) + P(bb) = \frac{2}{10} \cdot \frac{1}{9} + \frac{3}{10} \cdot \frac{2}{9} + \frac{5}{10} \cdot \frac{4}{9} = \frac{2+6+20}{90} = \frac{14}{45}.$

$P(E) = P(gg) + P(gr) + P(rg) + P(rr) = \frac{2}{10} \cdot \frac{1}{9} + \frac{2}{10} \cdot \frac{3}{9} + \frac{3}{10} \cdot \frac{2}{9} + \frac{3}{10} \cdot \frac{2}{9} = \frac{2+6+6+6}{90} = \frac{2}{9}.$

b)   I)

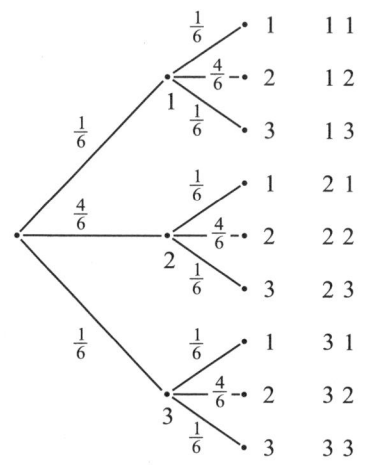

II) $A = \{12\}; P(A) = \frac{1}{6} \cdot \frac{4}{6} = \frac{1}{9}.$

$B = \{12, 22, 32\}; P(B) = \frac{1}{6} \cdot \frac{4}{6} + \frac{4}{6} \cdot \frac{4}{6} + \frac{1}{6} \cdot \frac{4}{6} = \frac{1}{9} + \frac{4}{9} + \frac{1}{9} = \frac{6}{9} = \frac{2}{3}.$

$C = \{11, 12, 13\}; P(C) = \frac{1}{6} \cdot \frac{1}{6} + \frac{1}{6} \cdot \frac{4}{6} + \frac{1}{6} \cdot \frac{1}{6} = \frac{1+4+1}{36} = \frac{6}{36} = \frac{1}{6}.$

$D = \{13, 22, 31\}; P(D) = \frac{1}{6} \cdot \frac{1}{6} + \frac{4}{6} \cdot \frac{4}{6} + \frac{1}{6} \cdot \frac{1}{6} = \frac{1+16+1}{36} = \frac{18}{36} = \frac{1}{2}.$

$E = \{11, 13, 23, 31\}; P(E) = \frac{1}{6} \cdot \frac{1}{6} + \frac{1}{6} \cdot \frac{1}{6} + \frac{4}{6} \cdot \frac{1}{6} + \frac{1}{6} \cdot \frac{1}{6} = \frac{1+1+4+1}{36} = \frac{7}{36}.$

c)   I)   e: Fehler erkannt; $P(e) = 0,8$.

$\bar{e}$: Fehler nicht erkannt; $P(\bar{e}) = 0,2$.

Zweimal den Fehler übersehen und
beim dritten Mal erkennen entspricht
dem Pfad $\bar{e}\bar{e}e$.

Es ist $P(\bar{e}\bar{e}e) = 0,2 \cdot 0,2 \cdot 0,8 = 0,032 = 3,2\%.$

II) Den Fehler spätestens beim 3. Mal erkennen bedeutet $\{e, \bar{e}e, \bar{e}\bar{e}e\}$.

Es ist: $P(e) = 0,8$, $P(\bar{e}e) = 0,2 \cdot 0,8 = 0,16$ und $P(\bar{e}\bar{e}e) = 0,032$.

Nach der 2. Pfadregel gilt:

$P(\text{«spätestens beim 3. Mal erkannt»}) = 0,8 + 0,16 + 0,032 = 0,992 = 99,2\%.$

Schneller lässt sich die Wahrscheinlichkeit mit dem Gegenereignis bestimmen. Es
heißt hier: «Der Fehler ist auch beim 3. Mal noch nicht erkannt» und bedeutet $\{\bar{e}\bar{e}\bar{e}\}$.

Für die Wahrscheinlichkeit des Gegenereignisses gilt:

$P(\bar{e}\bar{e}\bar{e}) = 0,2 \cdot 0,2 \cdot 0,2 = 0,008 = 0,8\%.$

Damit ist $100\% - 0,8\% = 99,2\%$ die gesuchte Wahrscheinlichkeit.

18.2   Unabhängigkeit und Vierfeldertafeln

a) I)

	A	$\overline{A}$	
B	0,32	0,08	0,4
$\overline{B}$	0,48	0,12	0,6
	0,8	0,2	1

II)

	A	$\overline{A}$	
B	$\frac{3}{5}$	$\frac{1}{15}$	$\frac{2}{3}$
$\overline{B}$	$\frac{3}{10}$	$\frac{1}{30}$	$\frac{1}{3}$
	$\frac{9}{10}$	$\frac{1}{10}$	1

III)

	A	$\overline{A}$	
B	$\frac{1}{20}$	$\frac{1}{5}$	$\frac{1}{4}$
$\overline{B}$	$\frac{3}{20}$	$\frac{3}{5}$	$\frac{3}{4}$
	$\frac{1}{5}$	$\frac{4}{5}$	1

b) Es ist: $P(m) = \frac{90}{200} = 0,45$; $P(R) = \frac{80}{200} = 0,4$; $P(m \cap R) = \frac{36}{200} = 0,18$.

Wegen $P(m) \cdot P(R) = 0,45 \cdot 0,4 = 0,18 = P(m \cap R)$ gilt der spezielle Multiplikationssatz und die Ereignisse sind unabhängig.

Alternativer Lösungsweg:

Man prüft nach, ob der Anteil an Rauchern unter allen Befragten genau so groß ist wie der Anteil an Rauchern unter den Männern.

Anteil der Raucher unter allen Befragten: $\frac{80}{200} = \frac{2}{5} = 0,4$.

Anteil der Raucher unter den Männern: $\frac{36}{90} = \frac{2}{5} = 0,4$.

Die Werte stimmen überein, also sind Geschlecht und Rauchverhalten unabhängig voneinander.

c) Es ergeben sich folgende ergänzte Tafeln:

I)

	A	$\overline{A}$	
B	0,3	0,1	0,4
$\overline{B}$	0,5	0,1	0,6
	0,8	0,2	1

II)

	A	$\overline{A}$	
B	$\frac{1}{8}$	$\frac{1}{2}$	$\frac{5}{8}$
$\overline{B}$	$\frac{1}{4}$	$\frac{1}{8}$	$\frac{3}{8}$
	$\frac{3}{8}$	$\frac{5}{8}$	1

I) Wegen $P(A) \cdot P(B) = 0,8 \cdot 0,4 = 0,32 \neq 0,3 = P(A \cap B)$ sind A und B nicht unabhängig.

II) Wegen $P(A) \cdot P(B) = \frac{3}{8} \cdot \frac{5}{8} = \frac{15}{64} \neq \frac{1}{8} = P(A \cap B)$ sind A und B nicht unabhängig.

d)

	F	$\overline{F}$	
S	0,4	0,2	0,6
$\overline{S}$	0,3	0,1	0,4
	0,7	0,3	1

Es sind:

F: mag Fußball

S: mag Schwimmen

$\overline{F}$: mag Fußball nicht

$\overline{S}$: mag Schwimmen nicht

Gegeben sind $P(F) = 0,7$ und $P(S) = 0,6$ sowie $P(\overline{F} \cap \overline{S}) = 0,1$, da sich 10 % der Schüler für keine der beiden Sportarten begeistern.

Aus der Vierfeldertafel ergibt sich: $P(F \cap S) = 0,4$.

Somit begeistern sich 40 % der Schüler für beide Sportarten.

18.3 Bedingte Wahrscheinlichkeit

a) Es ist a: älter als 70 Jahre, j ($= \bar{a}$): höchstens 70 Jahre, m: männlich, w($= \bar{m}$): weiblich.

Gegeben sind $P(a) = 0,3$; $P_a(m) = 0,4$ und $P_j(m) = 0,5$.

Dann gilt: $P(a \cap m) = P(a) \cdot P_a(m) = 0,3 \cdot 0,4 = 0,12$, $P(j) = 1 - P(a) = 0,7$ und $P(j \cap m) = P(j) \cdot P_j(m) = 0,7 \cdot 0,5 = 0,35$.

$P(a)$, $P(j)$, $P(a \cap m)$ und $P(j \cap m)$ werden in die Vierfeldertafel eingetragen und diese wird vervollständigt:

Gesucht ist $P_m(j)$.

Entsprechend der Formel gilt:

$P_m(j) = \frac{P(m \cap j)}{P(m)} = \frac{0,35}{0,47} = \frac{35}{47} \approx 0,74 = 74\%$.

Also sind ca. 74 % der Männer höchstens 70 Jahre alt.

	a	j	
m	0,12	0,35	0,47
w	0,18	0,35	0,53
	0,3	0,7	1

b) Es ist k: krank, g: gesund, «+»: positiv getestet, «−»: negativ getestet.

I) Aus den Angaben lassen sich folgende Wahrscheinlichkeiten bestimmen:

$P(k) = 0,2$; $P_k(+) = 0,95$; $P_g(-) = 0,9$.

Damit ist:

$P(g) = 1 - P(k) = 0,8$.

$P(k \cap +) = P(k) \cdot P_k(+) = 0,2 \cdot 0,95 = 0,19$

$P(g \cap -) = P(g) \cdot P_g(-) = 0,8 \cdot 0,9 = 0,72$

Gesucht sind $P_+(k)$ und $P_-(g)$. Daher gilt:

$P_+(k) = \frac{P(k \cap +)}{P(+)} = \frac{0,19}{0,27} = \frac{19}{27} \approx 0,70 = 70\%$ und

$P_-(g) = \frac{P(g \cap -)}{P(-)} = \frac{0,72}{0,73} = \frac{72}{73} \approx 0,99 = 99\%$.

	k	g	
+	0,19	0,08	0,27
−	0,01	0,72	0,73
	0,2	0,8	1

Die Wahrscheinlichkeit, dass man bei einem positiven Testergebnis tatsächlich krank ist, beträgt 70 %.

Die Wahrscheinlichkeit, dass man bei einem negativen Testergebnis tatsächlich gesund ist, beträgt 99 %.

II) Aus den Angaben lassen sich folgende Wahrscheinlichkeiten bestimmen:

$P(k) = 0,5$; $P_k(+) = 0,95$; $P_g(-) = 0,9$.

Die Rechnungen wie bei I) ergeben nebenstehende Vierfeldertafel.

Gesucht sind wieder $P_+(k)$ und $P_-(g)$.

Daher gilt:

$P_+(k) = \frac{0,475}{0,525} = \frac{475}{525} \approx 0,90 = 90\%$ und

$P_-(g) = \frac{0,45}{0,475} = \frac{450}{475} \approx 0,98 = 98\%$.

	k	g	
+	0,475	0,05	0,525
−	0,025	0,45	0,475
	0,5	0,5	1

Je größer der Anteil der Kranken an der Bevölkerung wird, desto sicherer deutet ein positives Testergebnis auf eine Erkrankung hin. Dafür kann man sich auf ein negatives Testergebnis weniger verlassen.

19 Binomialverteilung

Bei einem Bernoulli-Experiment wird die Wahrscheinlichkeit P eines Ereignisses mit k Treffern mit der Trefferwahrscheinlichkeit p und der Kettenlänge n (Anzahl der Durchführungen des Experiments) mit folgender Formel berechnet:

$$P(X = k) = \binom{n}{k} \cdot p^k \cdot (1-p)^{n-k}$$

Bernoulliketten

a) I) Da die Zufallsvariable X binomialverteilt ist mit $p = 0,4$ und $n = 10$, gilt:

$$P(X = 1) = \binom{10}{1} \cdot 0,4^1 \cdot (1 - 0,4)^9 = \binom{10}{1} \cdot 0,4^1 \cdot 0,6^9$$

Mit Hilfe des GTR/CAS erhält man: $P(X = 1) \approx 0,04$

frv.tv/ar

II) Anhand der gegebenen Abbildung kann man folgende Wahrscheinlichkeiten näherungsweise ablesen:

$P(X = 4)$	$\approx$	$0,25$	$P(X = 8)$	$\approx$	$0,01$
$P(X = 5)$	$\approx$	$0,20$	$P(X = 9)$	$\approx$	$0,00$
$P(X = 6)$	$\approx$	$0,11$	$P(X = 10)$	$\approx$	$0,00$
$P(X = 7)$	$\approx$	$0,04$			

Damit gilt:

$$P(3 < X < 6) = P(X = 4) + P(X = 5) \approx 0,25 + 0,20 = 0,45$$

und

$$P(X > 6) = P(X = 7) + P(X = 8) + P(X = 9) + P(X = 10)$$
$$\approx 0,04 + 0,01 + 0,00 + 0,00$$
$$= 0,05$$

b) I) Da es bei der Stichprobe nur die beiden Ausgänge verdorben oder nicht verdorben gibt, handelt es sich um ein Bernoulliexperiment.
Die Wahrscheinlichkeit, dass eine Apfelsine verdorben ist, beträgt $p = 0,2 = \frac{1}{5}$, die Kettenlänge ist $n = 5$.
Damit gilt für die Wahrscheinlichkeit, dass in der Stichprobe genau eine verdorbene Apfelsine ist:

$$P(X = 1) = \binom{5}{1} \cdot \left(\frac{1}{5}\right)^1 \cdot \left(\frac{4}{5}\right)^4$$

Mit Hilfe des GTR/CAS erhält man: $P(X = 1) \approx 0,41$

II) Um ein Ereignis A anzugeben, formt man die gegebene Wahrscheinlichkeit um:

$$P(A) = \binom{5}{3} \cdot 0,2^3 \cdot 0,8^2 = P(X = 3)$$

Damit lautet das Ereignis A: In der Stichprobe sind genau drei verdorbene Apfelsinen enthalten.

Um ein Ereignis B anzugeben, formt man ebenfalls die gegebene Wahrscheinlichkeit um:

$$P(B) = 1 - 0,2^5$$

$$= 1 - \binom{5}{5} \cdot 0,2^5 \cdot 0,8^0$$

$$= 1 - P(X = 5)$$

Dies ist die Wahrscheinlichkeit für das Gegenereignis zu: Es sind alle 5 Apfelsinen verdorben.

Damit lautet das Ereignis B: Es ist mindestens eine Apfelsine nicht verdorben.

c)   I) Da die Zufallsvariable X binomialverteilt ist mit $p = 0,2$ und $n = 20$, gilt:

$$P(X = 2) = \binom{20}{2} \cdot 0,2^2 \cdot (1 - 0,2)^{18} = \binom{20}{2} \cdot 0,2^2 \cdot 0,8^{18}$$

frv.tv/ar

Mit Hilfe des GTR/CAS erhält man: $P(X = 2) \approx 0,14$

II) Aufgrund der Binomialverteilung mit $p = 0,2$ und $n = 20$ gilt ebenfalls:

$$P(X < 2) = P(X = 0) + P(X = 1)$$

$$= \binom{20}{0} \cdot 0,2^0 \cdot 0,8^{20} + \binom{20}{1} \cdot 0,2^1 \cdot 0,8^{19}$$

frv.tv/as

Mit Hilfe des GTR/CAS erhält man: $P(X < 2) = P(X \leqslant 1) \approx 0,07$
Ferner gilt:

$$P(X \neq 1) = 1 - P(X = 1)$$

$$= 1 - \binom{20}{1} \cdot 0,2^1 \cdot 0,8^{19}$$

frv.tv/ar

Mit Hilfe des GTR/CAS erhält man: $P(X \neq 1) = 1 - P(X = 1) \approx 0,94$

d)   I) Da es bei einer Zwiebel nur die beiden Ausgänge keimen oder nicht keimen gibt, handelt es sich um ein Bernoulliexperiment.
Die Wahrscheinlichkeit, dass eine Zwiebel keimt, beträgt $p = 90\% = 0,9$. Die Kettenlänge ist $n = 20$. Damit gilt für die Wahrscheinlichkeit, dass von 20 Zwiebeln alle keimen:

$$P(X = 20) = \binom{20}{20} \cdot 0,9^{20} \cdot 0,1^0 = 1 \cdot 0,9^{20} \cdot 1 = 0,9^{20}$$

Mit Hilfe des GTR/CAS erhält man: $P(X = 20) \approx 0,12$

frv.tv/ar

II) Um ein Ereignis A anzugeben, formt man die gegebene Wahrscheinlichkeit um:

$$P(A) = \binom{20}{18} \cdot 0,9^{18} \cdot 0,1^2 + \binom{20}{19} \cdot 0,9^{19} \cdot 0,1^1 + 0,9^{20}$$

$$= P(X = 18) + P(X = 19) + P(X = 20)$$

$$= P(X \geqslant 18)$$

Damit lautet das Ereignis A: Mindestens 18 Zwiebeln keimen.

Um ein Ereignis B anzugeben, formt man ebenfalls die gegebene Wahrscheinlichkeit um:

$$P(B) = 1 - 0,1^{20}$$

$$= 1 - \binom{20}{0} \cdot 0,9^0 \cdot 0,1^{20}$$

$$= 1 - P(X = 0)$$

Dies ist die Wahrscheinlichkeit für das Gegenereignis zu: Es keimt keine der 20 Zwiebeln.

Damit lautet das Ereignis B: Es keimt mindestens eine der Zwiebeln.

e) Die Zufallsvariable X ist binomialverteilt mit $n = 10$ und $p = 0,6$ und hat folgende Verteilung:

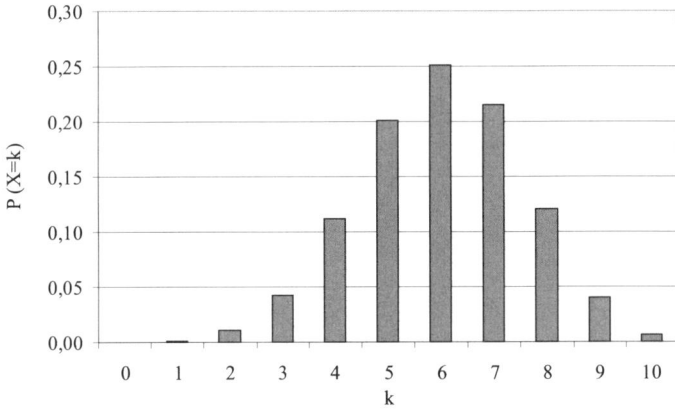

I) Da die Zufallsvariable X binomialverteilt ist mit $p = 0,6$ und $n = 10$, gilt:

$$P(X = 10) = \binom{10}{10} \cdot 0,6^{10} \cdot (1 - 0,6)^0 = 0,6^{10}$$

Mit Hilfe des GTR/CAS erhält man: $P(X = 10) \approx 0,01$

II) Anhand der gegebenen Abbildung kann man folgende Wahrscheinlichkeiten näherungsweise ablesen:

$$P(X = 4) \approx 0,11$$
$$P(X = 6) \approx 0,25$$
$$P(X = 7) \approx 0,22$$
$$P(X = 8) \approx 0,12$$
$$P(X = 9) \approx 0,04$$
$$P(X = 10) \approx 0,01$$

Damit gilt:

$$P(X > 5) = P(X = 6) + P(X = 7) + P(X = 8) + P(X = 9) + P(X = 10)$$
$$\approx 0,25 + 0,22 + 0,12 + 0,04 + 0,01$$
$$= 0,64$$

und

$$P(X \neq 4) = 1 - P(X = 4) \approx 1 - 0,11 = 0,89$$

f) Bei Treffer «Zahl» ist $p = \frac{1}{2}$, die Kettenlänge ist $n = 5$.

$$P(A) = P(X = 2) = \binom{5}{2} \cdot \left(\frac{1}{2}\right)^2 \cdot \left(\frac{1}{2}\right)^3 = 10 \cdot \left(\frac{1}{2}\right)^5 = \frac{10}{32} = \frac{5}{16}$$

frv.tv/ar

Mit Hilfe des GTR/CAS erhält man: $P(X = 2) \approx 0,31$

$$P(B) = P(X = 0) = \binom{5}{0} \cdot \left(\frac{1}{2}\right)^0 \cdot \left(\frac{1}{2}\right)^5 = \frac{1}{32}$$

frv.tv/ar

Mit Hilfe des GTR/CAS erhält man: $P(X = 0) \approx 0,03$

$$P(C) = P(X \leqslant 1) = P(X = 0) + P(X = 1) = \frac{1}{32} + \binom{5}{1} \cdot \left(\frac{1}{2}\right)^1 \cdot \left(\frac{1}{2}\right)^4 = \frac{1}{32} + \frac{5}{32} = \frac{3}{16}$$

frv.tv/as

Mit Hilfe des GTR/CAS erhält man: $P(X \leqslant 1) \approx 0,19$

$$P(D) = P(X \geqslant 1) = 1 - P(X = 0) = 1 - \frac{1}{32} = \frac{31}{32}$$

frv.tv/ar

Mit Hilfe des GTR/CAS erhält man: $P(X \geqslant 1) = 1 - P(X = 0) \approx 0,97$

g) Bei Treffer «verdorben» ist $p = \frac{1}{5}$, die Kettenlänge ist $n = 5$.

$$P(A) = P(X = 1) = \binom{5}{1} \cdot \left(\frac{1}{5}\right)^1 \cdot \left(\frac{4}{5}\right)^4 = 5 \cdot \frac{4^4}{5^5} = \left(\frac{4}{5}\right)^4 = \frac{256}{625}$$

frv.tv/ar

Mit Hilfe des GTR/CAS erhält man: $P(X = 1) \approx 0,41$

$$P(B) = P(X = 0) = \binom{5}{0} \cdot (\frac{1}{5})^0 \cdot (\frac{4}{5})^5 = (\frac{4}{5})^5 = \frac{1024}{3125}$$

Mit Hilfe des GTR/CAS erhält man: $P(X = 0) \approx 0,33$

frv.tv/ar

$$P(C) = P(X \geqslant 2) = 1 - P(X \leqslant 1) = 1 - P(X = 1) - P(X = 0)$$
$$= 1 - \frac{1024}{3125} - \frac{256}{625} = 1 - \frac{1024}{3125} - \frac{1280}{3125} = \frac{821}{3125}$$

Mit Hilfe des GTR/CAS erhält man: $P(X \geqslant 2) = 1 - P(X \leqslant 1) \approx 0,26$

frv.tv/as

h) Sei X Zufallsvariable für die Anzahl der defekten Glühbirnen.
Mit $n = 150$ und $p = 0,04$ (4 %) erhält man:
Erwartungswert: $E(X) = \mu = n \cdot p = 150 \cdot 0,04 = 6$.
Zugehörige Standardabweichung:

$$\sigma = \sqrt{n \cdot p \cdot (1 - p)} = \sqrt{150 \cdot 0,04 \cdot 0,96} = \sqrt{5,76} = 2,4$$

Bei einer Entnahme von 150 Glühbirnen hat man durchschnittlich mit 6 defekten Glühbirnen zu rechnen. Die zugehörige Standardabweichung beträgt 2,4 Glühbirnen.

i) I) Erwartungswert: $E(X) = \mu = n \cdot p = 80 \cdot 0,3 = 24$.
Zugehörige Standardabweichung:

$$\sigma = \sqrt{n \cdot p \cdot (1 - p)} = \sqrt{80 \cdot 0,3 \cdot 0,7} = \sqrt{16,8} \approx 4,10$$

II) Erwartungswert: $E(X) = \mu = n \cdot p = 50 \cdot 0,4 = 20$.
Zugehörige Standardabweichung:

$$\sigma = \sqrt{n \cdot p \cdot (1 - p)} = \sqrt{50 \cdot 0,4 \cdot 0,6} = \sqrt{12} \approx 3,46$$

III) Erwartungswert: $E(X) = \mu = n \cdot p = 20 \cdot 0,6 = 12$.
Zugehörige Standardabweichung:

$$\sigma = \sqrt{n \cdot p \cdot (1 - p)} = \sqrt{20 \cdot 0,6 \cdot 0,4} = \sqrt{4,8} \approx 2,19$$

j) Sei X Zufallsvariable für die Menge verdorbener Tomaten (in kg).
Mit $n = 30$ und $p = 0,2$ (20 %) erhält man:
Erwartungswert: $E(X) = \mu = n \cdot p = 30 \cdot 0,2 = 6$.
Zugehörige Standardabweichung:

$$\sigma = \sqrt{n \cdot p \cdot (1 - p)} = \sqrt{30 \cdot 0,2 \cdot 0,8} = \sqrt{4,8} \approx 2,2.$$

Bei einer Entnahme von 30 kg sind durchschnittlich 6 kg verdorbene Tomaten zu erwarten. Die zugehörige Standardabweichung beträgt etwa 2,2 kg.

20 Erwartungswert, Standardabweichung und σ-Regeln

a) Da in der Urne 1 weiße, 1 rote und 8 schwarze Kugeln sind, beträgt die Wahrscheinlichkeit für weiß: $\frac{1}{10}$, für rot: $\frac{1}{10}$ und für schwarz: $\frac{8}{10}$. Damit erhält man für die Auszahlungsbeträge folgende Verteilung:

Ereignis	Auszahlungsbetrag x_i	$P(x_i)$	$x_i \cdot P(x_i)$
weiß	4	$\frac{1}{10}$	0,4
rot	8	$\frac{1}{10}$	0,8
schwarz	0	$\frac{8}{10}$	0
Summe		1	1,2

Sei X Zufallsvariable für die Höhe des Gewinns. Den Erwartungswert E von X erhält man, indem man die möglichen Auszahlungsbeträge mit den zugehörigen Wahrscheinlichkeiten multipliziert und den Einsatz subtrahiert:

$$E(X) = 4 \cdot 0,1 + 8 \cdot 0,1 + 0 \cdot 0,8 - 0,5 = 1,2 - 0,5 = 0,7$$

Der Erwartungswert für den Gewinn beträgt 0,70€.

b) I) Mit $n = 80$ und $p = 0,3$ ergibt sich für den Erwartungswert:

$$E(X) = n \cdot p = 80 \cdot 0,3 = 24$$

Für die Standardabweichung σ gilt:

$$\sigma = \sqrt{n \cdot p \cdot (1 - p)} = \sqrt{80 \cdot 0,3 \cdot 0,7} = \sqrt{16,8} \approx 4,1$$

Die 2σ-Umgebung um den Erwartungswert erhält man, indem man vom Erwartungswert $2 \cdot \sigma$ subtrahiert bzw. addiert.
Damit gilt: $24 - 2 \cdot 4,1 \leqslant X \leqslant 24 + 2 \cdot 4,1$ bzw. $15,8 \leqslant X \leqslant 32,2$ und es gilt für die zugehörige Wahrscheinlichkeit entsprechend der σ-Regeln:

$$P(15,8 \leqslant X \leqslant 32,2) \approx 0,955 = 95,5\%$$

II) Mit $E(X) = 20$ und $n = 50$ ergibt sich für die Trefferwahrscheinlichkeit:

$$20 = 50 \cdot p \ \Rightarrow \ p = \frac{2}{5} = 0,4$$

Für die Standardabweichung σ gilt:

$$\sigma = \sqrt{n \cdot p \cdot (1 - p)} = \sqrt{50 \cdot 0,4 \cdot 0,6} = \sqrt{12} \approx 3,5$$

Die 1σ-Umgebung um den Erwartungswert erhält man, indem man vom Erwartungswert $1 \cdot \sigma$ subtrahiert bzw. addiert.

Damit gilt: $20 - 1 \cdot 3,5 \leqslant X \leqslant 20 + 1 \cdot 3,5$ bzw. $16,5 \leqslant X \leqslant 23,5$ und es gilt für die zugehörige Wahrscheinlichkeit entsprechend der σ-Regeln:

$$P(16,5 \leqslant X \leqslant 23,5) \approx 0,68 = 68\%$$

III) Mit $E(X) = 12$ und $p = 0,6$ ergibt sich für die Kettenlänge:

$$12 = n \cdot 0,6 \;\Rightarrow\; n = \frac{12}{0,6} = 20$$

Für die Standardabweichung σ gilt:

$$\sigma = \sqrt{n \cdot p \cdot (1-p)} = \sqrt{20 \cdot 0,6 \cdot 0,4} = \sqrt{4,8} \approx 2,2$$

Die 3σ-Umgebung um den Erwartungswert erhält man, indem man vom Erwartungswert $3 \cdot \sigma$ subtrahiert bzw. addiert.
Damit gilt: $20 - 3 \cdot 2,2 \leqslant X \leqslant 20 + 3 \cdot 2,2$ bzw. $13,4 \leqslant X \leqslant 26,6$ und es gilt für die zugehörige Wahrscheinlichkeit entsprechend der σ-Regeln:

$$P(13,4 \leqslant X \leqslant 26,6) \approx 0,997 = 99,7\%$$

c) Die Wahrscheinlichkeit beträgt für 1 €: $\frac{180}{360}$, für 3 €: $\frac{120}{360}$ und für 4 €: $\frac{60}{360}$. Damit ergibt sich für die Auszahlungsbeträge folgende Verteilung:

Auszahlungsbetrag x_i in €	$P(x_i)$	$x_i \cdot P(x_i)$
1	$\frac{180}{360}$	$\frac{1}{2}$
3	$\frac{120}{360}$	1
4	$\frac{60}{360}$	$\frac{2}{3}$

Sei X Zufallsvariable für die Höhe des Gewinns. Den Erwartungswert von X erhält man, indem man die möglichen Auszahlungsbeträge mit den zugehörigen Wahrscheinlichkeiten multipliziert und den Einsatz von 2 Euro subtrahiert:

$$E(X) = 1 \cdot \frac{180}{360} + 3 \cdot \frac{120}{360} + 4 \cdot \frac{60}{360} - 2 = \frac{1}{2} + 1 + \frac{2}{3} - 2 = \frac{1}{6} \approx 0,17$$

Der Erwartungswert beträgt also etwa 17 Cent.

d) Da in der Urne 4 weiße, 4 rote und 2 schwarze Kugeln sind, beträgt die Wahrscheinlichkeit für weiß (w): $\frac{4}{10} = 0,4$, für rot (r): $\frac{4}{10} = 0,4$ und für schwarz (s): $\frac{2}{10} = 0,2$. Damit ergibt sich für die Auszahlungsbeträge folgende Verteilung:

Ereignis	Auszahlungsbetrag x_i in €	$P(x_i)$	$x_i \cdot P(x_i)$
weiß	1	0,4	0,4
rot	2	0,4	0,8
schwarz	0	0,2	0
Summe		1	1,2

Sei X Zufallsvariable für die Höhe des Gewinns. Den Erwartungswert von X erhält man, indem man die möglichen Auszahlungsbeträge mit den zugehörigen Wahrscheinlichkeiten multipliziert und den Einsatz von 1 Euro subtrahiert:

$$E(X) = 1 \cdot 0,4 + 2 \cdot 0,4 + 0 \cdot 0,2 - 1 = 1,2 - 1 = 0,2$$

Der Erwartungswert beträgt $0,20$ €.
Da der Erwartungswert nicht Null ist, ist das Spiel auch nicht fair. Es wird in diesem Fall der Spieler begünstigt, da der Erwartungswert des Spielers positiv ist.

e)

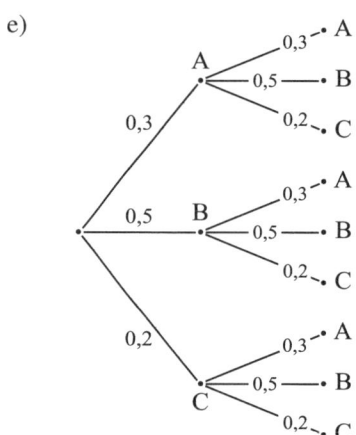

Die Wahrscheinlichkeiten für die Buchstaben A, B und C betragen bei jedem Drehen:
$P(A) = 0,3$
$P(B) = 0,5$
$P(C) = 0,2$

Die Wahrscheinlichkeit, dass zwei gleiche Buchstaben erscheinen, erhält man mit Hilfe der 1. und 2. Pfadregel (Produkt- und Summenregel):

$$
\begin{aligned}
P(\text{«zwei gleiche Buchstaben»}) &= P(AA) + P(BB) + P(CC) \\
&= 0,3 \cdot 0,3 + 0,5 \cdot 0,5 + 0,2 \cdot 0,2 \\
&= 0,09 + 0,25 + 0,04 \\
&= 0,38
\end{aligned}
$$

Sei X Zufallsvariable für die Höhe des Gewinns. Den Erwartungswert von X erhält man, indem man den möglichen Auszahlungsbetrag mit der zugehörigen Wahrscheinlichkeit multipliziert und den Einsatz subtrahiert:

$$E(X) = 10 \cdot 0,38 - 4 = 3,8 - 4 = -0,2$$

Der Erwartungswert beträgt $-0,20$ Euro.

Da der Erwartungswert nicht Null ist, ist das Spiel auch nicht fair. Es wird der Spieler benachteiligt.

f) Den Erwartungswert $E(X)$ der Zufallsvariablen X erhält man, indem man die möglichen Werte von x_i mit den zugehörigen Wahrscheinlichkeiten multipliziert und die Ergebnisse addiert:

$$E(X) = -5 \cdot 0,1 + (-1) \cdot a + 0 \cdot b + 3 \cdot 0,3 = -0,5 - a + 0,9 = 0,4 - a$$

Wegen $E(X) = 0,3$ erhält man folgende Gleichung:

$$0,3 = 0,4 - a \Rightarrow a = 0,1$$

Da die Summe aller Wahrscheinlichkeiten 1 ergeben muss, gilt mit $a = 0,1$:

$$0,1 + 0,1 + b + 0,3 = 1 \Rightarrow b = 0,5$$

g) Um zu zeigen, dass der Erwartungswert von X nicht größer als $2,2$ sein kann, bestimmt man den Erwartungswert von X:

$$E(X) = 0 \cdot p_1 + 1 \cdot \frac{3}{10} + 2 \cdot \frac{1}{5} + 3 \cdot p_2 = \frac{7}{10} + 3 \cdot p_2$$

Da die Summe der Wahrscheinlichkeiten nicht größer als 1 sein darf, gilt:
$p_2 \leqslant 1 - \frac{3}{10} - \frac{1}{5} - p_1 = \frac{1}{2} - p_1$. Der Erwartungswert ist am größten, wenn gilt $p_1 = 0$. Damit ergibt:

$$E(X) \leqslant \frac{7}{10} + 3 \cdot \frac{1}{2} = 2,2$$

Somit kann der Erwartungswert von X nicht größer als $2,2$ sein.

h) Sei X Zufallsvariable für die Anzahl der defekten Glühbirnen.

Mit $n = 200$ und $p = 0,05$ (5 %) erhält man:

Erwartungswert: $E(X) = \mu = n \cdot p = 200 \cdot 0,05 = 10$.

Zugehörige Standardabweichung: $\sigma = \sqrt{n \cdot p \cdot (1-p)} = \sqrt{200 \cdot 0,05 \cdot 0,95} = \sqrt{9,5} \approx 3$.

Bei einer Entnahme von 200 Glühbirnen hat man durchschnittlich mit 10 defekten Glühbirnen zu rechnen. Die zugehörige Standardabweichung beträgt etwa 3 Glühbirnen.

Die 3σ-Umgebung um den Erwartungswert erhält man, indem man vom Erwartungswert $3 \cdot \sigma$ subtrahiert bzw. addiert.

Damit gilt: $10 - 3 \cdot 3 \leqslant X \leqslant 10 + 3 \cdot 3$ bzw. $1 \leqslant X \leqslant 19$ und es gilt für die zugehörige Wahrscheinlichkeit entsprechend der σ-Regeln: $P(1 \leqslant X \leqslant 19) \approx 0,997 = 99,7\%$. Mit einer Wahrscheinlichkeit von etwa $99,7\%$ sind 1 bis 19 defekte Glühbirnen zu erwarten.

i)   I) Erwartungswert: $E(X) = \mu = n \cdot p = 80 \cdot 0,3 = 24$.

      Zugehörige Standardabweichung: $\sigma = \sqrt{n \cdot p \cdot (1-p)} = \sqrt{80 \cdot 0,3 \cdot 0,7} = \sqrt{16,8}$.

II) Erwartungswert: $E(X) = \mu = n \cdot p = 50 \cdot 0,4 = 20$.

Zugehörige Standardabweichung: $\sigma = \sqrt{n \cdot p \cdot (1-p)} = \sqrt{50 \cdot 0,4 \cdot 0,6} = \sqrt{12}$.

III) Erwartungswert: $E(X) = \mu = n \cdot p = 20 \cdot 0,6 = 12$.

Zugehörige Standardabweichung: $\sigma = \sqrt{n \cdot p \cdot (1-p)} = \sqrt{20 \cdot 0,6 \cdot 0,4} = \sqrt{4,8}$.

j) Sei X Zufallsvariable für die Menge verdorbener Tomaten (in kg).

Mit $n = 100$ und $p = 0,2$ (20%) erhält man:

Erwartungswert: $E(X) = \mu = n \cdot p = 100 \cdot 0,2 = 20$.

Zugehörige Standardabweichung: $\sigma = \sqrt{n \cdot p \cdot (1-p)} = \sqrt{100 \cdot 0,2 \cdot 0,8} = \sqrt{16} = 4$.

Bei einer Entnahme von 100 kg sind durchschnittlich 20 kg verdorbene Tomaten zu erwarten. Die zugehörige Standardabweichung beträgt 4 kg.

Die 2σ-Umgebung um den Erwartungswert erhält man, indem man vom Erwartungswert $2 \cdot \sigma$ subtrahiert bzw. addiert.

Damit gilt: $20 - 2 \cdot 4 \leqslant X \leqslant 20 + 2 \cdot 4$ bzw. $12 \leqslant X \leqslant 28$ und es gilt für die zugehörige Wahrscheinlichkeit entsprechend der σ-Regeln: $P(12 \leqslant X \leqslant 28) \approx 0,955 = 95,5\%$. Mit einer Wahrscheinlichkeit von etwa 95,5 % sind 12 bis 28 verdorbene Tomaten zu erwarten.

21 Schätzen von Wahrscheinlichkeiten

Das 90%-Konfidenzintervall erhält man durch $\left[h - 1,64 \cdot \sqrt{\frac{h \cdot (1-h)}{n}} \; ; \; h + 1,64 \cdot \sqrt{\frac{h \cdot (1-h)}{n}}\right]$.

Das 95%-Konfidenzintervall erhält man durch $\left[h - 1,96 \cdot \sqrt{\frac{h \cdot (1-h)}{n}} \; ; \; h + 1,96 \cdot \sqrt{\frac{h \cdot (1-h)}{n}}\right]$.

Das 99%-Konfidenzintervall erhält man durch $\left[h - 2,58 \cdot \sqrt{\frac{h \cdot (1-h)}{n}} \; ; \; h + 2,58 \cdot \sqrt{\frac{h \cdot (1-h)}{n}}\right]$.

Das 99,9%-Konfidenzintervall erhält man durch $\left[h - 3,29 \cdot \sqrt{\frac{h \cdot (1-h)}{n}} \; ; \; h + 3,29 \cdot \sqrt{\frac{h \cdot (1-h)}{n}}\right]$.

Dabei ist h die in einer Stichprobe ermittelte relative Häufigkeit.

a) In einem Altersheim mit 220 Bewohnern gibt es 150 Frauen.

Um das 95%-Konfidenzintervall für den unbekannten Anteil der Frauen in Altersheimen zu bestimmen, berechnet man zuerst die relative Häufigkeit h für den Anteil der Frauen dieser Stichprobe:

$$h = \frac{150}{220} = \frac{15}{22} \approx 0,68$$

Damit gilt:

$$h - 1,96 \cdot \sqrt{\frac{h \cdot (1-h)}{n}} = \frac{15}{22} - 1,96 \cdot \sqrt{\frac{\frac{15}{22} \cdot (1 - \frac{15}{22})}{220}} \approx 0,62$$

$$h + 1,96 \cdot \sqrt{\frac{h \cdot (1-h)}{n}} = \frac{15}{22} + 1,96 \cdot \sqrt{\frac{\frac{15}{22} \cdot (1 - \frac{15}{22})}{220}} \approx 0,74$$

Die Wahrscheinlichkeit beträgt 95%, dass das Intervall $[0,62 \, ; 0,74]$ den wahren Anteil der Frauen in Altersheimen enthält.

b) Bei einer Umfrage des Allensbach-Instituts unter 1200 Personen gaben 680 Personen an, zur nächsten Landtagswahl zu gehen.

Um das 90%-Konfidenzintervall für den unbekannten Anteil der Personen, die zur nächsten Landtagswahl gehen, zu bestimmen, berechnet man zuerst die relative Häufigkeit h für den Anteil der möglichen Wähler dieser Stichprobe:

$$h = \frac{680}{1200} = \frac{17}{30} \approx 0,57$$

Damit gilt:

$$h - 1,64 \cdot \sqrt{\frac{h \cdot (1-h)}{n}} = \frac{17}{30} - 1,64 \cdot \sqrt{\frac{\frac{17}{30} \cdot (1 - \frac{17}{30})}{1200}} \approx 0,54$$

$$h + 1,64 \cdot \sqrt{\frac{h \cdot (1-h)}{n}} = \frac{17}{30} + 1,64 \cdot \sqrt{\frac{\frac{17}{30} \cdot (1 - \frac{17}{30})}{1200}} \approx 0,59$$

Die Wahrscheinlichkeit beträgt 90%, dass das Intervall $[0,54 \, ; 0,59]$ den wahren Anteil der Personen, die zur nächsten Landtagswahl gehen, enthält.

c) Beim Blutspenden in einer Stadt in Deutschland haben von 450 Blutspendern 50 Personen die Blutgruppe B.

Um das 99%-Konfidenzintervall für den unbekannten Anteil der Personen, die in Deutschland Blutgruppe B haben, zu bestimmen, berechnet man zuerst die relative Häufigkeit h für den Anteil der Personen mit Blutgruppe B dieser Stichprobe:

$$h = \frac{50}{450} = \frac{1}{9} \approx 0,11$$

Damit gilt:

$$h - 2,58 \cdot \sqrt{\frac{h \cdot (1-h)}{n}} = \frac{1}{9} - 2,58 \cdot \sqrt{\frac{\frac{1}{9} \cdot (1 - \frac{1}{9})}{450}} \approx 0,07$$

$$h + 2,58 \cdot \sqrt{\frac{h \cdot (1-h)}{n}} = \frac{1}{9} + 2,58 \cdot \sqrt{\frac{\frac{1}{9} \cdot (1 - \frac{1}{9})}{450}} \approx 0,15$$

Die Wahrscheinlichkeit beträgt 99%, dass das Intervall $[0,07\,;0,15]$ den wahren Anteil der Personen, die in Deutschland Blutgruppe B haben, enthält.

d) In einer Studie mit 1200 Personen geben 870 Personen an, dass ein Medikament gegen Kopfschmerzen wirkt.

Um das 99%-Konfidenzintervall für den unbekannten Anteil der Personen, bei denen das Medikament wirkt, zu bestimmen, berechnet man zuerst die relative Häufigkeit h für den Anteil der Personen, bei denen das Medikament in dieser Stichprobe wirkt:

$$h = \frac{870}{1200} = \frac{29}{40} \approx 0,73$$

Damit gilt:

$$h - 2,58 \cdot \sqrt{\frac{h \cdot (1-h)}{n}} = \frac{29}{40} - 2,58 \cdot \sqrt{\frac{\frac{29}{40} \cdot (1 - \frac{29}{40})}{1200}} \approx 0,69$$

$$h + 2,58 \cdot \sqrt{\frac{h \cdot (1-h)}{n}} = \frac{29}{40} + 2,58 \cdot \sqrt{\frac{\frac{29}{40} \cdot (1 - \frac{29}{40})}{1200}} \approx 0,76$$

Die Wahrscheinlichkeit beträgt 99%, dass das Intervall $[0,69\,;0,76]$ den wahren Anteil der Personen, bei denen das Medikament wirkt, enthält. Da 80% nicht in diesem Konfidenzintervall enthalten ist, sollte die Pharma-Firma, die das Kopfschmerzmittel entwickelt hat, nicht damit werben, dass das Medikament in mehr als 80% aller Fälle wirkt.

e) Aus einem Teich werden 220 Fische entnommen, 45 davon sind Karpfen.

Um das 90%-Konfidenzintervall für den unbekannten Anteil der Karpfen, die sich im Teich befinden, zu bestimmen, berechnet man zuerst die relative Häufigkeit h für den Anteil der Karpfen dieser Stichprobe:

$$h = \frac{45}{220} = \frac{9}{44} \approx 0,20$$

Damit gilt:

$$h - 1,64 \cdot \sqrt{\frac{h \cdot (1-h)}{n}} = \frac{9}{44} - 1,64 \cdot \sqrt{\frac{\frac{9}{44} \cdot (1 - \frac{9}{44})}{220}} \approx 0,16$$

$$h + 1,64 \cdot \sqrt{\frac{h \cdot (1-h)}{n}} = \frac{9}{44} + 1,64 \cdot \sqrt{\frac{\frac{9}{44} \cdot (1 - \frac{9}{44})}{220}} \approx 0,25$$

Die Wahrscheinlichkeit beträgt 90%, dass das Intervall $[0,16\,;0,25]$ den wahren Anteil der Karpfen, die sich im Teich befinden, enthält.

Da sich insgesamt etwa 10000 Fische im Teich befinden, gibt es mit einer Wahrscheinlichkeit von 90% etwa 1600 bis 2500 Karpfen in diesem Teich.

22 Stochastische Matrizen

Ausführliche Rechenregeln zum Rechnen mit Matrizen finden Sie bei den Tipps auf Seite 103.

22.1 Rechnen mit Matrizen

a) I) $A + B = \begin{pmatrix} 2 & 1 \\ 3 & 2 \end{pmatrix} + \begin{pmatrix} 4 & 0 \\ 1 & 3 \end{pmatrix} = \begin{pmatrix} 6 & 1 \\ 4 & 5 \end{pmatrix}$

II) $3 \cdot A = 3 \cdot \begin{pmatrix} 2 & 1 \\ 3 & 2 \end{pmatrix} = \begin{pmatrix} 6 & 3 \\ 9 & 6 \end{pmatrix}$

III) $(-2) \cdot B = (-2) \cdot \begin{pmatrix} 4 & 0 \\ 1 & 3 \end{pmatrix} = \begin{pmatrix} -8 & 0 \\ -2 & -6 \end{pmatrix}$

IV) $\vec{x} \cdot \vec{y} = \begin{pmatrix} 3 \\ 1 \end{pmatrix} \cdot \begin{pmatrix} 4 \\ -1 \end{pmatrix} = 3 \cdot 4 + 1 \cdot (-1) = 11$

V) $A \cdot \vec{x} = \begin{pmatrix} 2 & 1 \\ 3 & 2 \end{pmatrix} \cdot \begin{pmatrix} 3 \\ 1 \end{pmatrix} = \begin{pmatrix} 2 \cdot 3 + 1 \cdot 1 \\ 3 \cdot 3 + 2 \cdot 1 \end{pmatrix} = \begin{pmatrix} 7 \\ 11 \end{pmatrix}$

VI) $B \cdot \vec{y} = \begin{pmatrix} 4 & 0 \\ 1 & 3 \end{pmatrix} \cdot \begin{pmatrix} 4 \\ -1 \end{pmatrix} = \begin{pmatrix} 4 \cdot 4 + 0 \cdot (-1) \\ 1 \cdot 4 + 3 \cdot (-1) \end{pmatrix} = \begin{pmatrix} 16 \\ 1 \end{pmatrix}$

VII) $A \cdot B = \begin{pmatrix} 2 & 1 \\ 3 & 2 \end{pmatrix} \cdot \begin{pmatrix} 4 & 0 \\ 1 & 3 \end{pmatrix} = \begin{pmatrix} 2 \cdot 4 + 1 \cdot 1 & 2 \cdot 0 + 1 \cdot 3 \\ 3 \cdot 4 + 2 \cdot 1 & 3 \cdot 0 + 2 \cdot 3 \end{pmatrix} = \begin{pmatrix} 9 & 3 \\ 14 & 6 \end{pmatrix}$

VIII) $B \cdot A = \begin{pmatrix} 4 & 0 \\ 1 & 3 \end{pmatrix} \cdot \begin{pmatrix} 2 & 1 \\ 3 & 2 \end{pmatrix} = \begin{pmatrix} 4 \cdot 2 + 0 \cdot 3 & 4 \cdot 1 + 0 \cdot 2 \\ 1 \cdot 2 + 3 \cdot 3 & 1 \cdot 1 + 3 \cdot 2 \end{pmatrix} = \begin{pmatrix} 8 & 4 \\ 11 & 7 \end{pmatrix}$

b) I) $\vec{x} \cdot \vec{y} = \begin{pmatrix} 1 \\ 4 \\ -2 \end{pmatrix} \cdot \begin{pmatrix} 0 \\ -2 \\ 1 \end{pmatrix} = 1 \cdot 0 + 4 \cdot (-2) + (-2) \cdot 1 = -10$

II) $A \cdot \vec{x} = \begin{pmatrix} 3 & 2 & -1 \\ 1 & 0 & 1 \\ 2 & 1 & 2 \end{pmatrix} \cdot \begin{pmatrix} 1 \\ 4 \\ -2 \end{pmatrix} = \begin{pmatrix} 3 \cdot 1 + 2 \cdot 4 + (-1) \cdot (-2) \\ 1 \cdot 1 + 0 \cdot 4 + 1 \cdot (-2) \\ 2 \cdot 1 + 1 \cdot 4 + 2 \cdot (-2) \end{pmatrix} = \begin{pmatrix} 13 \\ -1 \\ 2 \end{pmatrix}$

III) $B \cdot \vec{y} = \begin{pmatrix} 4 & 1 & 0 \\ 2 & -1 & 1 \\ 3 & 0 & -2 \end{pmatrix} \cdot \begin{pmatrix} 0 \\ -2 \\ 1 \end{pmatrix} = \begin{pmatrix} -2 \\ 3 \\ -2 \end{pmatrix}$

IV) $A \cdot B = \begin{pmatrix} 3 & 2 & -1 \\ 1 & 0 & 1 \\ 2 & 1 & 2 \end{pmatrix} \cdot \begin{pmatrix} 4 & 1 & 0 \\ 2 & -1 & 1 \\ 3 & 0 & -2 \end{pmatrix} = \begin{pmatrix} 13 & 1 & 4 \\ 7 & 1 & -2 \\ 16 & 1 & -3 \end{pmatrix}$

V) $B \cdot A = \begin{pmatrix} 4 & 1 & 0 \\ 2 & -1 & 1 \\ 3 & 0 & -2 \end{pmatrix} \cdot \begin{pmatrix} 3 & 2 & -1 \\ 1 & 0 & 1 \\ 2 & 1 & 2 \end{pmatrix} = \begin{pmatrix} 13 & 8 & -3 \\ 7 & 5 & -1 \\ 5 & 4 & -7 \end{pmatrix}$

c) I) $\begin{pmatrix} 2 & 4 \\ 9 & 0 \\ 3 & -1 \end{pmatrix} \cdot \begin{pmatrix} 1 \\ 3 \end{pmatrix} = \begin{pmatrix} 2 \cdot 1 + & 4 \cdot 3 \\ 9 \cdot 1 + & 0 \cdot 3 \\ 3 \cdot 1 + & (-1) \cdot 3 \end{pmatrix} = \begin{pmatrix} 14 \\ 9 \\ 0 \end{pmatrix}$

II) $\begin{pmatrix} 2 & 1 \\ 4 & 2 \\ 1 & 5 \end{pmatrix} \cdot \begin{pmatrix} 4 & 2 & 1 \\ 1 & 3 & 2 \end{pmatrix} = \begin{pmatrix} 9 & 7 & 4 \\ 18 & 14 & 8 \\ 9 & 17 & 11 \end{pmatrix}$

22.2 Übergangsmatrizen

a) I) Das Übergangsdiagramm kann wie untenstehend gezeichnet werden, wobei W für Wald und L für Lichtung steht. Es ist dabei nicht zwingend, die Übergangswahrscheinlichkeit einzuzeichnen, die den Übergang eines Zustands zu sich selbst beschreibt, doch kann es zur Übersichtlichkeit beitragen, da die Summe aller Übergänge in einem geschlossenen System immer 1 sein muss.

Beim Erstellen der Tabelle ist zu beachten, dass die Übergänge von «Spalten zu Zeilen» stattfinden

	W	L
W	0,55	0,4
L	0,45	0,6

II) Die Übergangsmatrix lässt sich direkt an der Tabelle ablesen: $A = \begin{pmatrix} 0,55 & 0,4 \\ 0,45 & 0,6 \end{pmatrix}$.

Die Verteilung der Vögel wird durch einen Zustandsvektor beschrieben. Dabei entspricht die Reihenfolge der Komponenten dieses Vektors der Reihenfolge der Zeilen

bzw. Spalten in der Tabelle bzw. der Übergangsmatrix. Der Vektor des Anfangszu-
stands ist also $\vec{v_0} = \begin{pmatrix} 0 \\ 200 \end{pmatrix}$.

Um die Verteilung der Vögel nach einem Tag zu berechen, multipliziert man A mit
dem Zustandsvektor: $\begin{pmatrix} 0,55 & 0,4 \\ 0,45 & 0,6 \end{pmatrix} \cdot \begin{pmatrix} 0 \\ 200 \end{pmatrix} = \begin{pmatrix} 80 \\ 120 \end{pmatrix} = \vec{v_1}$

Nach einem Tag halten sich 80 Vögel im Wald und 120 Vögel auf der Lichtung auf.

III) Um die Verteilung der Vögel nach zwei Tagen zu berechnen, muss man den Zustandsvektor $\vec{v_2}$ für das System nach zwei Tagen berechnen. Dazu multipliziert man
die Matrix A mit dem Zustandsvektor $\vec{v_1}$:

$$\begin{pmatrix} 0,55 & 0,4 \\ 0,45 & 0,6 \end{pmatrix} \cdot \begin{pmatrix} 80 \\ 120 \end{pmatrix} = \begin{pmatrix} 92 \\ 108 \end{pmatrix} = \vec{v_2}.$$

Alternativ kann man $\vec{v_2}$ auch durch $A^2 \cdot \vec{v_0}$ mit Hilfe des GTR/CAS berechnen.
Nach zwei Tagen halten sich 92 Vögel im Wald und 108 auf der Lichtung auf.

IV) Um zu berechnen, ob es einen stabilen Zustand gibt, muss ein Vektor $\vec{v}$ bestimmt
werden, für den gilt: $A \cdot \vec{v} = \vec{v}$. Das zugehörige Gleichungssystem ist

$$\begin{aligned} 0,55v_1 &+& 0,4v_2 &=& v_1 \\ 0,45v_1 &+& 0,6v_2 &=& v_2 \end{aligned}$$

bzw.

$$\begin{aligned} -0,45v_1 &+& 0,4v_2 &=& 0 \\ 0,45v_1 &-& 0,4v_2 &=& 0 \end{aligned}$$

Die Gleichungen sind ein Vielfaches voneinander, also wird eine Gleichung gestri-
chen.
Die Gesamtzahl der Vögel ist immer 200, also erhält man als zusätzliche Bedingung:
$v_1 + v_2 = 200$
Damit wird das Gleichungssystem zu:

$$\begin{aligned} -0,45v_1 &+& 0,4v_2 &=& 0 \\ v_1 &+& v_2 &=& 200 \end{aligned}$$

Mit Hilfe des GTR/CAS ergibt sich: $v_1 \approx 94,12$ und $v_2 \approx 105,88$.
Also besteht der stabile Zustand aus ca. 94 Vögel im Wald und ca. 106 Vögeln auf
der Lichtung.

b) I) Um die Übergänge zwischen Hauptschule H, Realschule R und Gymnasium G zu
veranschaulichen, stellt man einen Übergangsgraphen und eine Tabelle auf. Bei den
Einträgen in der Tabelle ist wichtig, dass die Übergänge von «Spalten zu Zeilen»
stattfinden:

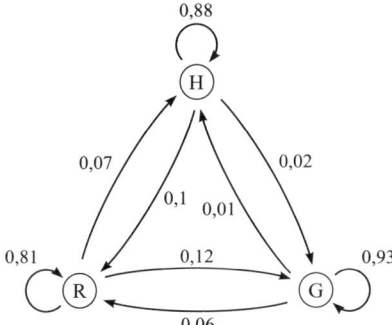

	H	R	G
H	0,88	0,07	0,01
R	0,1	0,81	0,06
G	0,02	0,12	0,93

II) Als Übergangsmatrix ergibt sich: $A = \begin{pmatrix} 0,88 & 0,07 & 0,01 \\ 0,1 & 0,81 & 0,06 \\ 0,02 & 0,12 & 0,93 \end{pmatrix}$.

III) Der Zustandsvektor $\vec{v}_0$ gibt die Anzahl an Hauptschülern, Realschülern und Gymnasiasten an. Die Verteilung für das folgende Jahr erhält man, indem man zuerst den Zustandsvektor der momentanen Verteilung aufstellt und dann die Matrix M mit diesem Zustandsvektor multipliziert. Beim Aufstellen das Zustandsvektors ist zu beachten, dass die Reihenfolge der jeweiligen Anzahlen so gewählt wird, wie die Reihenfolge der Zeilen bzw. Spalten in der Tabelle (also Hauptschule, Realschule, Gymnasium).

Als Zustandsvektor erhält man: $\vec{v}_0 = \begin{pmatrix} 40\,000 \\ 50\,000 \\ 60\,000 \end{pmatrix}$.

$$\vec{v}_1 = \begin{pmatrix} 0,88 & 0,07 & 0,01 \\ 0,1 & 0,81 & 0,06 \\ 0,02 & 0,12 & 0,93 \end{pmatrix} \cdot \begin{pmatrix} 40\,000 \\ 50\,000 \\ 60\,000 \end{pmatrix} = \begin{pmatrix} 39\,300 \\ 48\,100 \\ 62\,600 \end{pmatrix}.$$

Es gibt im folgenden Jahr 39 300 Hauptschüler, 48 100 Realschüler und 62 600 Gymnasiasten.

IV) Um zu berechnen, wie viele Schüler die einzelnen Schularten nach vier Jahren besuchen, berechnet man $A^4 \cdot \vec{v}_0 = A \cdot A \cdot A \cdot A \cdot \vec{v}_0$. Mit Hilfe des GTR/CAS ergibt sich:

$$\vec{v}_4 = \begin{pmatrix} 0,63 & 0,18 & 0,05 \\ 0,25 & 0,49 & 0,17 \\ 0,12 & 0,33 & 0,78 \end{pmatrix} \cdot \begin{pmatrix} 40\,000 \\ 50\,000 \\ 60\,000 \end{pmatrix} = \begin{pmatrix} 37\,200 \\ 44\,700 \\ 68\,100 \end{pmatrix}$$

Damit besuchen nach 4 Jahren ca. 37 200 Schüler die Hauptschule, ca. 44 700 die Realschule und ca. 68 100 das Gymnasium (es wurde mit gerundeten Werten gerechnet).

V) Um zu berechnen, ob es einen stabilen Zustand gibt, muss ein Vektor $\vec{v}$ bestimmt werden, für den gilt: $A \cdot \vec{v} = \vec{v}$. Das zugehörige Gleichungssystem ist

$$
\begin{aligned}
0,88v_1 &+ 0,07v_2 &+ 0,01v_3 &= v_1 \\
0,1v_1 &+ 0,81v_2 &+ 0,06v_3 &= v_2 \\
0,02v_1 &+ 0,12v_2 &+ 0,93v_3 &= v_3
\end{aligned}
$$

bzw.

$$
\begin{aligned}
\text{I} \quad -0,12v_1 &+ 0,07v_2 &+ 0,01v_3 &= 0 \\
\text{II} \quad 0,1v_1 &- 0,19v_2 &+ 0,06v_3 &= 0 \\
\text{III} \quad 0,02v_1 &+ 0,12v_2 &- 0,07v_3 &= 0
\end{aligned}
$$

Man addiert nun Gleichung I zum 1,2-fachen von Gleichung II, anschließend wird I zum 6-fachen von III addiert:

$$
\begin{aligned}
\text{I} \quad -0,12v_1 &+ 0,07v_2 &+ 0,01v_3 &= 0 \\
\text{IIa} \quad &- 0,158v_2 &+ 0,082v_3 &= 0 \\
\text{IIIa} \quad &0,79v_2 &- 0,41v_3 &= 0
\end{aligned}
$$

Die zweite und die dritte Gleichung sind Vielfache voneinander, also wird die dritte Gleichung gestrichen.

Da eine konkrete Verteilung gesucht ist, nimmt man die Bedingung hinzu, dass die Summe aller Schüler konstant ist: $v_1 + v_2 + v_3 = 150\,000$. Mit dieser Gleichung ergänzt man das umgeformte Gleichungssystem, bei dem eine Zeile ersetzt wurde:

$$
\begin{aligned}
-0,12v_1 &+ 0,07v_2 &+ 0,01v_3 &= 0 \\
&- 0,158v_2 &+ 0,082v_3 &= 0 \\
v_1 &+ v_2 &+ v_3 &= 150\,000
\end{aligned}
$$

Mit Hilfe des GTR/CAS ergibt sich: $\vec{v} = \begin{pmatrix} 30398,67 \\ 40863,78 \\ 78737,54 \end{pmatrix}$.

Also gehen langfristig ca. 30 399 Schüler auf die Hauptschule, ca. 40 864 auf die Realschule und ca. 78 738 Schüler aufs Gymnasium.

c) I) Es handelt sich um einen Entwicklungsprozess, d.h. von jedem Zustand gibt es immer nur einen Übergang in einen anderen Zustand; daher bestehen Tabelle und Matrix zum überwiegenden Teil aus Nullen. Es bezeichnet N die Anzahl der Neupflanzen, E die Anzahl der einjährigen Pflanzen und Z die Anzahl der zweijährigen Pflanzen.

Das Entwicklungsdiagramm und die Tabelle zeichnet man wie folgt:

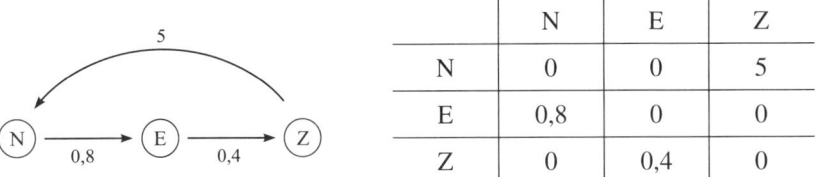

	N	E	Z
N	0	0	5
E	0,8	0	0
Z	0	0,4	0

Die Übergangsmatrix ist damit: $A = \begin{pmatrix} 0 & 0 & 5 \\ 0,\circ & 0 & 0 \\ 0 & 0,4 & 0 \end{pmatrix}$.

II) Am Anfang sind 10 Neupflanzen, 15 einjährige Pflanzen und 20 zweijährige Pflanzen vorhanden. Damit ist der Zustandsvektor (Reihenfolge N, E, Z): $\vec{v_0} = \begin{pmatrix} 10 \\ 15 \\ 20 \end{pmatrix}$.

Um die Anzahl der Pflanzen nach einem Jahr zur berechnen, multipliziert man die Übergangsmatrix mit dem Zustandsvektor:

$$\vec{v_1} = \begin{pmatrix} 0 & 0 & 5 \\ 0,8 & 0 & 0 \\ 0 & 0,4 & 0 \end{pmatrix} \cdot \begin{pmatrix} 10 \\ 15 \\ 20 \end{pmatrix} = \begin{pmatrix} 100 \\ 8 \\ 6 \end{pmatrix}.$$

Damit sind nach einem Jahr 100 Neupflanzen, 8 einjährige Pflanzen und 6 zweijährige Pflanzen vorhanden.

III) Um die Anzahl $\vec{v_2}$ der Pflanzen nach zwei Jahren zu bestimmen, wird $A^2 \cdot \vec{v_0}$ berechnet. Mit Hilfe des GTR/CAS ergibt sich:

$$\vec{v_2} = \begin{pmatrix} 0 & 2 & 0 \\ 0 & 0 & 4 \\ 0,32 & 0 & 0 \end{pmatrix} \cdot \begin{pmatrix} 10 \\ 15 \\ 20 \end{pmatrix} = \begin{pmatrix} 30 \\ 80 \\ 3,2 \end{pmatrix}$$

Damit sind nach zwei Jahren 30 Neupflanzen, 80 einjährige Pflanzen und etwa drei zweijährige Pflanzen vorhanden.

Um die Anzahl $\vec{v_7}$ der Pflanzen nach 7 Jahren zu bestimmen, berechnet man $A^7 \cdot \vec{v_0}$. Mit Hilfe des GTR/CAS ergibt sich:

$$\vec{v_7} = \begin{pmatrix} 0 & 0 & 12,8 \\ 2,048 & 0 & 0 \\ 0 & 1,024 & 0 \end{pmatrix} \cdot \begin{pmatrix} 10 \\ 15 \\ 20 \end{pmatrix} = \begin{pmatrix} 256 \\ 20,48 \\ 15,36 \end{pmatrix}$$

Damit sind nach 7 Jahren 256 Neupflanzen, etwa 20 einjährige Pflanzen und etwa 15 zweijährige Pflanzen vorhanden.

IV) Wenn es einen stabilen Zustand geben würde, müsste man einen Vektor $\vec{v}$ bestimmen können, für den gilt: $A \cdot \vec{v} = \vec{v}$. Dies führt zu folgendem Gleichungssystem:

$$
\begin{aligned}
5v_3 &= v_1 \\
0,8v_1 &= v_2 \\
0,4v_2 &= v_3
\end{aligned}
$$

bzw.

$$
\begin{aligned}
\text{I} \quad -v_1 \quad &+ \quad 5v_3 = 0 \\
\text{II} \quad 0,8v_1 \quad - \quad v_2 \qquad &= 0 \\
\text{III} \qquad\qquad 0,4v_2 \quad - \quad v_3 &= 0
\end{aligned}
$$

Addiert man das $0,8$-fache von Gleichung I zu Gleichung II und anschließend das $0,4$-fache der so erhaltenen zweiten Gleichung zu Gleichung IIIa, ergibt sich:

$$
\begin{aligned}
\text{I} \quad -v_1 \qquad &+ \qquad 5v_3 = 0 \\
\text{IIa} \qquad - \quad v_2 \quad &+ \quad 4v_3 = 0 \\
\text{IIIa} \qquad\qquad &+ \quad 0,6v_3 = 0
\end{aligned}
$$

Damit sind $v_3 = 0$, $v_2 = 0$ und $v_1 = 0$, und das Gleichungssystem besitzt nur die Lösungsmenge $L = \{(0; 0; 0)\}$. Damit gibt es keinen vom Nullvektor verschiedenen Vektor $\vec{v}$ und somit auch keinen stabilen Zustand.

23   Normalverteilung

23.1   Berechnung von Wahrscheinlichkeiten

frv.tv/aw

a) Der Intelligenzquotient IQ ist normalverteilt mit dem Erwartungswert $\mu = 100$ und der Standardabweichung $\sigma = 15$.

   I) Wenn der IQ zwischen 85 und 115 liegt, gilt für die Wahrscheinlichkeit:

$$P(85 < X < 115) = \Phi\left(\tfrac{115-100}{15}\right) - \Phi\left(\tfrac{85-100}{15}\right) = \Phi(1) - \Phi(-1) = 0,8413 - 0,1587$$
$$= 0,6826 = 68,26\,\%.$$

   II) Wenn der IQ kleiner als 90 ist, gilt für die Wahrscheinlichkeit:

$$P(X < 90) = \Phi\left(\tfrac{90-100}{15}\right) = \Phi\left(-\tfrac{2}{3}\right) = \Phi(-0,67) = 0,2514 = 25,14\,\%.$$

   III) Wenn der IQ größer als 120 ist, gilt für die Wahrscheinlichkeit:

$$P(X > 120) = 1 - P(X \leqslant 120) = 1 - \Phi\left(\tfrac{120-100}{15}\right) = 1 - \Phi\left(\tfrac{4}{3}\right) = 1 - \Phi(1,33)$$
$$= 1 - 0,9082 = 0,0918 = 9,18\,\%$$

b) Das Gewicht von Brezeln ist normalverteilt mit dem Erwartungswert $\mu = 58\,\mathrm{g}$ und der Standardabweichung $\sigma = 2\,\mathrm{g}$.

   I) Wenn eine Brezel weniger als 54 g wiegt, gilt für die Wahrscheinlichkeit:

$$P(X < 54) = \Phi\left(\tfrac{54-58}{2}\right) = \Phi(-2) = 0,0228 = 2,28\,\%.$$

   II) Wenn eine Brezel zwischen 55 g und 61 g wiegt, gilt für die Wahrscheinlichkeit:

$$P(55 < X < 61) = \Phi\left(\tfrac{61-58}{2}\right) - \Phi\left(\tfrac{55-58}{2}\right) = \Phi(1,5) - \Phi(-1,5) = 0,9332 - 0,0668$$
$$= 0,8664 = 86,64\,\%.$$

   III) Wenn eine Brezel mehr als 60 g wiegt, gilt für die Wahrscheinlichkeit:

$$P(X > 60) = 1 - P(X \leqslant 60) = 1 - \Phi\left(\tfrac{60-58}{2}\right) = 1 - \Phi(1) = 1 - 0,8413 = 0,1587$$
$$= 15,87\,\%.$$

c) Das Gewicht der Birnensorte ist normalverteilt mit dem Erwartungswert $\mu = 150\,\mathrm{g}$ und der Standardabweichung $\sigma = 5\,\mathrm{g}$. Eine Packung (Leergewicht 50 g) enthält 6 Birnen. Da das Leergewicht der Verpackung immer konstant ist, muss man vom Gesamtgewicht das Leergewicht subtrahieren und erhält das «Nettogewicht». Dieses ist normalverteilt mit dem Erwartungswert $\mu^* = 6 \cdot 150\,\mathrm{g} = 900\,\mathrm{g}$ und der Standardabweichung $\sigma^* = \sqrt{6} \cdot 5\,\mathrm{g} \approx 12,25\,\mathrm{g}$.

   I) Wenn das Gesamtgewicht zwischen 930 g und 960 g liegt, liegt das normalverteilte Nettogewicht zwischen 880 g und 910 g. Somit gilt für die Wahrscheinlichkeit:

$$P(880 < X < 910) = \Phi\left(\tfrac{910-900}{12,25}\right) - \Phi\left(\tfrac{880-900}{12,25}\right) \approx \Phi(0,82) - \Phi(-1,63)$$
$$= 0,7939 - 0,0516 = 0,7423 = 74,23\,\%.$$

   II) Wenn das Gesamtgewicht weniger als 925 g beträgt, muss das Nettogewicht kleiner als 875 g sein. Somit gilt für die Wahrscheinlichkeit:

$$P(X < 875) = \Phi\left(\tfrac{875-900}{12,25}\right) \approx \Phi(-2,04) = 0,0207 = 2,07\,\%.$$

III) Wenn das Gesamtgewicht mehr als $980\,\mathrm{g}$ beträgt, muss das Nettogewicht größer als $930\,\mathrm{g}$ sein. Somit gilt für die Wahrscheinlichkeit:

$$P(X > 930) = 1 - P(X \leqslant 930) = 1 - \Phi\left(\tfrac{930-900}{12,25}\right) \approx 1 - \Phi(2,45) = 1 - 0,9929$$
$$= 0,0071 = 0,71\,\%.$$

23.2   Erwartungswert und Standardabweichung

a) Wenn die Hypothese $\mu = 3,5$ nicht verworfen werden soll, muss der Mittelwert $\bar{x} = 3,9$ mit einer Wahrscheinlichkeit von ca. $95\,\%$ im $2\sigma^*$-Intervall liegen.
Bei 34 Klassenarbeiten gilt für die Standardabweichung: $\sigma^* = \frac{\sigma}{\sqrt{34}} = \frac{1,3}{\sqrt{34}} = 0,22$
Somit ist das $2\sigma^*$-Intervall:

$$[\mu - 2\sigma^* ; \mu + 2\sigma^*] = [3,5 - 2 \cdot 0,22 ; 3,5 + 2 \cdot 0,22] = [3,06 ; 3,94]$$

Da $\bar{x} = 3,9$ innerhalb des Intervalls liegt, kann man die Hypothese annehmen.

b) Wenn die Hypothese $\mu = 1000\,\mathrm{ml}$ nicht verworfen werden soll, muss der Mittelwert $\bar{x} = 995\,\mathrm{ml}$ mit einer Wahrscheinlichkeit von ca. $95\,\%$ im $2\sigma^*$-Intervall liegen.
Bei 20 Flaschen gilt für die Standardabweichung: $\sigma^* = \frac{\sigma}{\sqrt{20}} = \frac{10}{\sqrt{20}} \approx 2,24\,\mathrm{ml}$.
Somit ist das $2\sigma^*$-Intervall:

$$[\mu - 2\sigma^* ; \mu + 2\sigma^*] = [1000 - 2 \cdot 2,24 ; 1000 + 2 \cdot 2,24] = [995,52 ; 1004,48]$$

Da $\bar{x} = 995\,\mathrm{ml}$ nicht innerhalb des Intervalls liegt, muss die die Hypothese $\mu = 1000\,\mathrm{ml}$ verworfen und die Befüllungsanlage neu eingestellt werden.

c) Wenn die Hypothese $\mu = 500$ Stunden nicht verworfen werden soll, muss der Mittelwert $\bar{x} = 495$ Stunden mit einer Wahrscheinlichkeit von ca. $95\,\%$ im $2\sigma^*$-Intervall liegen.
Bei 100 Lampen gilt für die Standardabweichung: $\sigma^* = \frac{\sigma}{\sqrt{100}} = \frac{20}{\sqrt{100}} = 2$ Stunden.
Somit ist das $2\sigma^*-$Intervall: $[\mu - 2\sigma^* ; \mu + 2\sigma^*] = [500 - 2 \cdot 2 ; 500 + 2 \cdot 2] = [496 ; 504]$
Da $\bar{x} = 495$ Stunden nicht innerhalb des Intervalls liegt, muss die die Hypothese $\mu = 500$ Stunden verworfen werden.

d) Als Testgröße verwendet man das Gesamtgewicht der Packung.
Der Erwartungswert des Gesamtgewichts ist: $\mu^* = 620 \cdot \mu = 620 \cdot 0,4\,\mathrm{g} = 248\,\mathrm{g}$, die Standardabweichung ist: $\sigma^* = \sqrt{620} \cdot \sigma = \sqrt{620} \cdot 0,1 \approx 2,49\,\mathrm{g}$.
Wenn die Hypothese $\mu = 620$ Feuerbohnen nicht verworfen werden soll, muss das Packungsgewicht $\mathrm{x} = 250\,\mathrm{g}$ mit einer Wahrscheinlichkeit von ca. $95\,\%$ im $2\sigma^*-$Intervall liegen.
Es gilt für das $2\sigma^*$-Intervall:

$$[\mu^* - 2\sigma^* ; \mu^* + 2\sigma^*] = [248 - 2 \cdot 2,49 ; 248 + 2 \cdot 2,49] = [243,02 ; 252,98]$$

Da $\mathrm{x} = 250\,\mathrm{g}$ innerhalb des Intervalls liegt, kann man die Hypothese «die Packung enthält 620 Feuerbohnen» annehmen.

e) Bei n Menschen beträgt der Erwartungswert für die Länge: $\mu^* = \mathrm{n} \cdot \mu = \mathrm{n} \cdot 1,6$. Die Standardabweichung beträgt $\sigma^* = \sqrt{\mathrm{n}} \cdot \sigma = \sqrt{\mathrm{n}} \cdot 0,4$.

Um die Anzahl der Menschen mit einer Wahrscheinlichkeit von 95 % zu bestimmen, muss die Gesamtlänge $l = 1000\,\text{m}$ im $2\sigma^*$-Intervall liegen.

Es gilt für das $2\sigma^*$-Intervall: $[\mu^* - 2\sigma^*; \mu^* + 2\sigma^*] = \left[1,6n - 2 \cdot 0,4 \cdot \sqrt{n}; 1,6n + 2 \cdot 0,4 \cdot \sqrt{n}\right]$
$= \left[1,6n - 0,8\sqrt{n}; 1,6n + 0,8\sqrt{n}\right]$

Da $l = 1000\,\text{m}$ innerhalb dieses Intervalls liegen muss, sind folgende zwei Gleichungen zu lösen:

I) $1,6n - 0,8\sqrt{n} = 1000$ führt mit der Substitution $z = \sqrt{n}$ zu $1,6z^2 - 0,8z = 1000$ mit der positiven Lösung der quadratischen Gleichung $z \approx 25,25 \Rightarrow n \approx 638$.

II) $1,6n + 0,8\sqrt{n} = 1000$ führt mit der Substitution $z = \sqrt{n}$ zu $1,6z^2 + 0,8z = 1000$ mit der positiven Lösung der quadratischen Gleichung $z \approx 24,75 \Rightarrow n \approx 613$.

Das «Konfidenzintervall» (Vertrauensintervall) ist somit: $[613\,;638]$.

Man braucht für eine Menschenkette von 1 km Länge 613 bis 638 Menschen.

f) Wenn 30 Schrauben 162 g wiegen, ist der Mittelwert für das Gewicht einer Schraube: $\bar{x} = \frac{162}{30} = 5,4\,\text{g}$, die Standardabweichung ist: $\sigma^* = \frac{\sigma}{\sqrt{30}} = \frac{0,3}{\sqrt{30}} \approx 0,055\,\text{g}$.

Der Erwartungswert für das Gewicht einer Schraube liegt mit einer Wahrscheinlichkeit von 95 % im $2\sigma^*$-Intervall:

$[\bar{x} - 2\sigma^*; \bar{x} + 2\sigma^*] = [5,4 - 2 \cdot 0,055; 5,4 + 2 \cdot 0,055] = [5,29\,;5,51]$

Somit kann man für eine Schraube ein Gewicht von etwa 5,3 g bis 5,5 g erwarten.

24 Hypothesentests

24.1 Einseitiger Test

frv.tv/as

a) I) Man verwendet den GTR/CAS für $p = 0,4$ und $n = 100$:
    Für $\overline{A} = \{50, ..., 100\}$ ergibt sich:
    $\alpha = P(X \in \overline{A}) = P(X \geqslant 50) = 1 - P(X \leqslant 49) \approx 1 - 0,9729 = 0,0271 = 2,71\,\%.$

frv.tv/as

   II) Man verwendet den GTR/CAS für $p = 0,8$ und $n = 100$:
    Für $\overline{A} = \{0, ..., 74\}$ ergibt sich:
    $\alpha = P(X \in \overline{A}) = P(X \leqslant 74) \approx 0,0875 = 8,75\,\%.$

b) I) Es handelt sich um einen rechtsseitigen Test.

frv.tv/as

    Mit Hilfe des GTR/CAS erhält man für $n = 100$ und $p = 0,1$:
    $P(X > 14) = 1 - P(X \leqslant 14) \approx 1 - 0,9274 = 0,0726 = 7,26\,\%.$
    $P(X > 15) = 1 - P(X \leqslant 15) \approx 1 - 0,9601 = 0,0399 = 3,99\,\%.$
    Da $P(X \in \overline{A})$ höchstens den Wert α annehmen darf, ist der Ablehnungsbereich
    $\overline{A} = \{16, ..., 100\}$ für $\alpha = 5\,\%$.

   II) Es handelt sich um einen linksseitigen Test.
    Mit Hilfe des GTR/CAS erhält man für $n = 50$ und $p = 0,3$:
    $P(X \leqslant 8) \approx 0,0183 = 1,83\,\%.$
    $P(X \leqslant 9) \approx 0,0402 = 4,02\,\%.$
    Also ist der Ablehnungsbereich $\overline{A} = \{0, ..., 8\}$ für $\alpha = 2\,\%$.

c) Die Nullhypothese lautet: H_0: $p \leqslant 0,04$ bei Treffer «Chip defekt» und $n = 100$.
    Die zugehörige Alternativhypothese lautet: H_1: $p > 0,04$.
    Wegen H_1: $p > 0,04$ handelt es sich um einen rechtsseitigen Test mit $\alpha = 5\,\%$
    Man wird die Nullhypothese verwerfen, wenn man zu viele defekte Chips in der Stichprobe findet. Ist X Zufallsvariable für die Anzahl defekter Chips, so ist ein minimales $k \in \mathbb{N}$, d.h. der Ablehnungsbereich $\overline{A} = \{k, ..., 100\}$ der Nullhypothese so zu bestimmen, dass gilt:
    $$P(X \in \overline{A}) \leqslant \alpha$$
    $$P(X \geqslant k) \leqslant 0,05$$
    $$1 - P(X \leqslant k - 1) \leqslant 0,05$$
    $$0,95 \leqslant P(X \leqslant k - 1)$$

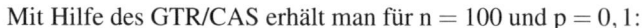

frv.tv/as

Für $n = 100$ und $p = 0,04$ erhält man mit Hilfe des GTR/CAS:
$$P(X \leqslant 6) \approx 0,8936$$
$$P(X \leqslant 7) \approx 0,9525$$

Also ist $k - 1 = 7 \Rightarrow k = 8$ das minimale $k \in \mathbb{N}$ und man erhält damit den Ablehnungsbereich:
$$\overline{A} = \{8, ..., 100\}$$

Da 9 im Ablehnungsbereich liegt, kann man bei $\alpha = 5\,\%$ auf mehr als $4\,\%$ Ausschuss schließen.

d)   I) Die Nullhypothese lautet: H_0: $p \leqslant 0,04$ bei Treffer «Birne defekt» und $n = 50$.

Die zugehörige Alternativhypothese lautet: H_1: $p > 0,04$.

Wegen H_1: $p > 0,04$ handelt es sich um einen rechtsseitigen Test.

Der Ablehnungsbereich ist gegeben durch $\overline{A} = \{5, ..., 50\}$.

Damit gilt für die gesuchte Irrtumswahrscheinlichkeit α, wenn X Zufallsvariable für die Anzahl defekter Birnen ist:

$$\alpha = P(X \in \overline{A}) = P(X \geqslant 5) = 1 - P(X \leqslant 4) \approx 0,049 = 4,9\,\%$$

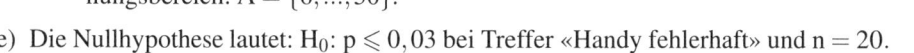

frv.tv/as

Die Irrtumswahrscheinlichkeit beträgt somit etwa $4,9\,\%$.

II) Um $\alpha = 2\,\%$ zu erreichen, ist ein minimales $k \in \mathbb{N}$ und damit ein Ablehnungsbereich $\overline{A} = \{k, ..., 50\}$ der Nullhypothese so zu bestimmen, dass gilt:

$$P(X \in \overline{A}) \leqslant \alpha$$
$$P(X \geqslant k) \leqslant 0,02$$
$$1 - P(X \leqslant k - 1) \leqslant 0,02$$
$$0,98 \leqslant P(X \leqslant k - 1)$$

Für $n = 50$ und $p = 0,04$ erhält man mit Hilfe des GTR/CAS:

$$P(X \leqslant 4) \approx 0,9510$$
$$P(X \leqslant 5) \approx 0,9856$$

frv.tv/at

Also ist $k - 1 = 5 \Rightarrow k = 6$ das minimale $k \in \mathbb{N}$ und man erhält damit den Ablehnungsbereich: $\overline{A} = \{6, ..., 50\}$.

e) Die Nullhypothese lautet: H_0: $p \leqslant 0,03$ bei Treffer «Handy fehlerhaft» und $n = 20$.

Die zugehörige Alternativhypothese lautet H_1: $p > 0,03$.

Wegen H_1: $p > 0,03$ handelt es sich um einen rechtsseitigen Test mit der Irrtumswahrscheinlichkeit $\alpha = 2\,\%$.

Man wird die Nullhypothese verwerfen, wenn man zu viele defekte Handys in der Stichprobe findet. Ist X Zufallsvariable für die Anzahl der fehlerhaften Handys, so ist ein minimales $k \in \mathbb{N}$ und damit ein Ablehnungsbereich $\overline{A} = \{k, ..., 20\}$ der Nullhypothese so zu bestimmen, dass gilt:

$$P(X \in \overline{A}) \leqslant \alpha$$
$$P(X \geqslant k) \leqslant 0,02$$
$$1 - P(X \leqslant k - 1) \leqslant 0,02$$
$$0,98 \leqslant P(X \leqslant k - 1)$$

Für $n = 20$ und $p = 0,03$ erhält man mit Hilfe des GTR/CAS:

frv.tv/at

$$P(X \leqslant 2) \approx 0,9790$$
$$P(X \leqslant 3) \approx 0,9973$$

Also ist $k - 1 = 3 \Rightarrow k = 4$ das minimale $k \in \mathbb{N}$ und man erhält damit den Ablehnungs-bereich: $\overline{A} = \{4, ..., 20\}$.

Da 3 nicht im Ablehnungsbereich liegt, kann der Großhändler nicht schließen, dass die Firma eine falsche Angabe gemacht hat.

f) Die Nullhypothese lautet: H_0: $p \geqslant 0,3$ bei Treffer «die Partei wird gewählt» und $n = 100$.
Die zugehörige Alternativhypothese lautet: H_1: $p < 0,03$.

Wegen H_1: $p < 0,03$ handelt es sich um einen linksseitigen Test mit $\alpha = 5\%$.

Man wird die Nullhypothese verwerfen, wenn zu wenige Personen die Partei wählen. Ist X Zufallsvariable für die Anzahl der Personen, die die Partei wählen, so ist ein maximales $k \in \mathbb{N}$ und damit ein Ablehnungsbereich $\overline{A} = \{0, ..., k\}$ der Nullhypothese so zu bestimmen, dass gilt:

$$P(X \in \overline{A}) \leqslant \alpha$$

$$P(X \leqslant k) \leqslant 0,05$$

Für $n = 100$ und $p = 0,03$ erhält man mit Hilfe des GTR/CAS:

$$P(X \leqslant 22) \approx 0,0479$$

$$P(X \leqslant 23) \approx 0,0755$$

frv.tv/at

Also ist $k = 22$ das maximale $k \in \mathbb{N}$ und man erhält damit den Ablehnungsbereich:

$$\overline{A} = \{0, ..., 22\}$$

Da 25 nicht im Ablehnungsbereich liegt, kann man bei der vorgegebenen Irrtumswahrscheinlichkeit nicht auf einen gesunkenen Stimmenanteil schließen.

24.2   Fehler 1. und 2. Art

a) Die Nullhypothese lautet: H_0: $p = \frac{1}{6}$ bei Treffer «Sechs», $n = 60$.
Der Annahmebereich ist $A = \{8, 9, 10, 11, 12\}$, der Ablehnungsbereich ist
$\overline{A} = \{0, ..., 7\} \cup \{13, ..., 60\}$.

Wenn nur 7-mal «Sechs» fällt, wird die Hypothese abgelehnt. Ist der Würfel trotzdem in Ordnung, begeht man einen Fehler 1. Art.

Die Wahrscheinlichkeit, einen Fehler 1. Art zu begehen, heißt Irrtumswahrscheinlichkeit α. Im vorliegenden Fall ist α die Wahrscheinlichkeit, dass weniger als 8 oder mehr als 12 «Sechsen» fallen, obwohl $p = \frac{1}{6}$ gilt.

b) Die Nullhypothese lautet: H_0: $p \leqslant 0,05$ bei Treffer «Apfel nicht einwandfrei», $n = 50$.
Ein möglicher Annahmebereich ist beispielsweise $A = \{0, .., 4\}$, entsprechend ist dann der Ablehnungsbereich $\overline{A} = \{5, 6, ..., 50\}$.

Es handelt sich um einen rechtsseitigen Test, da $\overline{A}$ die großen Werte enthält. Wird A vergrößert, so wird $\overline{A}$ und damit auch $P(\overline{A})$ unter der Voraussetzung $p \leqslant 0,05$ verkleinert. Dies ist die Wahrscheinlichkeit für einen Fehler 1. Art. Die Wahrscheinlichkeit, dass man dem Händler glaubt, obwohl mehr Äpfel nicht einwandfrei sind (Fehler 2. Art), nimmt dabei zu.

Stichwortverzeichnis